KB102564

성공
·
실패가 준
선물

성공
•
실패가 준 선물

펴낸날	초판 1쇄 2015년 6월 20일

지은이	김창룡
펴낸이	서용순
펴낸곳	이지출판

출판등록	1997년 9월 10일 제300-2005-156호
주 소	110-350 서울시 종로구 운니동 65-1 월드오피스텔 903호
대표전화	02-743-7661 팩스 02-743-7621
이메일	easy7661@naver.com
인 쇄	(주)네오프린텍

ⓒ 2015 김창룡

값 15,000원

ISBN 979-11-5555-031-1 03320

이 도서의 국립중앙도서관 출판시도서목록(CIP)은 서지정보유통지원시스템 홈페이지(http://seoji.nl.go.kr)와
국가자료공동목록시스템(http://www.nl.go.kr/kolisnet)에서 이용하실 수 있습니다.(CIP제어번호: CIP2015015539)

성공.
실패가 준
선물

김 창 룡 지음

이지출판

실패에서 얻는 지혜

누구나 성공을 좋아하고 실패를 싫어한다. 나 역시 그랬다. 그러나 나는 막연하게 성공만 원했지 스스로 어떤 실패 습관, 실패 요인을 개선하고 경계해야 하는지에 대해서는 몰랐다. 공부만 열심히 하고 돈만 잘 벌면 성공은 자연스럽게 따라오는 것이라고 착각했다.

전공분야를 넓혀 뒤늦게 '성공실패학'을 공부하며 성공과 실패의 공통분모들을 발견하면서 인생에 새로운 눈을 갖게 되었고, 나의 어리석음과 오만함에 대한 반성과 잘못을 되돌아볼 줄 아는 기회가 되었다. 아마 이런 공부를 하지 않았다면 나는 스스로 실패의 길을 가고 있다는 사실조차 모르고 살아갈 뻔했다.

나의 무지와 실패의 요인을 깨닫게 해 준 성공실패학에 감사한다. 관련 저서와 먼저 살아간 인물들의 연구는 실증적 자료와 값진 정보를 주는 셈이다. 나는 지금도 자칫 방심하면 실패의 길을 가려는 자신을 발견하곤 놀란다.

이런 책을 쓴다는 것은 최우선적으로 바로 자신을 위한 생활지침서가 되며 미래의 실패를 막아준다. 실패를 하지 않는 것이 아니라 실패를 하더라도 어떻게 극복할 수 있는지 그 지혜를 배우고 실천하는 교과서가 된다는 말이다. 나는 그래서 나같이 불민한 사람들, 막연한 성공만 생각하는 사람들에게 보다 슬기롭게 살아가는 생활의 지혜를 공유하고 싶었다.

실패는 언제든 그 가능성이 상존하기 때문에 막기가 쉽지 않다. 최근에는 안전하다고 믿었던 교수공제회에 은행보다 이자를 조금 더 준다는 달콤한 유혹 때문에 나에게는 거금을 날리는 사건이 있었다. 이 사건은 전국의 많은 교수들이 사기를 당하는 불행한 일로 나도 그 희생자의 한 사람이다. 그 돈을 어떻게 모았는데 하고 생각하면 밤잠을 설치고 인성을 상하게 된다.

그러나 또다시 인생을 배우는 대가를 지불했고 나도 이제 사기당할 정도의 돈도 있다고 자위하며 잊어버리려 한다. 그것으로 내가 괴로워하고 안타까워하면 이는 실패로 가는 길이기 때문이다. 친구를 만나면, 거액을 사기당하고도 웃으며 생활하는 것은 '성공실패학' 덕분이라고 자랑한다.

우리 인생은 나이, 직업, 지위에 상관없이 성공보다 실패가 항상 더 가깝기 때문에 늘 각별한 경계심이 필요하다. 나이가 들면 오히려 더 어리석어지고 실패는 더 잦아질 수 있다. 성공의 법칙은 젊은 사람보다 중년, 장년, 노인에게 더 필요하다는 것이 나의 판단이다. 힘들여 가꾸어 온 작은 성취, 행복한 가정, 부부애 등이 무너지는 데는 단지 몇 초, 몇 분이면 가능하다. 내가 가진 소중한 평범한 것들을 항상 존중하고 귀하게 여기고 조심해야 한다. 그것이 행동이 되고 습관이 돼야 한다. 성공하는 사람들은 이런 당연한 것들을 당연하게 실천할 뿐이다.

이 책은 전체적으로 내가 얼마나 주위 사람들의 도움을 많이 받았는가를 되돌아보는 시간이었다. 한 인간이 태어나 사회인으로 성장하는데 자신의 노력과 함께 주위 사람들의 도움이 얼마나 절대적인가를 깨우치는 시간이 됐다. 따라서 도움이 필요한 사람에게 도움을 주는 것을 소홀히 하지 말아야겠다. 또한 너무 힘들 때 도와달라고 요청하는 것도 체면을 구기는 일이 아니라고 믿는다. 때론 도움을 받지 못할 때가 있더라도 실망할 필요는 없다.

성공하는 사람은 남의 성공을 도와주는 사람이다. 그동안 건강상 학교에 잘 오시지 못하던 내 인생의 멘토 백낙환 이사장님을 반갑게 교정에서 다시 만났다. 그의 숨결과 혼이 담긴 푸르른 5월의 교정은 녹색으로 빛나고 있었다. 90세를 눈앞에 둔 이사장님께 감사한 마음을 표현할 수 있는 기회를 갖게 되어 기분좋았다.

그는 오히려 내 말에 '감사하다'고 따뜻한 미소를 지었다. 그의 따스한 손길과 격려, 가르침 덕분에 여기까지 올 수 있었다고 믿어 의심치 않는다.

감사한 마음은 나를 닉닉하게 만들어 준다. "겸손하게, 배려하며 살아야 한다"는 그의 가르침을 다시 되새긴다.

2015년 6월

김 창 룡

Part 01
나의 성공과 실패
언론계 진출 성공과 자퇴 그리고 사업 실패

Part 02

실패를 성공으로 만든 인연

누구나 도움이 필요하다, 사람 사는 이야기

Part 03
다시 쓰는 '성공법칙 10'
7년간 성공학을 가르쳐 보니

Part 01

|

나의 성공과 실패

언론계 진출 성공과 자퇴 그리고 사업 실패

로마를 위기에서 구한 스키피오 아프리카누스 장군은 "우리 인생은 내게 일어나는 일 10%와 그것에 어떻게 반응하는가의 90%로 이루어져 있다"고 말했다.

이 말은 성공과 실패를 가르는 것은 우리에게 '무슨 일이 일어났느냐'가 아니라 '어떻게 대응하느냐'의 태도에 달려 있다는 뜻이다.

인생의 성공을 원하는 사람들은 먼저 '나는 성공하고 싶다'는 간절한 욕망을 가져야 한다. 이런 욕망과 의지는 구체적 방법을 안내해 줄 것이기 때문이다.

그 다음은 꾸준한 '실천'만이 결과를 바꿀 수 있다. 철학자 헤로도토스는 "대부분의 사람들이 실패하는 이유는 배우기만 할 뿐 실천하지 않기 때문이다"라고 주장했다.

먼저 뜻을 세워라. 그 과정에서 시련이 닥쳐도 흔들리거나 포기하지 마라. 꾸준히 실천하고 또 실천하라. 불운도 행운으로 바뀔 것이다.

어제의 눈물이 오늘의 미소로, 내일의 환희로 바뀌는 것은 바로 나의 태도에 달려 있다.

나는 왜 기자가 되려고 했나

자기 재능에 맞는 원하는 직업을 선택하라

✖

나는 기자직을 최고, 최후의 직업으로 결정하고 전력투구했지만 언론계는 쉽게 문을 열어 주지 않았다. 끝내 언론고시에 실패하여 이스라엘을 거쳐 영국을 다녀와서야 기자의 꿈을 실현할 수 있었다.

되돌아보면 나의 절박한 현실이 수많은 직업 가운데 기자직의 꿈을 갖게 했다. 나는 초등학교 5학년 때 울릉도에서 대구로 전학을 했다. 부모님에게 억지를 부려 겨우 나온 객지생활이 생각처럼 만만치 않았다.

외할머니와 이모 덕분에 대구에서는 명문으로 꼽히는 계성고등학교에 7대 1의 경쟁률을 뚫고 당당하게 입학했다. 당시는 고등학교에 시험을 봐서 가던 때라 울릉도 출신으로 계성고등학교에 들어가는 학생은 극히 소수에 불과했다. 중3 때 반짝 공부하여 좋은 고등학교에 쉽게 들어가다 보니 나는 대학도 어렵지 않게 생각했다.

고등학교 2학년 때까지 공부를 왜 해야 하는지 이유를 몰랐다. 동기부여가 되지 않으니 공부는 멀어졌고 친구들과 노는 데 골몰했다. 고2가 되니 슬슬 대학에 가야 한다는 주변 친구들의 걱정이 나에게도 현실이 됐다. 나는 중3처럼 고3 때 반짝하면 될 텐데라고 생각했는데, 이게 잘못이라는 것을 본격적으로 공부를 시작하고서야 깨닫게 됐다.

모두 열심히 하는 고3 시절 나도 열심히 노력했고 덕분에 성적이 향상되긴 했다. 대학교는 꼭 서울로 가고 싶었다. 실력은 부족한데 서울의 일류 대학교에 대한 욕심은 버릴 수가 없었다. 결국 고집대로 서울에 있는 대학교에 응시했다가 간단히 고배를 마셨다.

아버지께서 한 번은 기회를 주겠다고 했다. 재수 시절 정말 열심히 공부했으나 기대만큼 성적은 오르지 않았다. 그래도 다시 서울에 도전장을 내밀었다. 또다시 낙방했다.

부모님을 뵐 면목이 없었다. 아버지는 이제 대구에 있는 대학교에 가라고 말씀하셨다. 그러고는 "이게 너에게 줄 수 있는 마지막 돈"이라며 준비해 두신 입학금 30만 원을 주셨다. 나는 "네" 하고 대답했지만 다시 삼수생의 길을 택했다.

삼수생이 되니 자신의 처지도 한심하고 공부에 집중할 수도 없었다. 무엇보다 똑같은 공부를 또 반복해야 하니 시작도 하기 전에 벌써 싫증이 났다. 아버지가 주신 돈으로 하숙집을 옮겨 생활비로 쓰다 보니 금방 사라져 버렸다.

따스한 봄날, 하늘거리는 여인의 치맛자락은 나를 골방에 처박아 두지 않았다. 하숙집 대학생들과 탁구 리그전을 벌이고 대학생인 양 미팅에도 따라 나가는 등 한심한 삼수 시절을 보냈다.

아버지의 배 사업은 이미 파산났고 가정은 공중분해되었다. 나는 살아가기에 급급해서 공부는 뒷전으로 밀렸다. 아이들을 가르치는 아르바이트를 시작했다. 덕분에 생활비는 겨우 마련했지만 의외의 사건이 나를 코너로 몰았다.

의외의 사건이란 내 옷에 넣어 둔 1만 원이 사라진 것이었다. 하숙생 중에 고3 학생이 있었는데 모두 그를 지목했다. 나는 '그 돈이 어떤 돈인데'라는 생각과 평소 예의없던 그 학생의 버릇을 고쳐 놓겠다면서 손을 봐주었다. 그런데 그 학생이 큰아버지와 경찰을 대동하고 하숙집에 들이닥쳤다. 그 일로 나는 대구 효성파출소 구치소에 열흘이나 불법 감금돼 있었다. 당시 예비고사(지금의 수능)일은 다가오는데 나의 처지가 한심했다. 고마운 하숙집 주인은 도시락을 사다가 나에게 전해 주곤 했다.

이런 과정을 거치며 대학 진학의 꿈도 가물가물해졌다. 서울의 일류 대학교는 꿈도 꿀 수 없는 처지가 됐다. 학교 팸플릿들을 살펴보다가 우연히 '건국대학교 축산대학'이라는 곳에 눈길이 쏠렸다. 내 눈길을 잡은 것은 '해외에 유학가기가 쉽다', '장학금이 많다'는 대목이었다.

나는 당시 축산대학이 뭐하는 곳인지도 모른 채 응시했고 합격했다. 장학금을 받지 못하는 그냥 평범한 합격이라 진학이 어려웠다. 뒤에 밝히지만 주변의 도움으로 겨우 입학금을 마련할 수 있었다.

막상 축산대학에 입학해 보니 이것은 내가 기대한 공부가 아니었다. 1978년 1학기를 마치고 입대했다. 그리고 31개월 10일간 군복무를 마치고 복학하니 1981년이 되었다.

76년에 고교 졸업을 하고 81년에 다시 1학년에 복귀했으니 1학년을 무려 6년을 다닌 셈이다. 그 와중에 또 다른 사건이 있었다. 나는 복학하기 전 용돈을 벌겠다고 고향 울릉도에 들어가 봉래폭포 밑에서 '울릉도 신비의 약차' 장사 아르바이트를 하고 있었다.

산에서 약초를 캐어 아래 동네에서 끓여 들어올리는 등 과정이 복잡하고 고됐지만 관광객들을 상대로 돈을 버는 재미가 쏠쏠했다. 그런 곳에서 피서도 할 겸 공부도 하면서 돈을 버는 일석삼조의 멋진 아르바이트를 한다고 생각하며 즐겁게 했다. 그러나 이 즐거움은 삽시간에 깨졌다.

그날도 무심히 지나가는 관광객들을 상대로 "그냥 가시면 후회합니다" 하고 말을 붙였다. 그런데 일행 중에 낯익은 얼굴이 있었다. 대구에서 하숙할 때 잠시 만났던 친구였다. 그는 영남대학교 금속공학과를 나와 ROTC로 군복무를 마치고 이미 창원에서 회사에 다니고 있다며 명함을 내밀었다. 나의 근황을 궁금해하던 그가 한 말이 나를 울렸다.

"아직도 공부하나? 아직도 1학년이가?"

나는 현실에 만족하며 즐겁게 아르바이트를 하고 있었건만 그가 나의 현실을 깨우쳐 주었다. 그렇게 인사를 하고 헤어진 뒤 갑자기 나 자신이 무척 초라하게 느껴졌다.

관광객들은 모두 떠나고 일찍 어둠이 깔리는 깊은 산골 멀리 봉래폭포에서 '우' 하는 산울음 소리가 내 신음처럼 들렸다.

"나는 지금 뭘 하고 있는 건가? 내가 복학해서 원하지 않는 전공을 계속 공부해야 하는가?"

정답이 없는 고민과 갈등은 새삼스레 나를 우울하게 만들었다. 약차통을 접으며 옆에 둔 토플책을 가방 안에 넣는 동안 슬픔이 밀려왔다. 그리고 뭘 해야 할지 몰랐다.

9월 복학에 맞춰 서울로 올라왔다. 나이 많은 1학년, 전혀 어울리지 않는 전공을 공부하는 자신을 나는 '실패한 인생'이라고 정의했다. 이대로 가면 더 실패하게 될 것이라고 확신했다.

성공, 실패가 준 선물

절박한 현실, 위기의식은 나를 움직이게 했다. 그래서 도서관에 가서 나와 어울리는, 재능이 있다고 생각되는 직업을 조사하기 시작했다. 여러 직업 중에서 기자직이 유독 눈을 끈 데는 세 가지 이유가 있었다.

첫째, 전공 불문
나의 축산대학 여부를 따지지 않는다니 무척 다행스러웠다.

둘째, 머리는 뛰어나지 않아도 부지런해야 한다.
기사는 발로 쓰기 때문에 기자는 부지런해야 한다는 것이었다. 나는 이미 삼수생 출신으로 머리는 자신없었지만 성실함만큼은 할 수 있다고 믿었다. 이 또한 나에게 어울린다고 생각했다.

셋째, 다른 과목은 뛰어나지 않아도 되지만 국어는 잘해야 한다.
이것이 결정적이었다. 나는 다른 과목보다 국어를 좋아했고 또한 성적도 좋았다. 여기서 이것이야말로 내가 찾던 직업이라고 생각했다.

내 인생을 되돌아볼 때 두 번째 잘한 것은 바로 직업의 안정성이나 연봉, 미래를 따지지 않고 내 재능에 맞춰 기자직을 찾아내 도전했다는 것이다. 나의 이런 꿈을 더 확고하게 해 준 사건이 있었다.

80년대 전두환 군사정권 시절, '대학 내 면학 분위기 조성'을 외치던 군사정권은 중간고사를 몇 주 앞둔 어느 날 건국대학교 운동장에서 '아아, 두한(대한)민국'이라는 노래를 틀어놓고 운동회를 벌였다.

나는 도서관에서 분연히 뛰어나가 동료들과 함께 '철없는 운동회'를 중단시키기 위해 어깨동무를 하고 운동장을 가로질렀다. 그렇게 소란 끝에 운동회는 중단됐지만 다음날 일간지에는 '학생들의 소요'만 강조됐고 대학교 운동장에서 고성능 스피커로 면학 분위기를 망치던 정부의 반교육적 처사에 대해선 한마디도 없었다. 순치된 언론의 왜곡 보도를 목격한 학생들은 또다시 거리로 뛰쳐나갔다. 나는 이번에는 나가지 않는 대신 자신에게 다짐했다.

"지금의 울분을 잊지 않겠다. 내가 기자가 된 뒤 정론직필이 무엇인지, 진실보도가 무엇인지 보여 주겠다."

나는 돌을 들고 거리로 뛰어나가는 대신 도서관에서 언론고시에 매진했다. 그렇게 기자직 도전은 나의 미래가 되었다.

성공, 실패가 준 선물

자신의 전공, 직업을 찾는 법

자기에게 어울리는 전공, 직업을 찾는 것은 성공의 지름길이다. 피겨 스타 김연아는 여섯 살에, 역도선수 장미란은 열다섯 살에, 월드스타 싸이는 이십 대에 전공을 찾았다. 나는 특별한 재능이 없다고 생각했고 대학 시절 뒤늦게 전공을 바꿔 진짜 전공을 찾아간 경우다. 전공을 찾는 것은 전체 인생을 결정할 정도로 매우 중요하므로 6가지 팁을 소개한다.

1. 전공을 찾는 데 좀 더 시간과 정성을 투자하라.

부모님이나 선생님의 의견은 참고만 하고 본인이 직접 '직업의 세계'에 대한 정보를 찾아 그 분야 사람과 직접 대화를 나눠 본다. 전공은 단순히 대학 때 공부하는 것으로 끝나지 않는다. 배우자보다 어쩌면 더 오래 내 인생 전체를 지배할지도 모른다.

2. 전공에 따른 직업의 현재를 보고 성급하게 판단하지 마라.

타인이 어떻게 하고 있는지 묻지도 마라. 좋은 직업도 사람에 따라 나쁜 것이 될 수 있듯 그 반대도 가능하다. 그 직업에 어떤 재능과 자세로 접근하느냐에 따라 행, 불행, 성공과 실패가 갈린다. 다시 한 번 자신의 재능, 취향에 맞는 직업을 찾아라.

3. 전공을 바꾸는 데 시간과 비용을 너무 따지지 마라.

대학과 학과는 적성보다 수능점수에 따라 결정되는 경우가 의외로 많다. 서울의 명문대 신문방송학과를 졸업한 Y는 언론계 진출을 하지 않고 공기업에 입사했다. 부모의 권유에 따라 공기업에 들어갔지만 만족할 수 없었다. 그때 그는 자신이 무엇을 좋아하는지 알게 되었고 다시 건국대 수의학과에 입학해 지금은 동물병원을 하며 행복하게 살고 있다.

4. 사회적 평가, 대우는 무시하고 자기 재능과 취향을 전공으로 만들어라.

당연한 말로 들리지만 의외로 전공을 선택할 때는 다른 요소에 의해 결정되는 경우가 많다. 공부를 못하는 사람은 대충 합격 가능한 곳을 찾고, 공부를 잘하는 학생은 유명 대학, 유명 학과를 원한다. 장 자크 루소는 『에밀』에서 "부도덕 중의 으뜸은 어울리지 않는 직업을 갖는 것"이라고 했다.

5. 올바른 전공, 직업 선택은 성공을 보장한다.

자신의 재능에 맞는 직업을 선택한 사람들은 적어도 세 가지 점에서 타인과 다르다. 첫째, 열정을 쏟는다. 둘째, 말려도 성실하게 일하는 모습을 보인다. 셋째, 반드시 두각을 나타낸다. 성공한 사람들의 공통점은 올바른 직업 선택에서 나타난다.

6. 좋아하는 것을 하는 사람이 성공한다.

"만일 네가 좋아하는 것을 한다면 성공하게 될 것이다." 이 말은 '좋아하는 것을 하는 사람이 성공한다'는 것이다. 좋아하는 것, 내 적성에 맞는 것을 찾는 데는 어떤 투자도 아깝지 않다. 가장 확실한 성공으로 가는 길이기 때문이다.

성공, 실패가 준 선물

나는 어떤 기자를 꿈꾸었나

고스톱 치지 않는 기자, 촌지 받지 않는 기자, 공부하는 기자

대학 3학년 때부터 언론고시에 응시했지만 쉽지 않았다. 4학년이 되어서도 추풍낙엽처럼 떨어졌다. 나는 이런 기자가 되겠다고 나름의 기자상도 만들어 두었었다. 지금 생각해 보면 너무나 순진했지만 당시는 진지하게 세 가지 기자상을 꿈꾸고 있었다.

첫째, 기자실에서 고스톱 치지 않는 기자가 되겠다.

지금은 그렇지 않지만 당시는 기자실이 공보관과 고스톱을 즐기는 오락장이었다. 사건을 기다리는 기자들에게는 시간 보내기 좋고 기자들을 잡아 두려는 공보관의 입장에서도 나쁘지 않았다.

특히 기자실 고스톱 사건이 일반에 공개되면서 공보관들이 '촌지 주는 통로'로 활용한다는 지적이 나왔다. 공보관들이 고스톱 치기 전에 기자들에게 본전으로 일정액을 주고 또 일부러 수십만 원씩 잃어 준다는 것이었다. 나는 기자실 고스톱은 '기자정신을 망치는 것'이라 생각

하고 내가 기자가 되면 '고스톱 치지 않는 기자'가 되겠다고 다짐했다. 그러나 이런 다짐도 소용없이 나는 기자시험에 계속 떨어졌다.

둘째, 촌지를 받지 않는 기자가 되겠다.

한국 언론의 이미지를 추락시키는 주범은 촌지라고 생각한다. 기자들은 촌지가 나쁘다는 것을 알면서도 왜 촌지를 받고 또 말썽이 되는지 나는 이해하지 못했다. 당시 촌지는 매우 일반화돼 있었다. 단순히 촌지뿐만 아니라 공짜술에 공짜여행, 공짜골프 등 5공화국 시절 기자는 특권층이었다. 특히 내가 황당했던 것은 언론계 선배들의 '촌지는 마약과 같다, 받아서는 안 된다'는 글을 볼 때였다. '나는 어쩔 수 없이 받았지만 후배 너희들은 받지 말라'는 식이었다. 이것은 표리부동하며 설득력도 없다고 생각했다. 그때 어떤 상황에서도 촌지를 받지 않는 기자가 되겠다고 다짐했다.

셋째, 공부하는 기자가 되겠다.

기자가 되면 책과 멀어지고 술과 가까워진다고들 했다. 나는 기자야말로 꾸준히 공부해야 하는 직업이라고 생각한다. 그러나 주위의 말을 들어 보면 기자가 되기 전과 되고 난 후 많이 바뀐다고 하는데, 내가 꿈꾸는 기자는 전문분야를 찾아 연구도 하고 책도 출간하는 그런 기자였다.

지금 생각해 봐도 당시 나는 이상적인 기자상을 꿈꾸고 있었다. 그리고 이 세 가지는 당연한 것으로 생각했다. 기자가 되고 보니 정말 이상과 현실의 큰 차이를 느낄 수 있었다. 이 부분은 따로 정리하기로 한다.

나는 이미 어떤 기자가 되겠노라고 구체적 그림까지 그려 두었지만 계속 필기시험에 낙방했다. 안타까운 시간이 흐르는 가운데 친구들은 이미 연합뉴스, MBC 등에 합격했거나 면접만 남았다고 했다. 스터디 그룹 중 나만 계속 떨어지고 있었다.

그런데 나에게도 기회가 왔다. 2,500여 명 중 50명만 뽑는 필기시험에 드디어 합격한 것이다. 중앙일간지 합격 수험번호는 6114번. 믿기지 않을 정도로 기뻤다. 나는 마치 기자가 된 듯 흥분해 있었다. 마지막 관문인 면접은 자신있었다. 넥타이도 새로 샀다. 그리고 자신있게 면접장에 들어갔다. 그러나 면접장 분위기는 내 예상을 크게 빗나가 있었다.

1차 부장단 면접에서 7명이 나의 수험번호를 확인한 뒤 질문을 하기 시작했다. 그중 내 성적표와 이력서 등을 쥐고 있던 선임부장의 첫 질문을 평생 잊을 수 없다.

"야, 건대 축산대서 왜 여기 왔어?"

질문이 아니고 '신경질 난다'는 식으로 짜증을 냈다. 나는 당황했지만 마음을 가다듬고 이유를 설명하려고 했다.

"제가 말씀드리겠습니다. 우리나라 언론의 문제점인…"

그런데 말을 시작하기 전에 벌써 그만하라는 손짓을 했다.

"무슨 소린지 알겠으니 그만 나가 봐…"

지금 생각하면 매우 오만한 면접관이었지만 당시는 중앙일간지 부장 정도 되면 눈에 보이는 게 없었다. 부도덕한 군사정권은 언론을 정권의 통치수단으로 생각했고, 언론사 부장들은 특혜를 누리는 대신 권력의 마름으로 눈에 뵈는 게 없던 때였다.

면접장에 오기까지 얼마나 많은 눈물과 좌절이 있었는데, 여기서 말 한마디 제대로 못하고 물러나야 하다니…. 나는 믿을 수 없었다. 그러나 다행히 2차 면접이 있다고 했다. 2차 면접은 부장단 뒤에 사장, 부사장,

감사가 따로 하는 면접이라고 했다. 나는 그곳에 가서는 꼭 기회를 잡겠다고 다짐했다.

그러나 2차 면접은 그냥 형식적인 통과의례였다. 사장님 훈시를 듣는 자리였다. 묻고 듣고 하는 자리가 아니었다. 그냥 내보내려 하기에 내가 '발언권'을 요청했다. 그러자 중간에 간사가 차단시켰다.

"무슨 말 하려는지 우리가 다 압니다. 걱정 마세요."

말도 하지 않는데 뭘 안다는 것인지, 뭘 걱정 말라는 것인지…. 나는 그렇게 황금 같은 기회를 날렸다. 면접을 보고 결과를 기다리지 않고 바로 떨어졌다는 것을 직감했다. 그래도 혹시나 해서 최종 면접일 그 신문 1면 박스에 실린 최종합격자 명단을 찾아봤다. 이번에는 수험번호가 아닌 이름이 한자로 게재됐다. 그곳에 김창룡은 없고 '김창우'라는 이름이 있었다.

지푸라기라도 잡는 심정으로 이번에는 그 신문사에 전화를 걸었다. 혹시나 하는 두근거림과 이미 절망으로 떨어지는 자신을 간신히 다독이며 물었다.

"합격자 이름에 김창우 씨가 맞습니까?"

'김창룡 이름이 잘못된 것 아니냐'고 묻고 싶었지만 내 질문은 그렇게 나갔다. 그러자 답변이 걸작이었다.

"네, 김창우 씨 맞습니다. 축하합니다."

아무 말도 못하고 공중전화기를 내려 놓았다. 늦가을 떨어진 낙엽이 길거리를 휘젓고 있었다. 이제 더 이상 언론고시를 볼 언론사가 남아 있지 않았다. 나의 '마지막 잎새'는 그렇게 사라져 갔다. 내가 꿈꿔 왔던 기자상을 실현해 보기도 전에 아예 기회를 원천 봉쇄당한 것이다.

모든 것이 원망스러웠다. 깊은 좌절과 한숨, 눈물이 나를 더욱 비참하게 만들었다. 꿈을 잃은 내가 갈 곳은 없었다. 희망도 없다고 생각했다.

　다행히 그 와중에 나에게는 당시 건대 수학과 3학년에 재학중이던 여자친구 조애경이 있었다. 나의 좌절을 위로하고 함께 아파해 주었다. 다 된 것처럼 큰소리쳤던 자신이 부끄러웠다. 좌절의 나락에서 혼자가 아니어서 그나마 다행스러웠다. 여자친구는 자기가 입주하여 과외지도를 하던 친척집 아저씨에게 말해 대기업 계열사인 '빙그레'에 부탁해 보겠노라고 말했다.

　기자직 외에는 아무 관심이 없었지만 그 말은 그나마 심리적 위로가 됐다. 실제로 청탁을 넣어 입사를 시도했지만 합격되지 않았다. 결과적으로는 다행이었다. 나의 기자상, 기자의 꿈은 그렇게 모두 수포로 돌아가는 듯했다.

직업 목표를 구체적으로 세워라

꿈은 구체적이어야 한다. 막연한 목표는 그냥 희망사항으로 끝나 버릴 수 있다. 단순히 기자가 되겠다가 아니라 어떤 기자가 되겠다는 목표가 있어야 한다.

조선일보에 실린 '美 변호사 된 가수 이소은의 딴따라 성공기'는 열정과 도전의식으로 똘똘 뭉친 한 소녀의 당찬 이야기다. 자신의 적성을 찾아 구체적 목표를 세워 도전한 이소은의 이야기 제목은 '노래보다 공부가 좋았어요!' 였다.

고등학교 때 토플 만점을 받고 명문대에 진학하면서 원조 엄친아의 면모를 제대로 보여 오던 그녀가 미국 변호사 시험에 합격했다.

1996년 EBS '청소년 창작음악의 밤'에 참가한 것이 계기가 되어 이소은은 열일곱 고등학생 때 가수가 되었다. 이승환, 김동률, 정재형 등 실력파 뮤지션들의 극찬을 받으며 화려하게.

맑고 단아한 목소리의 소녀는 오직 가수의 운명을 타고난 것처럼 보였고, 그녀의 노래는 많은 사람들에게 사랑을 받았다. 이후 가수 이소은의 활약은 돋보였다. 그렇게 그녀는 평생 가수로만 살 것처럼 보였다.

그런데 이 '천생 가수'로만 보이는 소녀에게는 또 다른 꿈이 있었다. 국제변호사라는 꿈이다. 이 꿈을 위해 그녀는 남몰래 또 다른 시간을 보냈다. 고등학교 시절 토플 만점을 받았고, 명문대라 불리는 고려대 영문과를 졸업했다. 미국 노스웨스턴 로스쿨 법학전문 박사학위를 따고 뉴욕 소재 로펌에 입사해 법조인의 길을 걷더니, 미국 변호사 시험에도 합격했다. 음악인으로서의 길은 잠정적으로 접었지만 그녀의 인생은 새롭게 펼쳐지고 있다. 그야말로 원조 엄친아인 이소은.

성공, 실패가 준 선물

이소은이 알려준 로스쿨 입학 노하우

1. 서류는 빨리 접수할수록 좋다.

LSAT 점수로 어떤 로스쿨에 도전할 수 있는지 지원하고자 하는 학교 홈페이지나 입학관리처를 통해 지원방법을 정확하게 알아야 한다. 서류는 최대한 꼼꼼하게 준비해서 빨리 접수하는 것이 좋다. 도착하는 대로 수시로 심사하여 뽑기 때문이다.

2. 이력서는 창의력과 독창성으로 무장하라.

너무 정해진 틀에 얽매일 필요는 없다. 양식에 맞춰 칸을 어떻게 채울지보다는 나를 더 잘 표현할 방법이 무엇인지 고민하는 것이 낫다. 창의력과 독창성이 돋보이는 나만의 이력서를 완성하는 것이 중요하다.

3. 자기소개서에는 자신감과 목적의식이 필요하다.

자기소개서에는 지원하고자 하는 이유를 설득력 있게 제시해야 한다. 그리고 중요한 것, 외국 유학을 위한 자기소개서에 지나친 겸손은 오히려 해가 된다. 동양권에서는 겸손의 미덕이 중요하지만 서양에서는 그렇지 않다. 그보다는 자신감과 자기확신이 필요하다.

4. 입학 이후의 모습

자신이 그 학교에 입학함으로써 나와 학교 모두 윈윈할 수 있다는 것을 보여 줘야 한다. 입학관리처에서 원하는 이야기는 내가 로스쿨에서 얼마나 잘할 수 있는지, 졸업 후 얼마나 학교를 빛낼 만한 인재인지에 관한 것이다.

나는 어떻게 기자가 되었나

어렵게 쟁취해야 열정을 쏟아붓는다

모든 것을 걸고 열정을 쏟았던 언론계 진출에 끝내 고배를 마시자 맥이 탁 풀렸다. 아무것도 하고 싶지 않았다. 의욕이 없었다. 다른 길은 보이지 않고 그냥 '죽고 싶다'는 생각뿐이었다.

실제로 나는 몰래 죽음의 방법을 고민해 본 적이 있다. 더 이상 연령 제한에 걸려 언론사에 원서조차 낼 수 없게 됐을 때 나는 몰래 죽을 방법을 찾았다. 가장 유력하게 생각해 낸 방법이 한강다리에서 뛰어내린다는 것이었다. 그러나 '나는 울릉도에서 태어나 수영은 물개 수준인데… 죽겠다고 뛰어들었다가 다시 헤엄쳐 나오면 무슨 망신인가.' 별의별 생각이 다 들었다.

그러다 생각해 낸 것이 조용히 '굶어 죽자'는 것이었다. 자취방에 틀어박혀 죽기로 작정하고 더 이상 도서관에 나가지 않았다. 그런데 도서관에서 함께 공부하던 친구가 자취방으로 찾아왔다. 그의 손에는 영국 노팅엄대학교 크리스 버틀러 교수가 보낸 편지 한 통이 들려 있었다.

성공, 실패가 준 선물

그의 편지가 내 생각을 바꾸는 계기가 됐다. 크리스 교수와의 인연은 따로 정리하기로 한다. 편지에 이런 내용이 있었다.

"창룡, 내가 영국으로 돌아와 여러 기관에 장학금을 알아보았지만 긍정적인 대답을 보내 온 곳은 없네. 유감스럽긴 하지만 이것이 우리 학교 팸플릿이니 한번 살펴보도록 하게…."

우연히 한국에서 만나게 된 크리스 교수는 '장학금을 줄 수 없어 유감'이라는 내용의 편지를 보냈다. 그러나 이 편지가 내 생각을 완전히 바꿔 놓았다. 타이밍이 절묘했다. 아무 희망도 꿈도 없이 절망에 빠져 있던 내게 더 이상 한국에서 꿈을 찾지 말고 외국으로 나가 보자는 생각이 들었다.

그래서 자리를 박차고 일어나 해외로 갈 수 있는 방법을 찾아 보았다. 과거나 지금이나 외국 대학은 모두 재정보증서를 요구하기 때문에 나는 불가능했다. 그러던 중에 건국대학교 류태영 교수가 이스라엘대학교에 보낼 학생을 선발한다는 소문을 듣고 지원했다.

한국에서 아무 희망이 없던 나는 무조건 이스라엘로 가기 위해 뛰었다. 그중 가장 큰 어려움은 비행기표를 구하는 것이었다. 이때 여자친구의 도움이 가장 컸다. 우선 50만 원을 빌려 달라고 했더니 어떻게 부모님을 설득했는지 그 돈을 가져왔다. 그 돈으로 서울 중부시장에 가서 오징어 50만 원어치를 사 교수님들을 상대로 팔았다. 여자친구도 친척, 친구 등에게 파는 등 그 돈으로 70~80만 원을 만들었고 후에 여자친구의 어머니가 추가로 50만 원을 더 주셨다. 참으로 고마운 분이었다.

나는 그렇게 해서 어렵게 한국을 떠났다. "성공하기 전에는 한국을 찾지 않겠다"고 마음속으로 다짐했다.

1985년 1월, 이스라엘 키부츠에서 하루 5시간 정도 일하면 히브리어를 가르쳐 주고 숙식을 해결해 주는 '울판'이라는 프로그램에 참여했다. 그리고 새로운 땅 이스라엘에서 히브리어를 배우며 태권도 사범생활을 했다. 유학 같은 건 남의 이야기고, 그냥 생존하기 위해 나에게 주어지는 사명을 받아들였다.

나는 그곳에서 1년 반 정도 생활하다 1987년 영국으로 건너갔다. 크리스 교수의 도움으로 런던시티대학교 저널리즘 스쿨에 입학허가서를 받았기 때문이다. 그 전해 크리스 교수를 만나러 영국에 갔다가 그는 내가 기자가 되고 싶지만 뜻을 이루지 못한 이야기를 귀담아 듣고는 저널리즘 스쿨을 소개했고 지원도 도와주었다.

돈도 없고 영어 실력도 부족한 내가 당시 런던에서 어떻게 견뎌냈는지, 지금 생각해도 정말 기적 같은 일이었다. 돈이 넉넉해도 하기 어려운 것이 유학생활인데, 나는 굶기를 밥먹듯 했다.

무엇보다 성적이 좋지 않아 런던 저널리즘 스쿨 국제 저널리즘 코스 담당 리처드 키블 교수에게 불려가서 신상상담을 받았다. 그는 매우 걱정스런 눈빛을 보이며 이렇게 말했다.

"킴, 네가 얼마나 열심히 노력하는지는 나도 알아. 그러나 현재의 네 영어 실력과 성적으로는 이 코스가 무리인 것 같아…. 1년 더 영어공부를 하고 다시 하면 어떻겠니…. 지난해도 너와 같은 멕시코 학생이 있었는데 결국 중도에 포기한 경우가 있었어…."

나도 학비만 있고 살 집만 있다면 그렇게 하고 싶었다. 그러나 또 다른 일년치 학비는 꿈도 꿀 수 없었고 런던 생활비는 나를 어지럽게 만들었다. 첫 학기의 위기를 넘기고 점차 나아졌지만 결국 세 과목 낙제점수를 받았다. 나는 재시험을 보고 나서야 간신히 저널리즘 석사학위를

성공, 실패가 준 선물

마칠 수 있었다. 기적의 연속이었다. 무일푼으로 이스라엘에서 영국 런던으로 온 것도 기적이고 런던에서 저널리즘 석사과정을 마친 것도 내게는 기적이었다.

한국을 떠난 지 3년이 넘어가고 있었다. 이제 귀국하려니 또 돈이 없었다. 오랫동안 소식이 끊어졌던 여자친구에게 다시 도움을 청해 간신히 한국으로 돌아왔다. 공항에서 여자친구와 그 가족들이 보잘것없이 말라 버린 나를 반겨 주었다.

갈 곳이 없던 나는 결혼 전 2개월 정도 5백만 원짜리 전세방을 얻어 여자친구와 함께 살다가 백수 상태에서 초라한 결혼식을 올렸다. 그 후 아내는 물론 고마운 장인 장모님께도 이 빚을 평생 갚겠다는 다짐을 했다.

나는 당시 임시로 외국어학원 영어강사를 하고 있지만 언론계 진출의 꿈을 포기하지 않았다. 다시 언론사 편집국장을 찾아가서 영국 저널리즘 석사학위를 받아왔으니 기회를 달라고 부탁했다. 동아, 조선, 중앙일보를 차례로 찾아가 6개월만 무보수로 나를 한번 시험해 보라고 했지만 "기자를 그런 식으로 뽑지 않는다"며 간단히 무시했다.

발명왕 토머스 에디슨은 수많은 시행착오를 거치면서 '실패'를 이렇게 정의했다.

"나는 1,000번을 실패했다고 말하지 않습니다. 실패를 야기할 수 있는 1,000가지 요인을 발견했다고 말하고 싶네요.(I will not say I failed 1000 times. I will say that I discovered there are 1000 ways that can cause failure.)"

언론계 선배 조갑제 씨를 만났더니 "당신은 영어가 되니 외신 쪽을 두드려 우회해서 국내 언론사로 들어오는 것도 한 방법"이라고 알려 주었다. 나는 다시 서울에 있는 AP, AFP 등 외국 언론사에 영문 이력서와 지원서를 보냈다.

그중 AP통신사에서 연락이 왔다. '한번 와 보라' 는 것이었다. 당시 베리 렌프류 씨가 AP통신사 서울지국장이었다. 그는 나의 인생 역정과 저널리즘에 대한 열망을 들은 뒤 날짜를 정해 주면서 시험을 보라고 했다.

영어시험만 5시간을 치렀다. 한 묶음에 3~7장 되는 페이퍼를 주고 제목을 편집하고 내용을 1~2장으로 요약하는 것이었다. 생소한 분야도 그랬지만 적절한 제목을 편집하기가 무척 힘들었다. 5시간이 순식간에 지나갔다.

베리 지국장은 최종선발권은 자신에게 없다면서 "하지만 처음으로 나를 위해 강력한 추천장을 미국에 보내겠다"고 말했다. 그는 서랍을 열어 보이면서 지난 2년 동안 받아 둔 이력서라고 했다. 그리고 내가 추천서를 보내는 첫 번째 후보자라며 나를 안심시켜 주었다.

며칠 뒤 베리 지국장은 AP통신사 도쿄지국장 '사토' 가 나를 인터뷰하기 위해 서울 조선호텔로 올 것이니 준비하라고 했다. 사토 지국장은 도쿄대 영문과를 나와 미국 AP통신사 본사에서 10여 년 동안 편집장을 하고 다시 일본으로 돌아간 베테랑 언론인이었다.

그가 나를 인터뷰하기 위해 서울까지 온 것은 두 가지 이유에서였다. 하나는 합격시키기에는 시험성적이 그렇게 만족스럽지 못했다는 것, 또 하나는 그렇다고 불합격시키기에는 베리 지국장의 추천서가 너무 강력하다는 것. 최종판단을 내리기 전에 사토 지국장이 면접을 한 번 더 보는 것이었다.

성공, 실패가 준 선물

당시 너무나 긴장한 내가 무슨 말을 했는지 잘 기억나지 않는다. 그는 면접 후 나에게 잠깐 나가 있기를 권했고 그는 본사 임원 중 누구와 최종 대화를 나누는 것 같았다. 초조한 시간이 흘렀다. 다시 나를 만난 그는 웃으며 인사를 건넸다.

"컨그레츄레이션, 킴!"

최종합격이었다. 그렇게 고대하던 기자의 꿈이 마침내 이루어지는 순간이었다. 그는 첫 기자생활을 AP 같은 유명 언론사에서 시작하는 것을 '그레이트 스타트(눈부신 시작)'라고 표현했다.

1982년 기자의 꿈을 세워, 1984년 기자의 꿈을 접고 한국을 떠나 이스라엘, 영국을 돌아 1988년에 비로소 그 꿈을 이루었다. 대학 1년을 6년 다니더니 꿈을 세워 기자가 되는 데도 6년이 걸린 셈이다. AP통신사 합격 소식에 장모님이 TV 한 대를 사오셨다.

행운도 내 힘으로 하나씩 만들어 가라

어느 로또복권 당첨자의 불행

갑작스레 주어지는 행운은 행운이 아니다. 30대 가장인 A씨는 2007년 로또복권 1등에 당첨됐다. 당첨금은 무려 18억 원이었다.

아내와 1남1녀를 둔 평범한 가장이었던 A씨는 곧바로 회사를 그만두었다. 그리고 당첨금으로 지인들과 함께 각종 사업을 벌였고, 주식투자도 했다.

하지만 사회는 녹록지 않았다. 수차례 걸쳐 사기를 당했고, 주식도 별 재미를 보지 못했다. 결국 당첨금을 모두 탕진하고 말았다. A씨는 생활이 어려워지자 친인척들에게 거액을 빌렸고, 수천만 원의 빚만 떠안게 되었다.

그러자 가정불화가 끝없이 이어졌고 마침내 이혼까지 했다. 그 후 자녀들과도 떨어져 홀로 살던 A씨는 심한 우울증까지 앓아 온 것으로 알려졌다.

결국 A씨는 동네 목욕탕 탈의실에서 목을 매 숨진 채 발견됐다. 점심시간을 막 넘긴 시간이라 목욕탕에는 아무도 없었다.

경찰서 관계자는 "A씨가 목욕탕 출입문을 잠그고 준비한 노끈으로 목을 맸다"면서 생활고 등을 비관해 스스로 목숨을 끊은 것으로 보고 유족 등을 상대로 정확한 자살 원인을 조사 중이라고 했다.

쉽게 주어지는 것을 거부해라. 행운에는 반드시 독이 포함되어 있다. 모든 로또 당첨자가 불행해지는 것은 아니지만, 어리석음과 감당할 수 없는 행운은 또 다른 비극을 잉태하는 법이다.

외국과 한국 언론사의 차이점

한국 언론사를 거쳐 외국 언론사에 갔다면…

나의 AP통신사 서울특파원 생활은 길지 못했다. 1년여 동안 당시 연합뉴스 건물에서 근무했는데, 그곳에서 우연히 언론계 선배인 맹형규 씨를 만난 것이다.

그는 연합뉴스 런던특파원 시절, 내가 런던 저널리즘 스쿨에 다니면서 실습차 로이터통신 본사를 방문했을 때 만난 한국 기자였다. 내가 먼저 다가가 연락처를 알아낸 뒤 언론에 대한 궁금증을 물어보며 가까워진 사이였다.

뜻밖의 장소에서 오랜만에 만난 그가 반가워하면서 창간 준비 중이던 '국민일보'로 옮길 의향이 있는지 물었다. 고맙게도 함께 가서 일하자는 것이었다. 그때 나는 국내 언론사로 옮기기로 결정했다.

나를 선발하는 데 큰 도움을 주고 신뢰해 준 베리 지국장의 기대에 보답하지 못해 너무나 미안했다. 그는 그 후 파키스탄 지국장으로 옮겨 갔지만 그에 대한 감사함과 미안함은 평생 내 마음속에 남아 있다.

국내 언론사로 옮기자 모든 것이 달랐다. 미국 언론사에 있을 때는 내가 꿈꾸었던 기자상을 실천하는 데 아무런 장애가 없었다. 나의 의지만 있다면 가능한 일이었다. 그러나 국내 언론사는 달랐다. 우선 내가 꿈꾸었던 세 가지 기자상을 중심으로 그 차이를 알아보겠다.

기자실에서 고스톱 치지 않는 기자 되기

미국 언론사 사무실에서 그런 행위는 상상할 수 없다. 잠깐 낮잠을 자거나 쉬는 것은 허용되지만 그런 류의 갬블링은 받아들이지 않는다. 윤리강령에 구체적인 명시는 없지만 언론인의 품위 등 포괄적으로 안 되는 것으로 이해하면 실수가 없다.

한국은 고스톱뿐만 아니라 아예 바둑판까지 준비해 두고 있었다. 그리고 같이 어울리지 않는 기자를 좋게 봐주지 않았다. 국내에서는 고스톱 치지 않는 기자 되기가 쉽지 않다는 것을 알았다. 물론 모든 기자가 고스톱을 쳤다는 것은 아니다. 일반적인 기자실 풍경이었다는 것이다.

촌지 받지 않는 기자 되기

미국 언론사뿐만 아니라 영국 등 유럽 언론사에서 촌지를 주고받는다는 것은 상상하기 어렵다. 영어에 아예 그런 표현이 없다. 부패, 비리 등의 단어는 있어도 촌지라는 단어는 없다. 내가 논문을 작성하면서 가장 애를 먹은 부분이다. 촌지라는 단어가 없어 억지로 단어를 만들고 해석을 붙이는 식이었다.

그런데 국내 언론사는 달랐다. 일단 기자단의 일원이 되면 공식적으로 촌지를 준다. 모두 받는 자리에서 '나는 안 받겠다'고 나서기가 어렵다. 돌려주는 한이 있더라도 일단 받아야 한다. 이것이 나를 곤혹스럽게

만들었다. 국내 언론사에서 촌지 받지 않는 기자가 되는 것은 개인의 의
지만으로는 되지 않는 구조적 측면이 있었다.

공부하는 기자 되기

미국 언론사에서 공부하는 기자가 되기는 쉬웠다. 오히려 권장한다.
취재에 도움이 되는 책이나 자료를 구입하도록 재정 지원을 해 준다. 관
련 프로그램을 대학에서 수강하겠다면 그렇게 하도록 권장한다.

국내 언론사에서도 물론 공부할 수 있다. 그러나 내 시간을 만들기가
쉽지 않다. 술자리가 너무 잦고 부르는 곳이 많다. 하루종일 취재하고
기사 작성하기가 여의치 않았다. 설혹 시간을 내어 따로 공부하는 것을
회사 분위기상 좋아하는 것 같지 않았다. 국제부나 편집부 등 내근 부서
는 어느 정도 가능했다.

그러나 취재부서로 나가면 일단 책을 들고 다닐 수 없고 언제 무엇을
할지 불안한 상황에서 집중하기가 쉽지 않았다. 나는 아예 저녁 술자리
는 무조건 나가지 않는 것을 원칙으로 삼았다. 한국처럼 관계도 형성되
고 취재거리도 캐낼 수 있는 술자리에 나가지 않는다는 것은 본인에게
크게 마이너스다. 인생은 모든 것을 할 수는 없다. 뭔가를 선택하면 뭔
가를 대가로 내줘야 한다.

아마 거꾸로 국내 기자생활을 하다가 외국 언론사에 들어갔다면 아마
지금까지 기자생활을 하고 있을지도 모른다. 국내 기자생활은 너무 달
랐고 내가 꿈꾸었던 기자상을 실현하기에는 조직의 힘이 너무 강했다.

국내 언론사에서 좋은 점은 새로운 기사 작성법을 배울 수 있었다는
점이다. 선배들이 기사 작성을 코치해 주기도 하고 직접 다듬어도 준다.
외국 언론사는 자기 일은 철저하게 자기가 하는 식이다. 나는 동료 선후

배들의 기사를 보면서 기사 작성하는 법을 배울 수 있었고 이것은 교수가 된 후에도 큰 도움이 됐다.

영국에서 저널리즘 스쿨을 졸업하면서 로이터통신 본사 시험에 도전한 적이 있다. 로이터통신은 최소한 3개 국어를 자유롭게 구사해야 한다. 나는 한글, 영어, 히브리어를 내세워 도전했지만 그 높은 벽을 통과하지 못했다.

기회가 된다면 해외 언론사, 외국계 기업에 진출하라고 권한다. 적어도 외국계 기업은 엉뚱한 이유를 내세워 직원을 협박하거나 해고하지는 않는다. 일단 인간적 대우를 받을 수 있다는 점에서 해외 언론사를 선호한다.

국내 언론사에서 가장 나를 숨막히게 한 것은 두 가지다. 첫째, 국내 언론계 문화는 일단 타사 기자라 하더라도 연배가 아래거나 경력상 후배로 간주되면 쉽게 반말을 한다. 빨리 친해지고 유대감을 형성할 수 있는 장점이 있지만 나는 거부감이 들었다. 내가 높임말을 쓰는데 언론계 선배라는 이유로 반말을 하면 그냥 받아들일 수 없었다. 지금 생각하면 아무것도 아니지만 당시는 정말 참기 어려웠다.

둘째는 단순히 반말 정도가 아니라 '욕설' 까지 쏟아내는 것이었다. 부장 아니라 국장이라 하더라도 그런 욕설을 하면 대들었다. 참을 수 없는 모욕감을 느꼈기 때문이다. 가장 민주적이고 이성적인 집단이어야 할 언론계 내부는 이렇게 군사문화, 저급문화가 만연되어 있었다.

1994년 역대 최고 횡령액을 기록한 '인천 북구청 세금비리 사건' 이 났을 때 나는 인천시청, 검찰청, 시경을 출입하고 있었는데, 내가 보낸 기사에 다른 사람 이름이 나가고 내가 작성하지 않는 기사에 내 이름이 나가는 데 대해 항의했다. 크레디트를 정확하게 달지 않는 것은 언론윤리강령 위반이며 정직한 독자서비스가 아니라고 생각했기 때문이다. 그런 항의에 데스크를 보고 있던 차장이 욕설로 응대했다. 차마 이곳에 옮길 수는 없으나 나는 회사를 그만두는 한이 있더라도 그를 응징하고 싶었다.

국내 언론사는 이런 문화가 그대로 존재했다. 체육부에 함께 근무하던 기자가 어느 날 아침 갑자기 선배기자와 육탄전을 벌이며 내 책상 옆으로 쓰러졌다. 나중에 알고 보니 선후배 간의 태도 문제로 내홍을 겪어오다 그날 아침에 터져 버린 것이었다. 내가 유학을 갈 무렵 신문사를 그만뒀다는 말이 들려오더니 어느 날 사법고시에 합격해 변호사가 되었다는 뉴스를 보았다.

지금은 언론계 문화도 바뀌었을 것이다. 아니, 반드시 바뀌어야만 한다.

상사와 잘 지내는 10가지 방법

직장생활에서 가장 힘든 건 회사 업무가 아니라 직장 상사와의 관계다. 상사 때문에 스트레스를 받아 회사를 그만두고 싶어지기도 한다. 하지만 회사를 그만두는 것보다 상사와 잘 지내는 방법을 찾아 노력해 보는 것이 현명한 길이다.

1. 상사의 성격이나 일하는 스타일을 파악하여 적극적으로 협력할 것.
2. 일을 처리하기 전 미리 상사의 의향을 파악하여 수정하는 일이 없도록
   할 것.
3. 일을 안심하고 맡길 수 있도록 평소에 업무에 대한 실력을 쌓을 것.
4. 주어진 역할, 해야 할 일은 구실을 찾지 말고 지체없이 처리할 것.
5. 시키는 일만 하지 말고, 좋은 아이디어를 첨가하도록 노력할 것.
6. 일을 미리 찾아내는 습관을 가질 것.
7. 드러내놓고 반발하기보다는 유머 감각을 발휘하여 웃는 얼굴로 설득할 것.
8. 항상 절도 있고 예의 바른 태도를 잃지 말 것.
9. 상사와의 접촉 기회를 많이 갖고 친밀감을 쌓을 것.
10. 개인의 능력을 과시하기보다는 조직 전체의 발전을 위해서 일하는 자세를
    가질 것.

성공, 실패가 준 선물

나를 당황시킨 사건과 촌지

초년 출세는 인간을 망치는 독이다

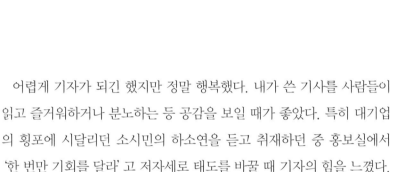

어렵게 기자가 되긴 했지만 정말 행복했다. 내가 쓴 기사를 사람들이 읽고 즐거워하거나 분노하는 등 공감을 보일 때가 좋았다. 특히 대기업의 횡포에 시달리던 소시민의 하소연을 듣고 취재하던 중 홍보실에서 '한 번만 기회를 달라'고 저자세로 태도를 바꿀 때 기자의 힘을 느꼈다. 대기업 홍보실은 회사에 대한 부정적 보도를 사전에 막는 일을 담당하고 있다. 그들은 내가 로비에 흔들리지 않을 것 같으니 바로 민원인의 하소연을 해결해 주었다. 기자가 여기서 더 나아가 자신의 본분을 잊게 되면 사이비 소리를 듣게 된다.

기자들은 하루하루 어떤 사건 사고를 접하게 될지, 누구를 만나게 될지 예측이 불가능한 직업이라는 점, 매번 다른 사람과 만나야 하는 만남의 직업이라는 점 등도 좋았다. 일이 단조롭지 않고 역동적이며 때로는 위험도 감수해야 하는 스릴을 느낄 수 있는 직업이다. 따로 언급하겠지만 두 번의 해외전쟁에 뛰어들었을 때는 정말 '죽어도 좋다'는 철없는

객기가 크게 작용했다. 그때는 '액션이 있는 곳에 기자가 있어야 한다'는 기자정신이 너무나 확고했다. 자식도 아내도 가정도 생각하지 않고 무모하게 뛰어든 젊은 시절이었다.

무엇보다 신났던 것은 영국, 네덜란드, 스웨덴 등 해외를 다니며 선진 경찰, 병원, 택시제도 등을 취재하는 일이었다. 새로운 나라의 선진제도와 문화를 배우고 전달하는 일은 기자의 보람을 극대화시켜 주었다.

기자가 되고 난 뒤 나의 기대와 보람은 '바로 이것'이라고 할 정도로 만족스러웠다. 그러나 모든 직업에 좋은 것만 있는 것은 아니다.

인천 시경에 출입할 때의 일이다. 당시 인천 연쇄 금은방털이 사건으로 비상이 걸려 있었다. 형사과장은 출입기자들과 종종 술을 마셨다. 그날도 형사과장과 일부 기자들은 거의 만취해 있었다.

밤늦은 시각 또다시 동인천 부근에서 연쇄 금은방털이 사건이 발생했다는 소식을 접했다. 현장에 도착해 보니 인천경찰청장이 직접 진두지휘를 하고 있었다. 현장을 챙겨야 할 형사과장은 보이지 않았다. 그는 한쪽 눈이 반쯤 풀린 기자들 사이에서 흐느적거리고 있었다.

"청장님이 찾고 있어…."

"이 모습으로 어떻게 가….(딸꾹)"

"그래도 얼굴은 비쳐야지, 얼른 와…."

형사과장과 기자들의 취중밀담이 한가롭게 진행되고 있었다. 현장을 지휘해야 할 형사과장의 부재에 경찰청장은 화가 많이 나 있었다. 뒤늦게 나타난 형사과장은 겨우 몸을 추스르며 "저 왔습니다" 하고 거수경례를 했다. 손도 제대로 펴지 못하고 주먹을 쥔 채 거수경례하는 모습이 우습기도 하고 위태로워 보였다.

늦게 나타나 비틀거리는 형사과장을 본 경찰청장은 화를 참지 못하고

성공, 실패가 준 선물

다가가 주먹으로 '뺨'을 때렸다. 이를 목격한 사람은 소수 기자들뿐이었다. 다들 맞을 짓을 했다며 묵인하기로 입을 맞추었다. 그런데 나는 동의할 수가 없었다.

경찰청장의 심정을 이해하지 못하는 것은 아니지만 법을 실행하고 지휘해야 할 그가 형사과장에게 손찌껌을 하는 것은 곤란하다고 생각했다. 더구나 그는 징계권과 인사권을 행사할 수 있는 위치에 있는 상관 아닌가. 나는 혼자서 '금은방 연쇄털이범 사건'과는 별개로 '법과 주먹 사이'라는 현장 기자칼럼을 준비했다.

내용의 핵심은 "부지런한 경찰청장의 솔선수범은 훌륭하지만 법과 제도를 준수해야 할 청장이 법보다 주먹이 가깝다는 말을 실천하는 사회는 불행하다는 것, 선진 법치주의를 정착시키는 데 역행하고 있어 이런 관행은 근절돼야 한다"는 것이었다.

승진을 앞둔 그는 어떻게든 기사를 막으려고 했다. 공보관이 나를 찾아와 하소연했지만 나는 '내 손을 떠났다'고 냉정하게 거절했다. 이미 본사 데스크에도 보고한 뒤였다. "이 기사는 반드시 보도되어야 한다"고 당부했고 부장도 "걱정 말라"고 답했다.

하지만 그날도 다음날도 그 기사는 끝내 빛을 보지 못했다. 나중에 부장의 설명을 들으니, 회사의 옥외 불법 광고, 불법 주차장 사용 등 경찰 측과 껄끄러운 문제들이 있었는데 그 기사와 '통쳤다'는 것이었다. 인천경찰청에서 기사를 빼려고 하다가 되지 않으니 회사의 실세인 조용기 목사(회장)에게 부탁해서 편집국으로 지시가 내려왔다는 것이다. 확인할 길은 없었지만 결과적으로 내 기사가 회사의 불법 편의와 맞바꾸기에 악용됐다는 생각을 떨칠 수 없었다.

오랜 기자생활을 한 사람에게는 흔한 일이겠지만 '기자정신'에 불타고 있던 나에게는 충격이었다. '논리와 정의감'으로 살아가는 기자직에 대한 환상이 하나씩 무너져가고 있었다.

기자직에 회의를 느끼게 한 것은 엉뚱한 곳에서 나왔다. 나는 대단한 부서, 물좋은 부서에 출입하는 것은 아니었지만 거의 저녁마다 술자리에 참석해야만 했다. 기자들의 '공짜 술자리'는 질펀하다. 돈걱정을 할 필요도 없고 남자들끼리 마시면 '재미없다'고 소위 아가씨가 있는 곳에서 마셨다. 하지만 술을 마시지 않겠다는 원칙을 지켜나가던 나는 그런 자리가 몹시 괴로웠다.

기자가 술자리에 가서 동료들과 함께 어울리지 않으면 왕따가 된다. '혼자 잘난 척'하는 것이 되고 선후배들 사이에서도 외톨이가 되는 법이다. 어느 조직이나 마찬가지다. 내가 좋아하는 기자직이지만 계속 기자생활을 하며 '평생직장'으로 삼기에는 현실의 벽이 만만치 않음을 느꼈다.

30대 어린 기자인 나에게 50, 60대 사장, 회장, 상무, 사무총장 등 그럴듯한 명함을 가진 어른들이 "김 기자님, 내 술 한잔 받으시죠"라는 청은 정말 나를 곤혹스럽게 만들었다. 기자들이 이렇게 향응을 받기 시작하면 자기도 모르게 '시건방져진다'는 말이 떠올랐다.

누가 무슨 말을 해도 나는 술자리에는 가지 않았다. 동료나 선배기자들이 왕따를 시킨다면 내가 너희들을 왕따시키겠다는 오기를 부렸다. 그러나 마음 한켠에서 점점 기자직에 대한 회의가 들기 시작했다. 이런 식으로 오래 기자생활을 할 수는 없을 것 같았다. 술자리에 가지 않는다는 것은 취재현장에서 배제된다는 뜻이기도 했다.

술자리에 가는 기자를 모두 나쁘게만 볼 수는 없다. 그들도 어쩔 수

　　　　　　　　　　　　　　　　　성공, 실패가 준 선물

없는 상황이 있을 것이다. 그래도 나는 가지 않겠다고 마음먹었다. 그런 결심이 확고해지는 만큼 기자생활도 점점 어려워지고 있었다.

어떤 직업이든 성공하려면 인격을 갖춰야 한다. 기자직도 예외가 아니다. 나는 인격을 수양하는 방법으로 여러 현인들의 제안을 기억하고 실천하기 위해 노력하고자 한다. 다음은 좋은 글에서 인용한 것이다.

"인격을 기르는 최상의 방법은 상대가 내게 준 것 중에 기분 좋은 것은 본받고 기분 나쁜 것은 피하는 것이다."

또 다른 복병은 촌지였다. 나는 스스로 만든 기자상을 지키기 위해 노력하고 있었으나 첫 촌지는 이렇게 주어졌다.

국내 언론사로 옮겨 와 국제부에 근무할 때는 누구도 촌지를 건네는 사람이 없었다. 그런데 체육부로 옮겨 '복싱' 을 취재할 때 일이다. 복싱 마니아였던 나는 세계타이틀전을 앞두고 직접 훈련장에도 가 보고 선수 훈련상태도 점검했다. 세계타이틀전 기자회견은 주로 유명호텔에서 열렸다. 당시 기자단과의 식사자리는 기자회견 후에 따로 마련되어 있었다.

기자단은 중앙일간지, 방송사, 연합뉴스 등이었고 인원은 15명 정도였다. 식사를 하고 자료를 챙기는 자리에서 한 임원이 흰 봉투를 하나씩 기자들에게 건넸다. 나는 직감적으로 촌지라는 것을 알았는데, 당시 기라성 같은 선배들은 무표정하게 받아 넣었다. 분위기에 압도된 나는 현장에서 '안 받는다' 고 거절하지 못했다.

흰 봉투를 기자수첩에 넣는 순간 얼마나 당황스럽고 떨렸는지 모른다. '나의 원칙이 무너지고 있는 것이 아닌가' 라는 생각과 '너도 이제 촌지 받는 기자가 됐네' 라는 비아냥이 어디선가 들려오는 듯했다. 나는 이 촌지를 어떻게 해야 할지 잘 판단이 되지 않았다. 아내에게도 말하지 않고 며칠 뒤 서울신문 송수남 선배를 찾아갔다. 그는 건국대학교 축산대학을 나온 언론계 선배였다.

"선배님, 제가 촌지를 받았습니다. 어떻게 해야 좋겠습니까?"

"언제, 어떻게 받았는데… 얼만데?"

나는 그때까지 열어 보지 않은 봉투를 선배에게 내밀었다. 거기에는 10만 원권 수표 두 장이 들어 있었다. 그러자 선배는 어이없다는 표정을 지었다.

"차비조로 주는 것이니 기자들하고 저녁이나 먹어."

개인적으로 따로 받은 것도 아니고 공식적으로 기자단을 통해 받은 것이니 문제가 없다고 했다. 또한 액수도 고액이 아니니 동료들에게 밥 한끼 대접하면 된다고 조언했다. 그러나 '촌지 안 받는 기자'가 되겠다고 다짐했던 내가 '촌지 기자'가 된다는 것은 견디기 힘들었다.

나도 돈을 좋아한다. '공짜돈'을 좋아하지 않을 사람은 없다. 또한 공짜돈 때문에 고통을 받을 이유는 없다. 따라서 공짜돈, 즉 '말썽 없는 촌지'를 싫어할 이유가 별로 없다. 특별히 내가 무슨 '청빈거사'나 '청렴기자'를 자처한 적도 없기 때문에 유별난 행동을 하고 싶지 않았다. 문제는 나 자신과 약속한 '촌지 받지 않는 기자상'은 무엇이냐는 것이다.

남들은 속일 수 있어도 자신만큼은 속일 수 없었다. 나는 아내에게까지 비밀로 하며 따로 '촌지통장'을 만들었다. 액수가 얼마가 되든 기자생활을 하면서 받는 돈은 모두 여기에 보관했다가 어떤 형태로든 공식적으로 처리하기로 했다. 다행히 길지 않은 기자생활 동안 내가 받은 촌지는 2백만 원을 넘지 않았다. 입양기관인 '동방사회복지회', 기자들의 모임인 '한국기자협회' 두 곳에 각각 '1백만 원'씩 내 이름으로 기부했다. 이것조차 밝히고 싶지 않지만 그냥 넘어가면 억측을 남길 것 같아 공개한다.

촌지는 받을 때는 좋을지 몰라도 받는 자신이 초라하게 느껴진다. 주는 사람은 어떤 마음으로 주는지 알 수 없지만 나는 내 영혼이 상처를 받고 있다는 생각이 들었다.

이런 요인들이 복합적으로 작용해 40세 이전에 기자생활을 그만둬야겠다고 마음먹었다. 기자생활을 오래한 선배들의 뒷모습이 나의 미래와 겹쳐지면서 나를 우울하게 만들었다. 가장 큰 영향을 준 것은 역시 '내 뜻대로 기자생활을 하다가는 짤리겠다'는 염려였다. 나름 '정의감과 논리'가 기자정신의 핵심이라고 생각하며 외부 간섭을 싫어하던 나에게 애초부터 선택의 여지는 별로 없었다.

축구 국가대표 선수의 눈물과 교훈

'한국의 마라도나'라 불리던 전도유망한 프로 축구선수가 결국 어느 그라운드에도 설 수 없게 되었다. 승부 조작에 가담한 축구대표팀 공격수인 그의 선수생활이 사실상 끝났다. 국제축구연맹(FIFA)이 승부 조작으로 영구 제명된 그의 모든 선수 활동을 정지시킨다는 결정을 했기 때문이다.

그는 승부 조작 사건의 핵심으로 밝혀져 국내 축구계로부터 영구제명을 당한 뒤 마케도니아 리그 FK 라보트니키로 이적을 추진했다. 이에 대해 FIFA는 최근 징계위원회를 열고 대한축구협회가 내린 그의 영구제명이 세계적으로 유효하다는 결정을 내렸다.

프로 축구선수에게 더 이상 그라운드에 서지 못하게 한다는 것은 사실상 '사형선고'나 다름없다. 한 번의 실수로 모든 것을 잃어야 한다는 것은 너무 가혹하다. 하지만 그의 잘못을 두둔할 생각은 없다. 팬들의 믿음과 지지를 승부 조작으로 보답한 죗값은 응당 치러야 한다. 정직한 승부, 페어플레이 정신은 스포츠는 물론 우리 일상사에도 똑같이 적용된다. 더구나 '거짓말'까지 보태져 팬들의 배신감과 실망감은 축구 전반에 대한 불신으로 이어졌다.

이제 그는 아무 데서도 선수생활을 하지 못하게 됐다. 브로커의 달콤한 유혹에 넘어갈 때 이런 결과를 예측했더라면 생각이 달라졌을지도 모른다. 후회는 항상 늦게 오는 법.

그럼에도 나는 그가 이 절망적인 상황을 극복해 주기를 간절히 바란다. 문제는 초등학교 시절부터 거의 공만 차 온 그가 운동장을 떠나서는 할 것이 별로 없다는 점, 운동에 거의 모든 시간을 보내 사회성이 현격하게 떨어진다는 점, 어린 나이에 청소년 국가대표는 물론 국가대표에 선발될 정도로 초년 출세가도를 달려 '좌절과 실패'를 극복한 경험이 별로 없다는 점 등이다.

생각을 바꾸지 않으면 그의 인생은 원망과 한탄, 실패의 연속으로 점철될 가능성이 높다. 무슨 생각을 어떻게 바꿔야 할까. 당사자의 입장에서는 이런 제의가 현실감 없게 들릴지 모르지만 내 동생이라면 이런 말을 해 주고 싶다.

우선, 현실을 있는 그대로 받아들이자. 누구도 원망하지 말고 그동안 받았던 수많은 팬들의 사랑이 얼마나 값지고 고마웠던가를 생각하고 그 빚을 갚아야 한다고 생각을 바꿔 보자. 그리고 운동만 해 온 내가 할 수 있는 것이 별로 없다고 단정하지 말자. 국가대표가 되기 위해 피나는 눈물과 땀을 쏟았던 것처럼 다른 분야에서도 그 반은 할 수 있다. 훗날 그가 성공기를 쓸 수 있을지, 이 한 번의 좌절로 평생 어둠 속에서 술과 울분으로 세월을 보낼지는 오직 당사자의 선택과 판단에 달렸다.

결혼 7년 만에 혼자 되어 어렵게 아이를 키우며 생활비를 감당해야 했던 '해리포터 시리즈'의 저자 조앤 롤링. 한때 가난하여 8만 단어 분량의 글을 일일이 손으로 두 번에 걸쳐 옮겨 적어야 했던 그가 이제 한 해에만 약 3,600억 원을 벌어들이고 있다고 한다. 그가 올해 미국 하버드대학교 졸업식 축사에서 이런 말을 했다.

"…제 삶은 제가 알고 있는 그 어떤 사람보다 실패한 삶이었습니다. 실패는 달가운 경험은 아니지만 얻는 것이 많습니다. 실패를 겪고 나서 더 강인하고 현명해지면 앞으로 어떤 일이 있어도 살아남을 수 있는 자신감을 갖게 됩니다." (김창룡 칼럼)

겁없이 덤벼든 두 번의 전쟁 취재

전쟁 취재는 가장 위험한 저널리즘 스쿨 실습장이었다

"전쟁 취재는 낭만이 아니다. 종군기자가 죽는 것은 최악이다. 전쟁기자는 무조건 살아남아야 한다."

런던 저널리즘 스쿨에서 공부할 때 BBC 종군기자 경험이 있는 언론인이 특강을 하면서 남긴 말이다. 베테랑 여기자의 포스가 느껴지는 한마디 한마디에서 '기자의 자부심과 사명감'을 느낄 수 있었다. '낭만이아니다' 했지만 나도 '기자가 되면 꼭 전쟁 취재를 한번 해 보았으면…' 하고 상상했다.

내가 국내 언론사로 옮기고 얼마 되지 않은 1989년 아프가니스탄전쟁이 벌어졌다. 당시 아프가니스탄에 '나지불라' 러시아 꼭두각시 정부와 반군 '무자히딘' 사이의 전쟁이었다. 거대제국 소련이 무너지면서 아프가니스탄에서 러시아군이 철군하는 과정에 전투가 시작된 것이다.

우리가 속한 아시아에서 벌어지는 80년대 미·소의 마지막 냉전 종식 전쟁이었지만 당시 국내 언론은 거의 대부분 외신에 의존하고 있었

성공, 실패가 준 선물

다. 가장 먼저 아프가니스탄에 기자를 파견한 곳은 한국일보였다. 당시 국제부에 말단 기자로 있던 나는 국제부장에게 이 전쟁을 취재할 수 있도록 허락해 달라고 요청했다. 물론 취재 경비 때문에 회사는 대부분 부정적 입장이었다.

나는 막무가내로 부장에게 "공식 휴가만 주면 내 돈으로 취재하겠다"고 졸랐다. 거의 매일 졸랐다. 착하고 마음 여린 박재관 부장은 몇 차례 국장과 논의하더니 '어렵겠다'고 대답했다. 나는 개의치 않고 다음날 또다시 요청했다. "창간호에 세계의 사건을 우리의 시각으로 전하겠다고 해 놓고 이런 중요한 사건에 기자 하나 파견 못하는 일간지는 미래가 없다"고 주장했다. 괴로운 표정을 짓던 부장은 나를 혼내는 대신 당시 편집국장과 담판을 짓겠다고 국장실에 또 들어갔다. 한참 후 국장실에서 돌아온 부장은 나에게 손을 휘저으며 자신있게 말했다.

"야, 내일 당장 떠날 준비해!"

얼마나 듣고 싶었던 말인가. 나는 흥분했다. 전쟁의 위험이고 뭐고 생각할 겨를도 없이 바로 아프가니스탄과 가장 가까운 파키스탄의 북부, 페샤와르로 가는 비행기를 예약했다. 아프가니스탄 수도 이슬라마바드에서 국내 비행기로 갈아타야 하는 멀고도 험한 곳이었다. 그렇게 나의 아프가니스탄전쟁 취재는 시작되었다.

지금도 기억나는 아프가니스탄의 황무지같이 버려진 땅, 아프가니스탄 난민들을 위해 급조해서 만든 긴 군용 천막 난민촌, 전쟁을 피해 온 어린아이들과 노약자들, 먹잇감을 찾아 호텔에 모여든 해외 언론사들, 위험한 현장 취재보다 아늑한 호텔에 머무르며 이름만 팔고 있는 한국 신문사들….

나는 갈 때부터 운동화와 간편복장을 준비했다. 또한 태권도 도복도

챙겼다. 한국 기자들은 전쟁이 터져야 현장에 겨우 파견되지만 외국 언론사들은 이미 몇 달 전부터 와서 취재하기 때문에 정보를 많이 갖고 있다. 그들에게 도움을 받는 가장 빠르고 간단한 방법은 그들을 도와주는 것이다.

대부분 장기 취재에 지쳐 있거나 지루해하는 그들에게는 작은 흥밋거리도 관심사가 된다. 내가 도복을 입고 몸을 풀거나 발차기 몇 번만 해도 그들은 쉽게 관심을 보였다. 그런 그들에게 간단한 자기방어기술(self-defence)을 가르쳐 주면 무척 좋아했다. 나는 혼자이기 때문에 다른 곳에 취재를 나가면 다음날 행선지 리스트에 이름을 올려 주지 않으면 동행하기 어렵다. 이미 태권도 제자가 된 미국 NBC 기자는 나의 이런 애로사항을 해결해 주는 훌륭한 조력자가 되었다. 내가 아프가니스탄전쟁 취재에서 배운 것들을 정리해 본다.

첫째, 취재와 보도를 배울 수 있는 최고의 훈련장

기자 경력이 일천한 내가 의욕만 갖고 덤벼들었지만 어디 가서 뭘 취재해야 할지 잘 몰랐다. 그러나 일단 뉴스 밸류상 기삿감이라고 판단되면 이것저것 정리해서 보냈다. 나의 어설픈 기사는 당시 데스크를 보던 선배의 손에 '아빠와 오빠는 적' 등으로 멋지게 재가공됐다. "아, 기사는 이렇게 만들어지는구나"라며 새롭게 배우게 되었다.

둘째, 한국 언론의 문제점을 해외에서 발견했다.

일반 독자들은 잘 모르겠지만 한국 기자가 현장 취재한 독자적인 기사인지, 외신이 보도한 내용에 자사(自社) 기자 이름만 사용한 기사인지 확인할 수 있는 기회였다. 분명히 나와 함께 인터뷰를 했는데, 그 신문은 다음날 '단독 인터뷰' 등으로 나가곤 했다. 그 기자는 나에게 미안해하며 양해를 구했다.

셋째, 외국어가 안 되는 기자를 현장에 보내는 것은 곤란하다.

지금이야 외국어를 잘하는 기자들이 많지만 당시는 그렇지 않았다. 그러나 해외 취재를 보내면서 외국어가 제대로 안 되는 한국 기자들은 이해가 가지 않았다. 한번은 파키스탄 기자실에서 일본 산케이신문 기자와 한국의 유명 신문사 기자와 논쟁이 붙었다. 내 옆에 있던 미국 기자가 '한·일 기자'가 영어로 다투는 모습이 웃긴다고 했다. 일본 기자의 영어도 그랬지만 한국 기자는 목소리만 높았다. 놀랍게도 그렇게 서로 다툰 뒤 일본 기자는 나에게 따로 다가와 자신의 취재자료와 정보를 주었다. 당시는 모르고 그냥 고마워했지만 지금 되돌아보면 경쟁사인 나를 선택하여 그에게 간접보복을 한 것 같다.

넷째, 연배 높은 기자의 불쾌한 충고

당시 나는 현장을 누비며 외국 언론사 기자들의 도움을 받아 많은 기사를 만들어내고 있었다. 더구나 나의 부족한 기사를 데스크에서 멋지게 손을 봐 주어 타 언론사에서 다음 기사를 주목할 정도였다.

파키스탄 페샤와르 한국 공보관에서 전쟁 취재로 고생하는 기자들을 초청해 저녁식사 자리를 마련한 적이 있다. 그곳에서 만난 KBS 기자는 처음 본 나를 향해 "너무 설치지 말라"고 했다. 나보다 연배가 높은 기자는 "본사에서는 지금 김 기자 꽁무니라도 따라다니라고 지시하고 있다"고 덧붙였다. 나는 매우 불쾌했지만 참았다. 그는 훗날 KBS에서 청와대로 직행, 정치인으로 변신하는 과정에서 언론윤리강령을 저버렸다고 후배들의 지탄을 받았다.

다섯째, 취재와 보도에 대한 개념 재정립

초년 기자 시절에는 많은 취재를 하고도 보도방식이 서툴러 제대로 기사화하지 못했다. 그런데 전쟁 취재 과정에서 취재 내용을 가지고 선배들이 어떻게 요리하는지, 보도방식에 대해 체험하는 기회가 되었다. 이제 해외 취재에 나가면 어떤 식으로 접근하며 무엇에 포인트를 두는지 등 경험만큼 좋은 배움은 없다는 것을 알았다.

여섯째, 한국 언론의 인색함과 냄비 근성

해외 취재의 경우, 사안의 중요성에 따라 기자를 파견할지 판단해야 한다. 그런데 한국은 일단 경쟁사의 눈치부터 본다. 그곳에서 기자를 보내면 우리도 보내고 보내지 않으면 우리도 보내지 않는 식이다. 그리고 일단 전쟁이 터지고 나서 보낸다. 그렇게 되면 늦다. 장기적 안목은 없고 그 순간 순간만 하루살이처럼 살아간다. 적어도 권위지를 자처하는 언론이라면 좀 달라야 하지 않을까.

마지막으로, 외국 언론의 자기중심적 보도행태

외국 언론은 분쟁국의 역사와 문화 등에 대해서는 거의 보도하지 않는다. 오직 전쟁, 위기, 재앙 같은 곳에 집중한다. 따라서 왜곡되거나 우월적 시각으로 보는 행태 등을 자주 목격하게 된다. 특히 TV 매체에서는 현장의 아우성, 피튀기는 처절함을 흥밋거리처럼 보여 준다. 전쟁의 처절함을 전달하기보다 끔찍한 볼거리 정도, 전쟁과 무관한 민간인들의 피해 등은 주목받지 못한다. 모든 전쟁의 이면에 미국, 러시아 등 강

성공, 실패가 준 선물

대국이 있고 그들의 무기로 싸우고 있건만 이런 문제들은 지적하지 않았다.

나는 원래 아프가니스탄전쟁 취재를 일주일 예정으로 갔지만 5일 정도 더 머물렀다. 생각해 보면 많은 것을 배우고 체험한 다시 없는 기회였다. 박재관 부장의 도움이 없었다면 나의 첫 해외 취재는 없었을 것이다. '고맙다'는 말도 전하지 못했는데 그는 거꾸로 "고생했다"며 칭찬해 주었다.

1990년 영국 카디프 언론대학원에서 올해 안에 오지 않으면 박사학위 과정을 취소하겠다는 통보를 받았다. 그 전해에 박사학위 입학을 통보받았시만 회사에서 휴직을 허락해 주지 않아 1년을 연기한 것이었다. 더 이상 미룰 수 없어 나는 휴직이 안 되면 회사를 그만둘 생각으로 마지막으로 회사에 요청했다. 다행히 최종 휴직으로 처리되어 영국으로 공부하러 떠났는데, 이듬해 걸프전쟁이 눈앞에 다가오자 영국에서 이스라엘로 날아갔다. 1991년 1월 걸프전쟁 취재는 그렇게 시작됐다. 서울 본사에 걸프전쟁 취재를 떠나겠다고 하자 편집국장은 이렇게 대답했다.

"혹시 김 기자 신변에 무슨 일이 생기면 회사는 책임 못 져."

회사에서 취재 경비도 주지 않아 나는 일단 자비로 이스라엘에 뛰어들었다. 전쟁 취재는 런던 공항에서부터 시작되었다. 전쟁이 임박했다는 소식에 이스라엘에서 빠져나오는 사람, 들어가겠다는 사람들로 공항은 북새통을 이루고 있었다.

나는 런던에서 이스라엘항공 '엘알' 티켓을 구입했는데, 보안요원이 나를 수상하게 여기는 것 같았다. 한국인으로 히브리어를 하며 가방에서 도복이 나오고 하니 왜 안 그렇겠는가. 이스라엘 보안검사는 너무나 철저해서 모든 가방을 뒤집고 몸수색까지 샅샅이 하는 것으로 유명하다.

그는 나를 따로 밀실로 데려갔다. 이미 비행 탑승 예정 시각을 넘기고 있었다. 나는 "무슨 조사를 해도 좋다. 비행기만 타게 해 달라"고 말했다. 그는 "염려 말라"며 옷을 모두 벗으라고 했다. 화가 났지만 팬티만 남기고 다 벗었다. 그런 후에도 몇 차례 같은 질문을 반복하더니 따라오라고 했다.

그와 둘이서 가장 늦게 비행기를 탔다. 그 보안요원도 비행기에 동승한다는 것을 몰랐다. 그렇게 어렵사리 다시 이스라엘 땅을 찾았다. 몇 년 전 처음으로 이스라엘 키부츠를 향할 때와 전쟁을 취재하러 가는 나는 달랐다.

이스라엘 벵구리온 공항에 도착하여 현장 스케치부터 했다. 그날 밤 취재비가 빠듯한 내가 갈 곳은 호텔이 아닌 이스라엘 텔아비브 올리라는 친구의 집이었다. 그는 이렇게 말했다.

"킴, 모두 떠나는 이 미치광이 땅(crazy place)에 왜 왔어…. 반갑긴 하지만 지금 여기 오면 안돼…."

이스라엘의 모든 학교에 휴교령이 내려지고 상가는 철시되고 시내 곳곳에 삼삼오오 사람들이 모여 불안해 하는 모습을 첫 기사로 본사에 보냈다. 그러나 그날 밤 늦게 이라크는 이스라엘로 첫 스커드 미사일을 발사했다. 그 첫발은 내가 머무는 텔아비브 라마트 간이라는 곳에서 불과 몇 킬로미터 떨어진 곳으로 향했다.

라디오에서는 조용한 밤공기를 뚫고 '애애앵' 긴 경보음이 터졌다. 거의 동시에 주변에 요란한 폭음소리가 아파트 전체를 흔들었다. 나는

성공, 실패가 준 선물

친구와 어디로 대피해야 할지 몰라 일단 침대 밑으로 숨어들었다. 그는 거의 울부짖다시피 "킴, 어떻게…" 하며 불안해 했다.

라디오에서는 영어, 히브리어, 아랍어, 불어, 러시아 등 5개 국어로 동시에 뉴스를 전했다. "라디오를 청취하는 모든 시민들은 준비된 밀폐방으로 대피하여 다음 뉴스에 귀를 기울이라"는 내용이었다. 나의 스케치 기사는 스커드 미사일 공격으로 인해 휴지가 됐다.

걸프전쟁 발발 이후 약 보름 동안 이스라엘에 한국 기자는 나 혼자뿐이었다. 미리 들어왔기 때문에 보도하는 것마다 사실상 특종이었다. 또한 나는 호텔에 머무르지 않고 다른 곳에서 팩스로 기사를 보냈기 때문에 사전검열에도 걸리지 않았다. 전쟁 시작과 끝까지 50여 일을 이스라엘에서 보냈다. 그동안 스커드 미사일이 90여 발 떨어졌다. 초기 몇 발이 위협적이었을 뿐 나머지는 대부분 바다나 사막에 떨어졌다. 혹은 이스라엘의 페트리어트 미사일이 명중시키곤 했다. 내가 걸프전쟁을 취재하면서 느낀 것을 다시 요약해 본다.

첫째, 전쟁 취재는 '무섭고 위험하다.'

종군기자는 웬만해서는 하지 않는 것이 좋겠다는 생각을 갖게 됐다. 내 사진과 함께 이스라엘에서 취재한 내용이 신문에 보도되자 장모님이 크게 놀라셨다. 영국에서 공부하고 있는 줄 알았는데 '언제 왜 전쟁터에 갔는지' 아내도 놀랐던 것이다. 그런 위험한 결정을 혼자 하고 스스로 위기를 자초하는 어리석은 기자였다. 그렇다면 결혼을 하지 말았어야 했다.

스커드 미사일이 떨어지는 이국에서 불행한 일이 생기면 그것은 개죽음이다. 나는 전쟁 초기 거의 밤마다 죽음의 공포에 떨어야 했다. '이스라엘의 밤이 두렵다'는 제목으로 당시 암울한 현장을 묘사한 기사도 송고했을 정도다. 다시는 기억하고 싶지 않은 공포로 남아 있다.

둘째, '용감한 것'과 '무모한 것'은 구별되어야 한다.

나는 만일의 사태에 대비해 서울에서 이미 방독면 등을 준비해 영국으로 갔다. 국장은 전화로 "신변에 이상이 생기면 책임지지 않겠다"는 말을 했지만 회사는 처음 취재비를 지원한다고 들었다. 그렇게 했기 때문에 내가 보낸 모든 기사를 1면이나 다른 면에 배치하고 내 이름도 처음에는 '통신원'이라고 했다가 나중에는 '특파원'이라고 붙였다. 그러나 전쟁 취재가 끝나고 취재비는커녕 그동안 지원해 주던 기본 급여조차 중단시켰다. 둘째아이를 해산하기 위해 입원한 아내의 휴직과 함께 우리 가정의 수입은 제로가 된 셈이었다.

이스라엘 취재가 왜 괘씸죄에 걸렸는지 멀리 떨어져 있는 나는 알 길이 없었다. 결과는 모든 것이 불리하게 나 없이 결정된 것이다. 다만 나의 무모함은 용기가 아닌 불행으로 다가왔다. 쿠바도 취재했고 기사도 지면에 반영되었으나 취재비는 청구조차 하지 못했다.

셋째, 전쟁 희생자는 아이와 노약자들이다.

스커드 미사일에 맞아 죽은 사람은 없었지만 방독면 부작용과 교통사고 등으로 희생자는 그치지 않았다. 스커드 미사일 폭격 현장에 가면 항상 노약자와 아이들이 피해자였다. 전쟁은 민간인 약자들에게 매우 불리한 게임이다. 직접 전투를 벌이는 군인들도 위험하지만 그들은 최대한의 보호장치와 안전체계를 구축한다. 무방비로 노출된 사회적 약자들은 무차별 공격에 최대 피해자가 되기 쉽다.

성공, 실패가 준 선물

넷째, 전쟁의 첫 번째 피해자는 바로 진실이다.

CNN 등 미국 언론의 불공정 보도는 언론 자유의 나라를 의심스럽게 했다. 미국 전투기들이 마치 이라크의 군사시설만 정조준해서 폭파한 것처럼 보도했지만 실상은 달랐다. 민간시설 폭파, 군사시설 오폭 등 미군의 실수가 곳곳에서 감지돼도 CNN을 비롯한 미국 언론은 미 국방성이 제공한 '정밀 타킷' 영상자료를 반복해서 내보내며 군사시설만 가려내 폭파하는 것처럼 호도했다.

한국 언론이 이를 그대로 인용, 반복 보도한 것은 언론 주권을 포기한 행위라고 하지 않을 수 없다. 이스라엘의 모세 아렌스 국방장관은 공개적으로 미국의 어설픈 이라크 공격에 대해 "우리에게 맡겨 달라"고 나설 정도였다.

전쟁 중에 가장 오보가 많고 불공정한 보도가 판을 진다. 미국 언론은 훗날 미국의 이라크 재침략 당시 부시 대통령이 이라크가 '대량살상 무기를 감추고 있다', '테러범 오사마 빈 라덴과 연관 있다'는 거짓 명분을 만들어 대국민 선전 역할을 하는 죄악을 범했다. 뒤늦게 미국 언론이 '잘못된 것'이라고 반성했지만 무고한 수십만 이라크 주민이 학살당하고 국가 기간시설이 파괴되고 난 뒤였다.

사담 후세인 독재자 한 사람을 처형하기 위해 너무 많은 민간의 희생을 요구했다. 평화의 명분을 팔아 피의 전쟁을 감행하며 수많은 민간인을 죽이는 권리는 그 누구에게도 부여되지 않았다. 여기에 미국 언론이 앞장서서 과장, 왜곡보도, 심지어 허위보도까지 하면서 전쟁을 부추겼다는 것은 지울 수 없는 부끄러운 역사로 남아 있다.

다섯째, 언론인들에 대한 부정적 이미지를 확인했다.

전쟁 취재를 마치고 동생 결혼식 때문에 잠시 한국에 갔다가 만난 한 선배기자는, 그래도 국제부가 고생했으니 밥 한번 사야 하는 것 아니냐고 말했다. 나는 솔직히 '고생은 내가 했는데…'라고 생각했지만 그렇게 하겠다고 대답했다. 전세금을 빼서 겨우 학비를 만들어 간 내 처지를 얘기하고 싶지 않았다. 장기간 취재비에 내 학비를 써버렸다는 말도 할 수 없었다.

그 선배는 식사자리에서 "우리가 공부하고 있는 김창룡 씨한테 이렇게 단체로 밥을 얻어먹어도 괜찮은지 모르겠다"고 했다. 옳은 말이었다. 각 개인은 한끼 식사지만 나에게는 부담스런 액수였다. 그 자리에는 후배보다 선배를 자처하는 사람이 더 많았다. 이제는 잊고 싶은 기억이 됐지만, 나에게는 씁쓰레한 경험으로 남아 있다.

성공, 실패가 준 선물

스스로 경험하는 것이 가장 좋다. 권력도 재산도 물려받는 것은 독이다. 전쟁이라는 위험한 곳도 죽지 않는다면 최고의 경험장이다. 여기 큰 재산을 자식들에게 물려주지 않겠다고 선언한 사람들의 이야기를 들어보자.

상속을 거부한 巨富 15인의 좌우명은 "물려받은 재산은 인간을 망친다"는 것

"나는 자식들에게 뭔가 할 수 있다고 여길 만큼 재산을 주고 싶지, 아무 일도 하고 싶지 않을 만큼 주고 싶지 않다."(워런 버핏)

미국 경제뉴스 사이트 「비즈니스 인사이더」가 재산을 자식에게 물려주지 않기로 한 거부 15명을 소개했다.

워런 버핏과 마이크로소프트 창업자 빌 게이츠는 막대한 재산을 세상에 환원하기로 선언하고 이미 실천에 들어갔다. 「비즈니스 인사이더」는 이들 외에 이베이 창업자 피에르 오미디야르, 마이클 블룸버그 뉴욕시장, 록스타 진 시몬스, 홍콩 액션배우 청룽(재키 찬), 건자재 체인 '홈디포' 공동 창업자인 버나드 마커스, 미국 석유업계 거물 티 분 피켄스 등을 '상속을 거부한 거부'로 꼽았다.

이들의 좌우명은 '물려받은 재산이 인간을 망칠 수 있다' 는 것이다. 석유 거물 피켄스는 "나는 돈을 벌고 기부하는 것을 좋아한다"며 "하지만 재산을 물려주는 것은 좋아하지 않는데 이는 이롭기보다 해를 끼치기 때문"이라고 밝혔다.

아들에게 재산을 물려줄 생각이 없다고 밝힌 청룽은 "아들에게 능력이 있다면 스스로 돈을 벌 것이고, 능력이 없다면 그저 내 돈을 낭비할 것"이라고 말했다.

언론계 생활을 40세로 한정한 이유

인생 타임 테이블이 필요하다

나는 기자생활을 40세까지만 하겠다고 나름의 계획을 세웠다. 그 이후에는 대학교로 가야겠다고 인생항로를 바꿨다. 기자직의 장점도 있었지만 적응하기 힘든 것도 있었다.

또한 AP통신사에서 일하다가 아내의 권유로 시작한 대학교 강의는 생각보다 신나고 재미있었다. 당시 한국외국어대학교 조종혁 교수는 나에게 야간 강좌 기회를 주었다. 그것이 내가 대학교 강의에 입문하는 첫 계기였다.

그래도 강의는 부차적인 일이었고 기자생활이 좋았다. 특히 대학으로 가기 위해서는 박사학위가 있어야 한다는 막연한 생각을 했고 그 비용과 시간도 어려워 보였다. 많은 고민과 갈등이 있었다. 끝내 현역 기자생활을 40세로 한정한 이유를 몇 가지로 정리해 본다.

성공, 실패가 준 선물

첫째, 선배기자들의 모습이 그렇게 멋져 보이지 않았다.

우리는 더 나은 미래에 희망을 갖고 노력한다. 그런데 기자는 부장이
나 국장보다 현역 기자 때가 가장 좋다는 생각이 들었다. 부장, 국장 되
기도 쉽지 않지만 그런 관리자는 개인생활이 없다. 술자리도 잦고 늘 바
쁘다. 나는 능력 여부를 떠나 그런 삶을 원하지 않았다.

둘째, 왠지 '짤릴 것 같은' 생각이 자주 들었다.

기자들은 자기 목소리를 내면서 사는 직업이지만 회사에 들어오면 일
개 조직원에 불과하다. 조직원은 조직의 논리, 사장의 지시에 따라야 하
는데, 나는 그런 훈련이 잘 되어 있지 않았다. 40대 어중간한 나이에 짤
리면 오도가도 못할 것 같다는 불안감이 늘 있었다. 생명이 긴 전문기자
가 되고 싶은 욕망도 있었고 학교로 가면 좋겠다는 두 마음이 혼재해 있
었다.

셋째, '내 운명은 내가 좌우하자'는 의식이 강했다.

40세까지는 짤릴 것 같지 않았지만 그 이후는 알 수 없었다. 그렇다면
안전하게 박사학위를 해 두는 것이 비장의 무기가 되지 않을까 생각했
다. 회사가 나에게 해고 통고를 하기 전에 스스로 그만둘 수 있어야 한
다는 강박관념이 나를 공부하게 만들었다.

넷째, '나이에 어울리는 직업을 갖자'는 의식도 있었다.

기자직은 젊은이의 직업이다. 외국처럼 백발을 휘날리며 기자생활
하기에 한국의 언론풍토와 사회문화는 여전히 척박하다. 일류대 출신
처럼 조직 내 서로 당겨주고 밀어주는 그런 관계망 형성이 불가능한 내

입장에서 장기 기자생활은 성공보다 실패에 가까울 것 같은 생각이 들었다. 사치스럽게 들릴 수 있으나 나이에 어울리는 기자 직업은 40세 정도가 맞다고 당시는 생각했다.

다섯째, 일정기간을 정해 두면 더 열심히 하기 때문이다.

나는 남들보다 늦게 기자가 됐고 스스로 기자생활을 한정시키면서 태도에 변화가 있었다. 기자 경력보다 중요한 것은 얼마나 많이 기사 작성을 했느냐는 것이다. 현역에서 물러나기 전에 할 수 있는 모든 것을 해 보자는 의식이 강했다. 그래서 아프가니스탄전쟁도 일부러 나서서 취재했다. 영국에서 공부하던 중에도 걸프전쟁, 쿠바 취재 등을 한 것은 짧은 기자생활에 최대한의 경험을 해 보겠다는 의도였다.

박사과정이 공부만 해야 하는 것이라면 어쩌면 시작하지 않았을지도 모른다. 영국의 박사과정은 지도교수와 사전 협의만 된다면 필요에 따라 해외 취재도 자유롭게 허용된다. 더구나 영국은 유럽 등 해외를 다니기에 편리한 교통의 중심지가 아닌가. 시간적으로 제한된 기자생활은 나를 더욱 성실하게 만들었다.

여섯째, 40세는 인생의 변화를 시도해 볼 수 있는 마지막 시기다.

인생에서 40세가 뭘 의미하는지 잘 몰랐다. 공자의 말씀대로 유혹에 넘어가지 않을 '불혹' 정도로만 이해했다. 나는 40세 이후는 직업 선택이나 변화가 매우 한정될 것으로 보여 이때를 마지막 전환의 시기로 인식하고 준비했다. 뜻대로 되지는 않았지만 42세에 전환할 수 있었다. 지나고 보니 더 늦어지면 곤란하겠다는 생각이 들었다. 물론 능력도 있고 뛰어난 조건을 갖췄을 경우는 논외다. 나같이 평범한 사람은

성공, 실패가 준 선물

일반논리를 준수해야 하는 법이다. 착각은 모든 불행의 단초가 된다.

마지막으로, 나이든 기자의 이미지가 좋아 보이지 않았다.

나이 육십이 되어도 존경받고 잘나가는 손석희 같은 언론인은 물론 예외다. 김중배, 함정훈 등 존경받는 언론계 선배들은 소수에 불과하다. 대체적으로 주변의 고참들이 아직 기자 명함을 내밀면 다시 보게 된다. 먼저 어떤 유형의 기자일까. 믿어도 되는 사람일까. 신뢰보다 불신에 가깝다. 나는 기자들에게 소송도 당하고 미디어 비평도 하면서 한국 기자상을 더 잘 다듬어야 할 책임이 기자들 스스로에게 있다고 믿는다.

그러나 나는 현역 기자로서 자부심을 가졌고 기자생활을 하는 동안은 누구도 간섭하지 못하게 고집을 부렸다.

1993년 영국에서 겨우 박사학위를 마치고 신문사로 복귀하여 '신문연구소'에 근무할 때의 일이다. 연구활동을 하다가 우연히 한 사건을 취재하는 계기가 생겼다. 대학교 석박사 학위 장사를 하고 있는 회사를 알게 된 것이다.

내가 본격적으로 취재한다는 사실을 알게 된 회사 측은 내가 다니는 신문사를 회유하기 시작했다. 먼저 광고국장이 나를 불렀다.

"김 기자, 그만큼 했으면 됐네. 우리 신생 신문사에 광고를 주겠다고 하니 취재를 그만두면 어떨까?"

나이 많은 광고국장은 매우 정중하게 협조 요청을 했지만 나는 일언지하에 거절했다.

"광고국장님이 일을 하시듯 저도 제 일을 하고 있습니다. 제 일을 하지 말라고 하는 것은 곤란하지 않겠습니까. 제가 광고국장님의 일을 하라 말라고 할 수 없는 것처럼…."

그러자 며칠 뒤 이제는 편집국장이 나를 불렀다. 그는 두말 하기 싫다는 듯 "이제 그만해. 알았어?" 나는 "곤란합니다. 우리 신문에는 한 줄도 나가지 않을 겁니다"라고 답변했다.

몇 주 뒤 「월간조선」에 '석박사 학위논문 가짜사건'이라며 대대적으로 보도됐다. 내가 인터뷰한 일부 인사가 TV를 통해 구속되는 모습도 봤다. 회사 주요 임원들의 지시를 이렇게 무시하고 과연 회사생활을 계속할 수 있을까 하는 의문이 들었다. 결국 나의 사표 제출일은 점점 앞당겨지고 있었다.

성공, 실패가 준 선물

인생 타임 테이블을 짜고 싶다면?

인생은 유한하다. 원해서 태어난 것도 아니지만 언제 어떻게 작별인사를 고해야 할지 그 누구도 모른다. 따라서 살아 있는 동안 좀 더 짜임새 있고 알차게 살기 위해서는 인생 타임 테이블이 필요하다.

인생 타임 테이블은 꼭 그대로 되는 것은 아니지만 좀 더 풍족하고 계획된 삶, 행복한 삶을 만들어 준다. 나의 인생 타임 테이블 내용은 이렇다.

- 20대에는 기자가 된다.(20대 기자가 되지 못했지만 33세에 기자가 됐다.)
- 30대에는 성공한 기자가 된다. 되도록 많은 기사를 쓴다.(성공한 기자가 되지는 못하고 대신 실패한 자유기고가의 길을 걷게 됐다.)
- 40세에는 신문방송학과 교수가 된다.(42세에 교수가 됐다. 물론 7년 동안 31번 떨어지고 32번째 임용됐다.)
- 60세부터 봉사를 보다 체계화한다.(50대 후반부터 이런저런 봉사 실습을 하고 있다. 뭐든지 갑자기 하려면 잘 안 되기 때문이다.)
- 매년 겨울 한 달은 말레이시아에 가서 봉사 투어를 한다.(2014년 겨울부터 말레이시아 MMU 대학에서 나만의 봉사프로그램을 만들어 실행하고 있다. 학교 측과 정례화하기로 했다.)
- 매년 가족의 10대 뉴스를 만들고 성과와 평가를 하며 한 해를 결산하고 새로운 한 해를 계획한다.

스스로 기자직 사표를 낸 이유

자신이 속한 조직을 부정하면 자신도 조직도 망한다

※

나의 무모함이 긴 시련을 겪게 했다. 나는 다음에 어디로 갈지 미리 준비한 다음 사표를 내지 않고 일단 사표부터 제출하고 말았다. 물론 아내에게 사전허락을 구했지만 아내도 답답했으리라 짐작할 뿐이다.

나는 박사학위를 마치고 와서 특별히 다른 곳으로 옮겨 가기 위해 좌고 우면하지 않았다. 그러나 회사는 이미 학위 취득 후 떠날 것을 염두에 두고 있었는지 비취재부서, 지방, 특별취재반 등 소위 비핵심 부서로 나를 돌렸다. 나는 개의치 않고 하라는 대로 따랐다. 별다른 선택의 여지가 없었다. 그때 왜 사표부터 냈는지 정리해 본다.

첫째, 선배 언론인들의 반말과 욕설을 참기 어려웠다.

조금도 달라지지 않은 선배 언론인들의 반말과 욕설은 나의 영혼을 흔들었다. 물론 모두 그런 것은 아니고 점잖은 선배도 있었다. 그러나 선배를 자처하는 이들의 반말과 툭하면 내뱉는 욕설은 참기 힘들었다. 이런

성공, 실패가 준 선물

것도 참지 못하느냐고 반문할 수 있지만 나는 정말 싫었다. 마치 인격적 모욕을 당하는 듯한 느낌을 받았다. 이것만으로도 하루에 몇 번씩 울화가 치밀 정도였는데, 더욱 회의감을 갖게 하는 것은 따로 있었다.

둘째, 회사는 기자의 자존심을 살려주지 않았다.

어렵게 취재해 온 내용을 광고가 들어왔다는 이유로 간단히 '킬(kill)' 시켜 버렸다. 더 중요한 것은 신문사 경영진은 지방국세청장이란 사람을 전무로 앉혀놓고 조직적인 탈세를 했다. 심지어 기자들에게 '사용하지 않은 영수증을 회사로 가져오라' 는 식으로 한심한 주문을 했다. 자존심, 정의를 중시하는 기자들에게 회사에 대한 자존심을 버리라는 것이나 다름없었다. 이 무렵 많은 기자들이 회사를 떠났다.

셋째, 무엇보다 내 스스로에게 '해고'를 명하고 싶었다.

해고 통보를 받으면 너무 아프다. 이왕 그만둘 거면 직접 하는 것이 낫다고 판단했다. 결과야 똑같지만 현실 적응 능력이 떨어지는 자신에게 해고를 명하고 다시 원점으로 돌아가 시작해 보라고 통고했다. 주변에서는 말렸지만 나는 더 이상 회사에 나가지 않았다. 당시는 몹시 괴로웠다. 하지만 자신에게 좌절과 실패의 기회를 갖게 한 것은 참 잘한 일이라고 생각한다.

넷째, 30대에 그만두지 않으면 기회가 없을 것 같았다.

30대는 인생의 황금기로 도약과 발전을 꾀할 때임에는 틀림없지만 재도약의 기회이기도 하다. 이때는 넘어지거나 실패해도 기회가 있다고 생각하고 더 이상 나이 들기 전에 사표를 제출해야 한다고 자신을 다독였다. 그때는 안 되면 다시 기자 하면 된다는 안이한 생각도 있었다.

다섯째, 박사학위도 사표를 제출하는 데 한몫했다.

언론학 박사학위도 있고 언론계 실무 경험이 있으니 대학교수 임용에 지원할 수 있고 기회가 올 거라고 믿었다. 그러나 이 착각은 교수 임용에 수십 번 떨어질 때까지 지속되었다. 그것은 훗날의 이야기고 사표를 제출할 때 심리적 위안을 주는 데 학위도 한몫했다.

여섯째, 아내의 동의가 컸다.

벌써부터 사표를 내고 싶었지만 아내는 고민하고 있었다. 어느 날 아내가 "회사에 나가고 싶지 않으면 나가지 말라"고 했다. 다행히 아내는 공무원으로 일하고 있었다. 나는 아내가 직장생활을 하고 있어서 얼마나 다행스러웠는지 모른다. 아내가 동의하지 않았다면 쉽지 않았을 것이다.

그렇게 기자가 되고 싶었고 먼 길을 돌아 꿈을 이루었건만 이제 '기자직 그만'이라는 사표를 제출했다. 회사 문을 나서는 순간, 아무 생각도 나지 않았다. 만감이 교차했다. 나의 온실 속 기자생활은 그렇게 막을 내렸지만 수많은 시행착오와 '자유기고가'라는 새로운 언론활동이 예정되어 있었다. 다행히 이런 일들이 30대에 이루어져서 정말 다행이라는 생각이다. 지금 생각해도 스스로에게 해고를 명한 것은 어리석어 보였지만 결과적으로는 잘된 일이었다.

직장인 성공시대

직장에서 어떻게 하면 성공할 수 있을까. 국내 직장은 능력도 중요하지만 학연이나 혈연, 지연 등 외적 요소가 너무 많아 일반화하기가 쉽지 않다. 또한 직장마다 문화나 승진체계도 달라 '이것이다'라고 꼬집어 말하기 어렵다. 그러나 나는 스스로 사표를 제출하면서 느낀 점이 많았다. 또한 그 후 다른 직장생활을 하면서 '직장인 성공시대'의 필요조건을 정리해 보았다. 매우 주관적이지만 도움이 될 것이다.

1. 상사에게 무조건 복종하면 안 된다.

좋은 상사를 만나는 것은 복이다. 존경할 만한 상사를 만나는 것은 기적이다. 상사라고 무조건 복종하게 되면 본인이 성장하기 어렵다. 그러나 대들면 어려운 직장생활이 된다. 직장이 좋다면 상사와 부딪히는 것을 가급적 피해야 한다. 복종할 것인지, 따질 것인지 상황에 따라 유연하게 대처하라.

2. 해고당하기 전에 스스로 해고해 보는 경험도 나쁘지 않다.

물론 20, 30대에 한정된 이야기다. 해고라는 아픔을 통해 얻는 것이 매우 많다. 그런 것은 굳이 경험 없이도 알 수 있다. 그러나 경험만큼 좋은 선생님은 없다. 말로 아는 것과 체험으로 깨닫는 것은 천지차이다. 회사가 중요하지만 내 열정과 애정, 신념을 바칠 수 없는 곳이라는 생각이 들면 그만두는 것이 본인을 위해 좋다. 세상에는 나와 맞는 직업, 직장이 얼마든지 있다. 눈앞의 계산에만 연연하지 마라. 잃어 봐야 새로운 것을 얻게 된다.

3. 조직을 자랑해라.

내가 다니는 직장에 대해 자부심을 갖게 되면 열정을 바칠 수 있고 헌신할 수 있다. 그 정도는 아니더라도 직장에서 행복감을 만끽할 수 있다. 모두가 좋은 직장이라고 하더라도 내가 만족하지 못하거나 불행하다면 그것은 아니다. 조직을 남에게 자랑할 정도라면 당신은 이미 밥값 이상의 기여를 하고 있다. 그것이 성공으로 가는 길이다. 사장은 멀리서도 당신의 언행을 체크하는 안테나를 가동하고 있다.

4. 직장동료와 다투지 마라.

일을 하다 보면 동료와 다툴 일이 많다. 그러나 서로 감정을 상하게 되면 이는 너무 큰 손실이다. 나는 화가 나면 참지 못하는 성격이었다. 그 때문에 많은 불이익을 봤다는 것을 뒤늦게 알았다. 현명한 직장인들은 앞에서 절대로 화를 내지 않고 따로 그 대가를 반드시 되돌려준다. 그들이 누군지 모르니 직장 동료와 절대로 다투지 마라. 논쟁에서 이기려 하지 말고 일단 '다시 검토' '사과' '윗사람' 핑계 등으로 직접 부딪히는 상황을 만들지 마라.

5. 어떤 조직에서든 믿을 만한 동료를 만들어라.

직장에는 출중한 인물들이 많다. 그들 중 마음이 통하는 멘토를 만들어라. 약간의 시간과 정성을 쏟으면 된다. 그는 때로 위기에 처한 당신의 대변자가 되어 줄 것이다. 능력 있는 동료나 상사, 후배 누구든 '당신의 사람'으로 만들어라. 한두 명이면 족하다. 혼자 잘난 척하는 것은 금물이다.

성공, 실패가 준 선물

6. 밥을 자주 사라.

나는 이 부분을 제대로 하지 못했다. 그러나 경제적 상황이 좋아진 이후에는 노력하고 있다. 한국 문화에서 밥을 잘 사면 '사람 좋다'는 평가를 받는다. 술까지 사면 '멋진 친구'라고 부른다. 그렇게까지 할 필요는 없지만 기회가 되면 밥 사는 것을 주저할 필요는 없다. 밥값 투자 이상으로 돌아오는 법이다. 그들이 꼭 이익을 가져다주지 않더라도 스스로 기분이 좋아진다. 남에게 도움을 받기보다 도움을 줄 수 있다면 더 행복하기 때문이다.

7. 직장 동료들과는 항상 미소로 대하라.

나는 상대를 긴장시킨다는 지적을 받아왔다. 유연하지 못한 태도나 근엄한 표정이 그런 분위기를 만든 측면이 있다. 가까운 직장 동료들에게 긴장감을 유발한다는 것은 실패를 의미한다. 실없다는 핀잔을 듣더라도 미소로 맞이하고 미소로 헤어지기 위해 노력한다. 내 입에서 절대로 '부정적인 말' '핀잔의 말'이 나가지 않도록 한다. 대신 상대를 칭찬하고 격려하는 따뜻한 말을 사용하도록 노력한다.

8. 직장의 작은 규칙이나 원칙을 준수하라.

잘나갈 때는 규칙이나 원칙을 좀 어겨도 문제가 되지 않지만 사장이나 상사가 바뀌고 내 입지가 흔들리면 사소한 것들이 나를 궁지에 몰아넣는 명분이 될 수도 있다. 별일 아닌 것 때문에 쫓겨날 수도 있다는 위기감을 잘나갈 때 명심하라. 나는 누군가가 내 뒷조사를 했다는 말을 들은 적이 있다. 직장생활 하는 사람은 누구나 당할 수 있는 일이니 신중하게 처신하는 것이 가장 안전하다.

9. 상사와 다툼이 있을 때는 양보하라.

직장 상사는 생각만큼 현명하지도 않고 사리판단이 분명하지 않을 수도 있다. 똑똑한 직장인일수록 상사와 다툴 일이 많아진다. 나는 어리석은 상사는 조직을 망친다고 생각했기 때문에 상사의 잘못을 지적하곤 했다. 뒤늦게 이런 행동이 어리석다는 것을 깨달았다. 상사와는 다투지 말고 그냥 넘어가라. 일단 듣고 다시 생각해 보겠다, 혹은 잘 알겠다는 정도로 물러나는 것이 낫다. 굳이 내가 바로 잡으려 하다가는 내가 당하는 법이다. 직장 상사를 과소평가하면 안 된다. 능력 없이 그곳까지 왔다는 것은 능력 외에 막강한 무기가 있다는 의미다. 그 무기를 우습게 보면 반드시 당하게 된다.

10. 신상필벌(信賞必罰) 하지 마라.

'상을 받을 사람에게 상을 주고 벌을 받을 사람에게 벌은 주는' 신상필벌은 조직관리의 기본으로 알려졌다. 물론 옳은 말이긴 하지만 나는 이것도 조금 유연해야 한다고 믿는다. 공정한 과정을 거치지 않은 상은 오히려 조직에 해가 될 수 있다. 그리고 벌을 주는 것은 매우 신중해야 한다. 조직에서 벌보다는 재기의 기회를 주는 것이 낫다. 벌에 대한 역효과가 조직 전체를 위기로 몰아갈 수 있다. 신상필벌은 모든 공정성과 투명성, 객관성이 갖춰졌을 때만 효과를 낸다는 점을 한국의 경영자들은 잊어서는 안 된다. 툭하면 '신상필벌'이란 이름으로 징계안을 거론하면 조직은 활력을 잃고 눈치만 보게 될 것이다.

성공, 실패가 준 선물

자유기고가의 삶, 그 보람과 고달픔

시련은 고통과 함께 발전도 동반하는 법이다

한국에서 '자유기고가'라는 직업은 고달프다. 자유기고가란 어느 특정한 곳에 소속되지 않은 작가, 언론인들이 특정분야를 취재해서 언론사에 기사를 파는 직업을 말한다. 자유기고가로 살아남으려면 우선 유명하거나 탁월한 전문분야 취재로 다른 기자들이 보도할 수 없는 영역을 확보하고 있거나 둘 중 하나여야 한다.

그렇다 하더라도 한국의 자유기고가는 생활하기 어렵다. 원고료가 너무 적기 때문이다. 해외에서는 자유기고가를 많이 활용하며 그들의 원고료는 취재비를 포함해 우리의 부러움을 살 정도다.

회사를 나와 다른 직업을 전전했지만 글쓰기를 그만둔 것은 아니었다. 따라서 시사저널, 월간조선, 신동아 등에 부정기적으로 글을 기고했다. 자유기고가의 삶은 힘들었다. 자유기고가 생활이 나에게 준 빛과 그림자를 정리해 보겠다.

첫째, 자유기고가의 삶은 기획력을 길러 주었다.

시사잡지처럼 호흡이 긴 매체에는 기획력이 생명이다. 새로운 것, 다른 기자가 생각하지 못한 기획력을 발휘할 수 있어야 한다. 자기 회사의 기자가 보도할 수 있는 소재와 주제라면 굳이 자유기고가의 원고를 살 이유가 없기 때문이다. 따라서 같은 뉴스를 보더라도 과거와 현재 혹은 유사 사건과 연계시켜 어떻게 새로운 기획을 만들어 내느냐 머리를 굴려야 했다. 월간조선에 기고한 '지방정부와 출입기자의 전쟁' 같은 기사는 200자 원고지 250매 분량이었다. 이것은 한겨레신문 1단짜리 기사를 보고 힌트를 얻었다. 지방자치제가 본격화되면서 다른 지방정부에도 이와 유사한 문제가 발생할 수 있다는 판단에서 비롯되었다.

둘째, 취재원 관리의 중요성을 일깨워 주었다.

신문사를 떠나 잃은 것도 많지만 배운 것도 많았다. 신문사 소속 기자로 일할 때는 모든 것이 편했다. 굳이 취재원 관리를 하지 않더라도 전화하여 누구를 만나겠다면 거부하지 않았다. 그런데 자유기고가가 만나려고 하면 "당신 누구냐?" 하며 도리질부터 했다. 만나지 못하면 기사를 쓰기 어렵다. 어떻게든 만나려면 '취재원 관리'를 하지 않으면 안 된다. 어려운 상황은 나를 좀 더 겸손하게 만들어 주었다.

셋째, 기사 완성도를 높여 주었다.

기사가 좀 부실해도 특정 언론사에 소속돼 있으면 외부 압력 등에 어느 정도 보호가 된다. 그러나 자유기고가는 당사자의 명예훼손, 사생활 침해 등은 바로 소송대상이 된다. 조직이 없는 약자의 신세는 외부 공격에 매우 취약하다. 나의 경우, 지방 주재 기자들로부터 민형사 소송을 당하는 값진 경험을 했다. 모든 고통은 당시는 괴롭지만 지나고 나면 큰 교훈과 깨달음을 주는 법이다. 나에게는 좀 더 기사 완성도를 높여 법망을 빠져나가는 법을 체득할 수 있는 기회가 됐다. 또한 미디어법제를 단순히 책에서만 공부하다가 직접 검찰, 법원을 오가면서 배울 수 있는 좋은 현장학습을 한 셈이다. 이런 과정은 신문방송학과 교수의 입지를 탄탄하게 만들어 주었지만 그 순간은 무척 힘들었다. 수시로 걸려오는 검찰청 전화, 엽서 등 말 못할 괴로움은 도처에 널려 있다.

넷째, 원하는 주제를 선택할 수 있는 자유를 주었다.

내가 하고 싶거나 해야 한다고 판단되면 나설 수 있어 좋았다. 비록 한정된 분야, 제한된 소재에 불과했지만 나는 이것저것 취재하지 않아도 되고 언론 분야나 출입처 문제 등에 집중할 수 있었다. 특히 틈새시장을 찾는 와중에 내 분야를 개척해야 한다는 것도 알게 됐다. 케이블방송계, 언론계 내부의 문제 등 그동안 잘 몰랐던 분야를 집중취재하면서 배우는 것도 좋았다.

다섯째, 뉴스 밸류 중 흥미성, 대중성을 부여하는 법을 배웠다.

시사잡지에서 대중성, 흥미성은 매우 중요하다. 아무리 내용이 좋아도 별로 중요하지 않거나 재미가 없으면 언론사는 기사화하지 않으려 한다. 그렇게 되면 노력이 물거품이 되고 취재비는커녕 원고료도 못 받는다. 그래서 항상 고민하는 것이 어떻게 중요도를 높이며 대중성 있는 기사로 발전시킬 수 있는가이다. 억지로 만드는 기사는 언론사 전문가들이 먼저 알아보기 때문에 헛된 시도는 하지 않는 것이 좋다. 신동아에 기고한 '관료사회로 본 유대인과 한국인' 이라는 글은 한 지방자치단체의 통역으로 이스라엘 현지에 가서 체험한 내용을 정리한 것이다. 뉴스 밸류를 높이기 위해 이스라엘 한국대사와 인터뷰 등을 거쳐 보도했다.

여섯째, 한국에서 자유기고가는 할 만한 직업이 아니라는 교훈을 얻었다.

열심히 취재하여 물건을 만들었지만 두어 개 시사잡지에서 '사지 않겠다' 하면 그대로 끝이다. 본전도 못 찾는 밑지는 장사를 한두 번 하면 힘이 빠진다. 물론 사전에 내용을 의논하여 취재에 나설 것인지 여부를 결정하는 경우도 있다. 매번 그렇게 일이 기대와 같이 되는 것은 아니다. 손해는 자유기고가가 일방적으로 당하는 구조다. 일정기간 일을 배우는 데는 효용성이 있지만 이것을 부업으로 한다는 것은 말리고 싶다. 그래도 다른 일을 하면서 글쓰기 작업을 계속 할 수 있다는 매력 때문에 나는 오랜 세월 동안 기고에 매달렸다.

자유기고가의 생활은 나에게 다른 사업을 해 보고 실패할 수 있는 기회를 주었다. 전체 인생에서 이것저것 해 볼 수 있는 기회는 이때가 가장 적기였다는 생각이 든다.

성공, 실패가 준 선물

행복을 가져오는 10가지

다음은 법륜 스님이 강조하는 인생 행복론이다. 그는 행복을 가져오는 10가지를 이렇게 설명했다. 그냥 휙 읽고 지나가면 아무것도 아닐 수 있다. 그러나 하나씩 천천히 음미하며 내 생활에 적용하면 큰 가르침이 된다. 직장생활이나 결혼생활의 지침으로 삼을 만하다.

1. 무엇이든 방긋 웃으며 '예' 하는 사람이 되자.
2. 사랑받기보다는 사랑하는 사람이 되자.
3. 이해받기보다는 이해하는 사람이 되자.
4. 도움받기보다는 도움 주는 사람이 되자.
5. 의지하기보다는 의지처가 되자.
6. 화내지 않는 사람이 되자.
7. 미워하지 않는 사람이 되자.
8. 좋은 일은 손해를 보면서도 기꺼이 하는 사람이 되자.
9. 실패가 곧 성공의 길이 되도록 하자.
10. 모르면 묻고 틀리면 고치고 잘못하면 뉘우치는 사람이 되자.

언론계를 떠나 연이은 사업 실패

실패는 쓰라리지만 교훈을 얻게 되면 인생의 보약이 된다

✳

기자를 그만두고 나는 무엇을 해야 할지 고민했다. 대학 신문방송학과 교수 임용에 원서를 내고 있었지만 이유도 모른 채 계속 고배를 마셨다. 이것만 기대해서는 안 되겠다 싶어 이것저것 손을 댔다.

자유기고가로도 밥벌이가 안 되니 일단 돈 되는 것을 찾아나섰다. 인천 송현시장 구석에 가게를 열어 '오징어상회'를 차렸다. 부산 부전시장에서 울릉도 오징어 도매상을 하는 누님의 도움으로 시작했으나 생각처럼 잘 되지 않았다. 고향 울릉도에서 배운 오징어에 대한 지식과 잘 파는 것은 별개였다. 아주 간단하게 망해 바로 문을 닫았다.

또 다른 시도는 학원사업이었다. 아이들 가르치는 일은 잘 할 수 있다고 아내를 설득하여 당시 7천여만 원을 마련했다. 나는 인천 주안에 있는 '정진외국어학원'을 인수하여 학원장이 되었다. 이것 역시 신통치 않았다. 그 와중에 1997년 12월 'IMF구제금융' 사태가 터져 학원은 형체도 없이 사라졌다. 나는 보증금과 권리금을 고스란히 날려 버렸다. 허망한

성공, 실패가 준 선물

일이었다. 무엇을 해도 신통치 않았고 제대로 되는 것이 없었다.

그런 시련의 시간에 영국에서 함께 공부했던 한국해양연구원에 근무하던 조○○ 박사가 전화를 했다. 꿈에 내가 보였다면서 당시 잠룡으로 주목받던 한 국회의원에게 소개하려고 하는데 어떻게 생각하느냐고 물었다. 나는 실망하며 시큰둥한 반응을 보였다. 그런데 아내의 태도는 달랐다. 그날 밤 아내는 "당신을 믿고 전화까지 해서 그런 제의를 했는데, 일을 해 보지도 않고 성의를 무시해서 되겠느냐"는 것이었다.

나는 아내의 말이 옳은 듯하여 다시 조 박사에게 전화해 "제의에 따르겠다"는 의사를 표했다. 그는 크게 반색하며 나를 그 국회의원의 최측근에게 소개했다. 최종적으로 여의도에 가서 그 국회의원을 따로 만났다. 그리고 그의 임시 선거캠프에 합류했다. 할 일이 없던 나에게 일이 생긴 것은 좋았지만 전당대회를 앞둔 예비경선 선거캠프에 합류한 것은 그래도 좀 찜찜했다. 일단 선거캠프가 있는 프레스센터로 출근하기 시작했다. 그의 스피치 라이터가 돼 연설문을 작성하고 언론 인터뷰에 대한 답변을 작성하는 등의 일을 했다.

그런데 나는 이곳에서 뜻밖의 인물을 만났다. 프레스센터 엘리베이터 앞에서 내가 신문사를 그만둘 때 주요 임원이었던 함정훈 이사였다. 그는 나를 기억하고 있었고 나도 단번에 그를 알아봤다.

"야, 김창룡 아냐…. 니 요즘 뭐하노?"

"저 요즘 잘 놀고 있습니다."

"니같은 친구가 한국언론재단에 와서 일을 해야 하는데…."

"저 그곳에 지원했다가 떨어졌습니다."

"그래? 니 지금 어디 가노. 내 방에 좀 가자."

그도 신문사를 그만두고 한국언론재단 본부장으로 정책연구팀을 관할하면서 언론계 박사 8여 명과 함께 일하고 있었다. 나에게 '객원연구위원에 응시해 보라'고 했다. 객원연구위원은 언론학 박사학위 소지자 중에서 지원할 수 있으며 일주일에 한 번 출근하고 1백만 원을 주기 때문에 경쟁이 치열했다. 나는 이미 한번 떨어진 경험이 있고 그곳은 선후배 연줄로 소위 서울의 잘나가는 대학 출신들이 독점하고 있어 희망이 없다고 포기한 곳이었다.

나는 그의 말대로 이력서를 정성스럽게 만들어 다음날 직접 가져갔다. 그러자 대뜸 이렇게 말했다.

"이렇게 이력서를 써 오면 언놈이 뽑아 주겠나? 처음부터 울릉도… 건국대학교…. 이력서를 거꾸로 만들어라. 봐라, AP통신사, 영국 카디프 대학교, 런던 저널리즘 스쿨… 좋은 것 많이 있는데. 이런 것을 앞에다 둬야지…."

그래서 나는 처음으로 이력서를 거꾸로 작성했다. 이 이력서가 전달된 지 몇 주 지나지 않아 한국언론재단으로부터 도장을 가지고 오라는 전갈을 받았다.

"아직 최종 인터뷰도 하지 않았는데 무슨 도장을…."

나는 의아해하며 한국언론재단으로 달려갔다. 그런데 실무자가 이미 서류를 내밀면서 도장을 찍으라고 했다. '객원연구위원으로 위촉한다'는 계약서였다. 놀라웠다. 아니 인터뷰도 하지 않고 바로 계약서에 도장을 찍으라고 하다니….

일이 되려니 이렇게 쉽고 안 되려니 아무리 용을 써도 안 되는 것이었다. 멀어진 언론계와의 인연은 한국언론재단을 통해 다시금 회복됐다. 신문사에 함께 있을 때는 별 인연이 없었건만 그는 나를 유심히 보아왔

성공, 실패가 준 선물

고 떠난 나를 아쉬워했던 것이다. 함정훈 이사의 도움은 평생 잊지 못할 은혜로 남았다.

선거캠프는 후보가 예비경선에서 탈락하는 바람에 두 달여 만에 간단히 접었고 나도 떠날 수밖에 없었다. 다행히 한국언론재단 정책연구팀원이 되면서 나의 대학교 입성이 한발 더 다가간 느낌이었다. 동료 박사들은 많은 정보를 갖고 있었고 원서를 내야 할 곳, 이미 내정된 곳 등 훤히 꿰뚫고 있었다.

한국언론재단 일을 하면서 자연스럽게 나에게 이런저런 기회가 왔다. 당시 영국 다이애너비가 교통사고로 사망하면서 파파라치가 사회적 논란이 됐다. 영국 사정을 잘 알면서 영국 언론과 파파라치에 대해 인터뷰할 사람을 찾고 있었다. TV 나가는 것이라면 기회가 오지 않았겠지만 라디오여서 나에게 기회가 왔다.

나는 처음으로 SBS 라디오 시사프로그램에 출연했다. 그 프로그램의 PD였던 김동운 씨가 나를 유심히 보았는지 다음에 또 다른 국내 언론과 관련한 프로그램에 나와 줄 수 있는지 물었다. 나는 기꺼이 가겠다고 했다. 라디오 인터뷰는 신나는 일이었다. 원고 없이 즉흥적으로 말을 했고 별로 더듬거리지도 않았다. 나는 이것이 일종의 오디션인지도 몰랐다. 인터뷰를 끝내고 스튜디오를 나서니 김 PD가 박수를 치며 나를 불렀다.

"김 박사님, 하루 10분 시간을 드릴 테니 취재 뒷이야기나 도움이 될 만한 시사 이야기를 맛깔스럽게 요약하여 진행해 볼 의향이 있습니까?"

하루 10분 매일 여의도 SBS 방송국을 와야 하는 것은 부담스러웠지만 일이 재미있어 그렇게 하겠다고 했다. 10분 출연에 10만 원을 준다니 대단한 출연료라고 생각했다. 그냥 하라고 해도 하겠는데 돈까지 주다니….

방송을 하면서 생활도 즐거워졌다. 통신사, 신문사를 거쳐 한국언론재단에서 연구하며 방송일까지 할 수 있는 기회가 주어진 것이다. 그중 잊을 수 없는 일이 있다.

서울에 범일운수라는 버스회사가 있는데, 한 시민이 정말 친절한 모범회사라고 칭찬해 왔다. 나는 회사를 취재하고 직접 버스도 타 보고 방송을 내보냈다. 방송이 나간 뒤 그 회사 문철수라는 사장으로부터 전화가 왔다. 한번 만나자는 청이었다.

나는 이미 방송이 나갔고 만나야 할 특별한 이유가 없어 정중하게 다음에 보자고 답했다. 그리고 그때 지방의 한 대학교 신방과에 면접을 보러 가는 중이었다. 이미 헤아리기 어려울 정도로 떨어졌지만 그래도 '최종면접' 통보를 받으면 혹시나 해서 가곤 했다.

몇 주가 지난 뒤 문 사장이 다시 전화를 했다. "다음이 언제인지, 이제 만날 수 있는지" 물었다. 할 수 없이 약속을 잡고 음식점으로 갔더니 그와 노조위원장, 회사 간부 등이 나와 있었다. 그는 나를 보자 반갑게 인사하며 이런 말을 했다.

"김 박사님, 내가 우리 직원들 그렇게 친절교육을 시켜도 효과가 별로 였는데, 김 박사님 방송에서 우리 회사 이야기 한 번 해 주니 직원들 모두 기분이 좋아 더 친절해졌습니다. 정말 고맙습니다."

문 사장의 말에 고개를 숙이며 나는 준비해 간 책 몇 권을 전하고 헤어졌다. 그런 일이 있고 나서 몇 달 뒤, 문 사장으로부터 또 전화가 왔다. 다짜고짜 이렇게 말했다.

"지금 나올 수 있습니까, 김 박사님?"

"갑자기 무슨 일 있습니까?"

"아닙니다. 오늘 김 박사님하고 술 한잔 하고 싶어서요."

나는 그의 간곡한 요청이 고맙기도 해서 그가 말한 강남의 유명 일식집으로 갔다. 그는 식사를 하면서 믿기 어려운 말을 했다.

"김 박사님, 나는 가진 게 돈밖에 없습니다. 나는 우리나라가 희망이 없는 줄 알았어요. 김 박사님 같은 분을 보니 정말 기분좋습니다. 내가 공군대령 한 사람을 후원하고 있는데, 김 박사님도 하고 싶습니다."

처음에는 무슨 말인지 잘 이해하지 못했다. 그리고 정중하게 "네, 고맙습니다만 전 술을 하지 않습니다"라고 대꾸했다.

그는 "김 박사님은 술을 안 해도 대접을 해야 할 자리는 있을 겁니다. 사회생활 하면 꼭 필요합니다. 앞으로 김 박사님 손님 모시고 이곳에 와서 식사하세요. 계산서는 제 이름으로 올려 두세요"라고 말했다.

그는 내 대답도 듣기 전에 여사장을 불러 "우리 김 박사님 잘 봐 두셔. 앞으로 이분이 모시고 오는 손님은 모두 내 손님이야…"라고 말했다. 그의 호감 표시에 나도 기분이 좋았지만 술을 하지 않는 내가 손님을 모시고 올 일은 없을 거라고 속으로 생각했다.

그렇게 식사를 하는 동안 나는 집에 가는 인천행 마지막 전철이 끊길 것을 염려해서 일어서려고 했다. 문 사장은 "걱정 말라"면서 시간을 더 끌었다. 그러고는 튀김을 따로 주문해서 내 손에 들려주었다. 밖에는 그의 검은색 승용차가 대기하고 있었다. 그는 운전기사에게 인천으로 먼저 가자고 말한 후 조수석에 앉으며 나에게 상석을 권했다. 나는 안 된다고 했지만 소용없었다.

밤 12가 조금 지나 인천 아파트에 도착하자 함께 내려 정중하게 인사를 했다. 너무나 황송한 대접을 받고 나는 몸둘 바를 몰랐다. 문 사장은 그 무렵 의기소침해 있던 나에게 큰 격려가 됐다.

그런 일이 있고 나서 수개월이 지난 어느 날 다시 문 사장에게서 전화가 왔다.

　"김 박사님, 내가 농담한 것도 아닌데… 그 동안 한 번도 안 가셨더군요."

　그 전화를 받고서야 '그래, 술을 안하더라도 동료들에게 대접은 할 수 있겠다'고 생각했다. 그래서 어느 날 "오늘 내가 모실 테니 혹시 시간되면 한잔 합시다" 하니 다들 놀라면서도 반색을 했다. 그리고 강남 유명 일식집으로 안내하니 더 놀라는 표정들이었다.

　술은 마력이 있었다. 서먹했던 동료 사이를 부드럽게 풀어 주었다. 그리고 며칠 뒤 문 사장이 전화를 했다.

　"김 박사님, 꽤 많이 드셨던데요…."

　"아, 네, 죄송합니다. 제가 그날…."

　"아닙니다, 아니에요. 농담입니다. 그렇게 드세요."

　문 사장은 나에게 술의 힘을 일깨우고 나의 존재감을 각인시켜 준 고마운 사람이다. 내가 인제대학교 교수에 임용됐을 때 김해까지 와서 축하해 준 평생 잊을 수 없는 사람이다.

　　　　　　　　　　　　　　　　　　　성공, 실패가 준 선물

모든 경험을 자기계발을 위해 활용하라. 쓰라린 것일수록 얻는 것이 많다.
다음은 실패의 가치, 자기계발의 중요성을 강조한 멋진 글이다.

내 영혼을 담은 인생의 사계절

인생을 좀먹는 잡초는 자신감을 의심으로,

신뢰를 의혹으로, 인내를 초조함으로,

노력을 게으름과 염려로 바꿔 마침내 패배하게 만든다.

자연과 언쟁하느라 귀중한 시간을 허비하지 마라.

인생의 잡초, 벌레, 돌 그리고 폭풍우는

자신들의 존재에 대해 불공평하다고 거세게

비난하면서 시간을 허비하는 사람들을 비웃는다.

뿌린 씨앗을 쪼아 먹으려고 달려드는 새나,

앞으로 거둘 수확물을 먹어 치우려고 기다리는

벌레들을 쫓는 데 귀한 시간을 낭비하지 마라.

부지런히 씨를 뿌리고 그것을 지키고자 노력하는 사람에게는

어떠한 새나 벌레, 그밖에 다른 걸림돌도

지난봄에 기울인 모든 노력을 파괴할 수 있을 만큼

모든 선한 의지는 공격받게 마련이라는 사실을 이해하고 자각하라.

그것은 스스로를 가치 있는 사람으로

만들 줄 아는 사람과 그렇지 않은

사람을 구분하기 위한 자연의 방법이다.

역경을 예상하고 미소를 지어라.

역경에 대해 감사하라.

인간의 영혼은 역경을 통해 성장한다.

인간의 인격은 시련이 없을 때가 아니라

시련에 대한 우리의 반응을 통해

형성되기 때문이다.

지금 우리가 살아가는 모습은

과거에 심은 씨앗의 결과이다.

어떤 경우든 현재의 태도, 환경, 생활방식

그리고 미래의 가능성에 대한

시각이 모여 우리 '자신'을 이룬다.

현실을 직시하고 자기계발에 힘쓰라.

자신을 인지하는 그 이미지가

바로 인생의 질을 결정하기 때문이다.

- '내 영혼을 담은 인생의 사계절 / 짐론' 중에서

성공, 실패가 준 선물

'불가능에 도전하다' 기자에서 교수로

지금도 이해할 수 없는 불투명한 교수임용제도

기자생활을 하다가 나중에 신방과 교수로 가는 것이 서구사회에서는 자연스럽다. 그것은 불가능에 도전하는 것이 아니고 일종의 정상적인 이직으로 볼 수 있다. 한국에서도 박사학위가 없어도 남들은 기자하다 교수로 잘들 옮겨 다녔지만 나의 경우는 전혀 달랐다. 나는 이것을 '불가능에의 도전'이라고 표현한다.

어렵게 박사학위를 취득하고도 7년 동안 31번 떨어지고 32번째 기적적으로 대학교에 입성할 수 있었다. 아마 인제대학교를 만나지 못했다면 50번도 더 떨어졌거나 끝내 해외로 이민을 갔을 것이다.

나는 왜 그렇게 많이 떨어져야 했던가? 서울시내 주요 대학에는 거의 원서를 내지 않았다. 수도권이나 지방으로 다녔지만 그래도 나를 위한 자리는 없다는 표현이 맞는 듯했다. 세월이 흘러 내가 대학에 재직하고 보니 그 이유를 알 듯했다.

첫째, 응시방식과 교수임용제도의 문제가 복합적으로 맞물려 있었다.

나의 응시방식은 원서만 내고 기다리는 식이었다. 한국의 교수임용방식은 일단 원서를 내기 전에 대부분 비공식적으로 내정돼 있는 경우가 많았다. 주로 학교 선후배, 재단 측 인사 등 어떤 식으로든 연줄을 잡고 뛰어드는 식이다. 나의 경우 그런 연줄도 학연도 없었으니 계속 떨어질 수밖에.

둘째, 나이가 중요했다.

한국 대학에서는 40세 이후에는 교수 되기 어렵다는 속설이 있다. 그 대학 학과에서 나이 많은 후임 교수는 부담스럽게 생각하기 때문이다. 학과의 젊은 교수는 대부분 30대 초,중반으로 기자생활, 자유기고가 등을 거친 내가 넘기에는 쉽지 않은 장벽이었다.

셋째, 내부협력자가 절대적이다.

나는 교수 모집공고가 나면 그때서야 원서를 제출하는 식이었다. 이렇게 하면 나처럼 31전 31패 한다. 모집공고가 나기 전에 가고자 하는 대학에서 이미 강의를 맡아 그곳 교수들과 친분을 쌓아야 한다. 친분을 쌓는 방식은 술과 향응이 가장 좋고, 논문을 대신 작성하거나 해외 출장 때 '따까리'를 하든가 별의별 방법을 동원한다.

물론 모든 대학이 그렇다는 것은 아니다. 방식만 다를 뿐 불투명, 불공정, 불합리한 방법으로 교수를 뽑는 행태에는 큰 변화가 없다. 나는 지금도 한국의 교수 임용방식은 큰 문제라고 생각한다. 국공립, 사립 가릴 것이 없다. 말로는 정정당당을 외치며 실제는 '우리끼리' 밀실에서 결정되는 경우가 대부분이다.

성공, 실패가 준 선물

넷째, 면접방식과 평가에도 문제가 있다.

최종 면접을 하면서도 말의 내용보다 태도를 더 보는 것 같다. 태도가 아주 공손해야 한다는 것이다. 나는 상대적으로 그렇게 보이지 않는 모양이다. 서울의 한 대학교에 최종면접을 마치고 나오는데 한 면접관이 나에게 이렇게 말했다. "말씀을 참 잘하시네요." 나는 이것이 칭찬인 줄 알았는데 결과는 "너 잘났다"는 조롱으로 읽혔다.

대구 모 대학교에서 있었던 일이다. 그날 면접을 마치고 기차를 타고 오는데 전화가 왔다. 면접장에 있던 모 처장이 고등학교 선배라면서 이렇게 말했다. "니 떨어졌다." 생전 처음 고교 선배를 만나 기분이 좋아지려는 찰나 이런 비보를 이렇게 신속하게 전하다니….

이유는 간단했다. "총장이 김 박사(김창룡)는 감당이 안 된단다"는 것이었다. 기가 막혔다. 그 선배는 함께 울분을 토하며 이렇게 조언했다. "니 면접장에 가면 말하지 마라." 면접장에 가서 말하지 말라는 것은 사형선고다. 나의 좌절감에는 위로가 없었다.

다섯째, 대학교수 임용에 드러난 기준보다 숨은 기준이 결정적일 수 있다.

교수들은 박사학위 소유자들은 모두 비슷하다고 생각한다. 그래서 한 번 뽑으면 평생 갈 사람이기 때문에 전혀 생각지도 못한 기준을 제시하는 경우도 있다. '학교 선후배 사이가 가장 안전하다는 것' '술을 안 하면 곤란하니 술 좀 하는 사람을 뽑는다는 것' 등 내가 경험한 몇몇 대학에서는 실제로 이런 유사기준이 힘을 발휘하는 것 같았다.

대학에서 교수를 뽑는 기준이 뭔지 아직도 잘 모르겠다. 그들에게 물어보면 하나같이 '좋은 사람' '좋은 자격을 갖춘 사람' 이라고 대답하는데, 그 내용이 개인마다 다르고 매우 추상적이다. 우리나라 대학의 국제

경쟁력이 떨어지는 이유 중 하나는 교수임용제도의 불투명성, 불합리성, 불공정성에 있다고 생각한다.

여섯째, 구시대적 기준을 편의에 따라 낙방 요인으로 악용한다.

교수 임용기준에 보면 '전공일치도'라는 것이 있다. 전공일치도란 학부에서 신방과, 대학원 석사, 박사 모두 신방과의 경우 전공일치도에서 만점을 받는 식이다. 예를 들면 나처럼 학부는 축산대학이고 석사, 박사는 신방과 전공인 경우는 전공일치도에서 감점을 받는다. 외국의 경우, 타 분야도 공부했다는 차원에서 오히려 가산점을 주는데 한국은 타전공 출신자들의 진출을 제한했다. 더구나 오래전 학부를 졸업하고 통신사, 신문사, 방송사 등 다양한 매체에서 실무경력을 쌓았고 관련 전공을 했음에도 이런 형식적 잣대로 큰 감점을 주면 기대난망이다. 현재와 미래를 중시하기보다는 과거의 고등학교 출신, 대학교 전공을 기준으로 삼는다는 것은 매우 퇴행적이며 대학답지 않다.

일곱째, 대학교의 평가기준이 자의적이다.

교수 임용은 대학마다 인사기준 준칙에 따른다지만 그 준칙을 자세히 살펴보면 설득력이 떨어진다. 내가 우연히 목격하고 놀란 적이 있는데, 지원자의 대학에 따라 대학 점수 등급이 있다. 서울대는 하버드, 예일대 등과 동급으로 만점을 주고 프랑스 등 유럽의 대학은 2등급, 영국의 대학은 3등급으로 분류해 놓았다. 케임브리지, 옥스퍼드 등은 세계 톱 10에 드는 대학인데 뭉뚱그려 3등급이라니…. 이것이 대학교수라는 이들이 밀실에 앉아 만든 기준표라는 것이다.

다시 한번 강조한다. 그렇게 하지 않는 대학은 흥분할 필요 없다. 그런데 상당수 대학들이 자기들이 찍어 놓은 후보를 뽑기 위해 별짓을 다한다는 얘기다.

여덟째, 대학교수 임용에 외부 로비가 강력하다.

나를 떨어뜨린 한 재단 이사장은 우연히 만난 자리에서 "청와대에서까지 로비가 와 무척 힘들었다"고 털어놓았다. 나에게 미안해서 그런 말을 한 것일 수도 있지만 그는 정직하게 말했다고 믿는다. 내가 실제로 교수를 뽑는 과정에 참여해 보니 '전쟁'이라고 표현할 정도다.

한국은 로비 사회다. 소위 돈 있고 힘 있는 사람은 수단과 방법을 가리지 않고 뜻을 관철시키고자 한다. 교수 임용 조건으로 음성적인 '학교발전기금' 제시도 로비의 일종이다. 로비는 힘과 권력 등 가진 자의 무기다. 이런 로비력이 없는 후보는 상대석으로 불리하다. 애시낭초 공정경쟁 자체가 성립되지 않는다. 로비는 비밀리에 이루어지기 때문에 물증을 잡을 수도 없다. 로비력 없는 나는 그렇게 교수자리가 어려운 줄 알았다면 애초 시도조차 하지 않았을 것이다. 모르니까 덤벼들었다가 뺨 맞고 코피 터지는 수난의 7년 세월을 보낸 것이다.

그렇다면 인제대학교는 어떻게 들어갈 수 있었나. 한마디로 나와 일면식도 없던 백낙환 총장의 투명경영, 투명한 교수임용제도 덕분이었다. 나는 이것을 '기적'이라고 부른다. 원서를 낼 때 인제대학교가 어디에 있는지도 몰라 남들처럼 하마터면 '강원도 인제'로 갈 뻔했다.

그런데 알고 보니 서울과 부산에 소재한 백병원 재단의 명문 지방 대학교였다. 교수의 30퍼센트 이상이 서울대 출신이라 서울대가 아니면 원서를 내지 않는 것이 좋다고 주변에서 조언했다.

나는 다른 곳에 지원할 때와는 달리 논문, 저서 등 한보따리를 보내는 대신 달랑 이력서 두 장만 보냈다. 내 모든 지원서가 한순간에 쓰레기통에 처박히는 수모를 줄이겠다는 의미였다. 그런데 인제대학교 교무처에서 연락이 왔다. "관련 자료가 없으면 심사할 수 없다"면서 자료를 추가로 보내 줄 수 있느냐고 물었다. 나는 "제대로 심사하겠다면 보내겠다"고 말했다.

그리고 또다시 심사과정에 영어 강의 등이 있었다. 선발요강에는 영어 강의 가능자 우대라 해놓고 실제로는 영어 강의가 안 되는 사람을 뽑는 것을 봤기 때문에 이것도 형식이 아닐까 우려했다.

인제대학교 신방과 최종면접에 세 명이 올라갔다. 나도 그중 한 명이었다. 최종면접 3인 후보에는 얼마나 자주 올랐으며 그래서 전국을 얼마나 떠돌아다녔던가. 그런데 마지막에 항상 떨어지는 연유를 나는 몰랐을 뿐이다. 다시 최종면접 시간이 다가왔다. 선배가 말한 "면접에서 말하지 말라"는 당부가 생각났다.

나도 선배의 말을 떠올리며 입을 다물려고 노력했다. 그러나 총장, 처장 등은 매년 사람을 뽑기 때문에 이미 전문가들이었다. 내가 입을 잘 열지 않자 당시 백낙환 총장은 내 입을 열게 만드는 회심의 질문을 던졌다.

"여기 이력서에 보니 SBS 라디오 '김창룡의 취재파일'이 있는데, 여기서는 무슨 일을 했어요?"

이건 '예스, 노'로 답변할 수 없는 것이었다. 그들은 그 내용 중 하나를 시연해 볼 수 있느냐고 물었다. 나는 '병원 의료사고와 관련된 부도덕한 케이스 하나'를 신나게 떠들어댔다. 이미 유도신문에 빠진 나는 제정신이 아니었다.

대부분 최종면접자는 20분 정도 시간이 주어졌지만 나는 50분이 넘어서고 있었다. 마침내 "수고했습니다. 나가 보세요"라고 누군가가 말했다. 밖으로 나와 1월의 김해평야 찬바람이 내 얼굴을 때릴 때 비로소 후회가 물밀듯이 밀려왔다. 이미 늦은 것, 그렇게 떨어지고도 정신을 못차리다니, 나는 이제 희망이 없다고 자신을 원망했다.

어둠에 잠긴 김해시를 빠져나오며 나는 인제대학교 건물을 돌아보지 않았다. 얼마나 더 떨어져야 정신을 차릴 거냐며 못난 자신만 한탄했다.

그러나 기적은 가끔 엉뚱한 곳에서 일어나는 법이다. 내가 면접장을 떠나고 난 뒤의 상황을 당시 이동석 교무처장이 훗날 자세히 들려주었다.

"총장님이 함께 있던 신방과 학과장에게 물었어요. 김 박사 어떠냐고. 그 학과장은 한마디로 '적임자가 아닙니다, 짤라 주세요'라고 답했어요. 그러고는 다른 사람을 추천했지요. 일단 학과장을 내보낸 뒤 총장님이 우리에게 의견을 물었어요. 그때 연구처장이 '우리 학교는 저런 사람이 필요합니다'라고 말했어요. 나도 그렇다고 말하고…."

백 총장은 망설였다고 한다. 일단 학과의 의견을 존중해야 하는데, 학과에서 반대하니 김 박사를 뽑기가 부담스러웠다는 것이다. 그 자리에서 최종면접에 합격한 사람은 이름 옆에 ○표를 했는데, 내 이름 옆에는 △표를 하더라는 것이다. 한번 더 고민해 보고 최종판단을 하겠다는 유보의 표시였다. 교무처장은 이렇게 말했다.

"학과에서는 이미 서울대 출신이 두 명이나 있는데 자꾸 서울대 출신을 추천해서는 안 된다. 타 대학 출신을 올려 보라고 했더니 '그렇다면 우린 못 뽑겠다. 당신들이 뽑아라'는 식이었어요. 그래서 절충점을 찾았어요. 학과에서 1위로 올려 추천한 사람도 뽑고, 김 박사도 뽑는 것으로…. 김 박사는 본부에서 필요해서 뽑는 거라고 설명했어요."

나는 학과의 반대에 부딪혔지만 백 총장과 처장들에 의해 기적적으로 뽑힌 것이다. 무려 7년 만에 31번 떨어지고 32번째 임용통고를 받은 것이다. 그러나 믿어지지 않았다. 왜냐하면 다른 대학교에서 '뽑혔다'고 통보를 받고 가 보니 '겸임교수' 한 학기 하고 다시 심사하겠다는 경험을 했기 때문이다. 별의별 대학이 다 있고 예측하기 어려운 상황은 언제든지 발생한다.

그렇게 나의 긴 좌절의 시간은 끝이 나고 인제대학교 신방과 교수가 되었다. 어렵게 되었기 때문에 각오도 남달랐다. 인제대학교를 위해 최선을 다하겠다고 다짐했다.

나는 가까이서 백 총장님을 모실 기회가 많았다. 그의 솔선수범하는 검소함, 정의로움, 학생을 사랑하는 자세… 모든 것이 존경스러웠다. 나는 그를 내 인생의 멘토로 삼고 그를 본받기 위해 지금도 노력하고 있다.

성공, 실패가 준 선물

세상에서 천재들이 모두 두각을 나타내는 것은 아니다. 또 모두 인류 발전에 기여하는 것도 아니다. 그러나 교육의 힘, 가족의 도움은 천재들의 역량을 극대화하고 인류를 위해 큰 기여를 하도록 만든다. 21세기 최고의 IT 천재들로 불리는 저커버그, 잡스, 게이츠 부모의 특별한 성공 교육법을 소개한다.

IT 천재를 만든 저커버그, 잡스, 게이츠 부모의 특별한 교육법

스티브 잡스, 빌 게이츠, 마크 저커버그. 이들은 IT산업의 발전을 이끌어 온 천재들로 높이 평가된다. 이들은 천재로 태어난 것일까, 아니면 천재로 길러진 것일까? 어떻게 하면 이들 같은 천재가 다시 나타날 수 있을까? 정답은 부모에게 있있다.

'애플'의 스티브 잡스, '마이크로소프트'의 빌 게이츠, '페이스북'의 마크 저커버그. 이 세 사람은 IT로 세상을 바꿔 놓은 천재들이다. 2011년 세상을 떠난 스티브 잡스는 아이팟, 아이폰, 아이패드 삼총사를 내놓아 사람들의 라이프 스타일을 바꿨다. 20여 년 전 개인용 컴퓨터 '애플'로 세상을 뒤흔들기도 했다. 신제품을 소개할 때는 검은 터틀넥 티셔츠에 청바지 차림으로 마법 같은 프레젠테이션을 하며 세계인의 눈길을 사로잡은 사람. 그는 단순히 물건을 파는 비즈니스맨이 아니라 새로운 세상을 창조한 인물이었다.

스티브 잡스와 동갑인 빌 게이츠는 컴퓨터업계에 잡스보다 훨씬 더 큰 영향을 미쳤다. 게이츠가 만든 '윈도'와 '오피스' 프로그램이 없으면 사람들은 컴퓨터로 아무 일도 할 수 없다. 심지어 컴퓨터를 켤 수조차 없다.

마크 저커버그는 아직 20대다. 나이는 어리지만 불과 몇 년 만에 그가 이룬

성과는 앞의 두 사람과 어깨를 나란히 할 정도로 대단하다.

IT 천재들이 태어나 자신의 회사를 창업하기까지를 살펴보면 여러 공통점이 발견된다. 어려서부터 컴퓨터 도사급의 실력을 자랑했으나 인간관계는 서툴고, 학교생활에 적응을 잘 못했다. 명문대에 들어갔지만 졸업장을 받지 않고 중도에 자퇴한 것도 세 사람이 똑같다. 무엇보다 남들이 가지 않은 길을 두려워하지 않고 앞장서서 성큼성큼 걸어갔다.

그리고 또 하나의 공통점. 훌륭한 부모가 늘 곁에 있었다는 사실이다. 가정 형편은 각각 다르지만 부모들은 자녀를 무척 사랑했을 뿐 아니라 자녀의 천재성을 일찌감치 알아내고 남다르게 교육했다. 부모들의 애정 어린 관심과 교육이 없었더라면, 이 천재들도 그저 평범한 사람에 그쳤을 수 있다. 재미있게도 이들 부모의 교육법에서는 일맥상통하는 면이 꽤 있는 것으로 드러났다.

시가 총액 122조 원 회사의 20대 CEO 마크 저커버그

'페이스북' 창업자이자 최고경영자. 갈색 곱슬머리에 매부리코, 헐렁한 후드 티셔츠를 아무렇게나 걸쳐 입은 채 슬리퍼를 끌고 다니는 젊은이. 역사상 가장 짧은 기간에 가장 많은 돈을 벌어들인 인물이다.

"제가 IT를 통해 사람과 사람을 연결하는 일에 관심을 갖게 된 것은 부모님의 영향이 제일 컸습니다. 어렸을 때는 무엇인가를 만드는 것이 정말 즐거웠습니다. 그리고 프로그래밍에 강해지면 더 많은 소프트웨어를 만들어 낼 수 있음을 깨달았습니다. 저는 아직 어린아이입니다. 그래서 금방 싫증을 냅니다. 하지만 컴퓨터를 향한 열정만은 뜨겁습니다."

"그거 정말 재미있겠다. 네 생각대로 멋지게 한번 해 보렴."

하버드대학에 다니던 아들이 학교를 중퇴하고 벤처기업을 창업한다고 했을

성공, 실패가 준 선물

때 그의 부모가 처음으로 했던 말이다.

아들이 어려서부터 컴퓨터와 IT에 높은 관심과 뛰어난 집중력을 보이는 것을 보고 컴퓨터 천재로서 재능을 발휘할 수 있도록 교육과 지원을 아끼지 않은 저커버그의 부모. 아버지 에드워드는 치과의사, 어머니 카렌은 정신과의사로 비교적 유복한 가정환경이었다. 학교 수업과 별도로 개인교사를 붙여 주기도 했고, 중학생이던 저커버그를 대학원 수업에 데려가 청강을 시키기도 했다. 아버지 에드워드는 교육법을 묻는 사람들에게 "아이들의 열정을 지지해 주세요. 그 어떤 것보다 아이들과 많은 시간을 같이 보내는 것이 가장 중요합니다"라고 조언했다.

아이의 질문을 귀찮아하지 않는 부모

부모들은 늘 질문공세에 시달린다. 그럴 때 저커버그의 부모는 절대 귀찮아하지 않고 아이가 이해할 수 있도록 차근차근 설명해 주었다. 공부를 많이 한 학자이긴 해도 자녀가 궁금해하는 모든 것을 다 알지는 못했다. 자신들도 잘 모르는 질문을 받으면 가능한 여러 자료를 찾아보고 대답해 주었다. 전문가를 데리고 와서 궁금증을 해소시켜 주기도 했다. 호기심 가득한 어린 저커버그에게는 부모가 가장 훌륭한 백과사전이자 멘토였다.

아버지 에드워드가 아들의 컴퓨터 실력 향상에 큰 역할을 했다면, 어머니 카렌은 인문학적 소양을 길러 주는 일에 힘썼다. 그녀는 기술과 인문학에 두루 통달한 융합형 인재가 중요해질 것임을 본능적으로 알고 있었다. 그래서 저커버그에게 역사, 문학, 예술, 논리학 등 폭넓은 분야의 책을 읽도록 지도했다. 고대 그리스 신화부터 로마사, 르네상스 시대의 미술과 음악, 동서고금의 시와 소설 등을 틈나는 대로 읽게 했다. 저커버그가 지금도 고대 그리스 시인 호머의 장편 서사시 '일리아드'를 줄줄 외울 수 있는 데는 어머니의 조기 교육이 큰 도움이 됐다.

몸에 밴 검소한 삶

세계에서 가장 돈이 많은 청년 재벌이지만 저커버그의 생활은 매우 검소하다. 그는 여전히 1천만 원짜리 고물 중고차를 타고 다니고, 자신을 꾸미는 일에는 관심도 없다. 알려진 대로 늘 티셔츠에 슬리퍼 차림이다. 이런 그의 생활태도는 부모에게서 나온 것이다. 저커버그는 고교 시절 대학 입시 준비를 하면서도 아르바이트를 했다. 부모는 어느 정도의 생활비는 스스로 벌어서 쓰라고 했다. 그러면서도 정말 중요한 일에는 큰돈을 쓸 수도 있다는 것을 가르쳤다. 저커버그가 아이들의 미래를 위한 일에 거액을 선뜻 기부할 수 있는 것은 부모에게서 물려받은 정신적 유산 덕분이다.

대학 진학을 앞둔 시점, 저커버그는 명문 사립고인 필립스 엑시터 아카데미로 전학을 간다. 링컨 대통령의 아들도 다녔을 정도로 전통과 역사를 자랑하는 명문 학교. 교육 여건이 좋은 만큼 학비 또한 무척 비쌌지만, 저커버그의 부모는 아이의 미래를 위해 과감한 투자를 결정했다. 둘 다 의사여서 부유한 편이라 하더라도 자녀가 네 명이나 됐기 때문에 쉬운 결정은 아니었다. 하지만 그의 부모는 명문대 진학이라는 목표가 아닌, 아들이 각지에서 모여든 우수한 학생들과 경쟁하기를 바라는 마음이 있었다. 이 판단은 정확했고, 옳았다.

IT로 사람들의 생활방식을 바꿔 버린 창의성의 귀재 스티브 잡스

허름한 차고에서 창업한 '애플'을 세계 최고의 IT 기업으로 성장시킨 스티브 잡스. 강력한 카리스마, 편집광적인 열정, 완벽주의, 화려한 쇼맨십, 마법 같은 프레젠테이션, 창조경영의 아이콘 등은 잡스를 상징하는 단어다.

성공, 실패가 준 선물

"부모님은 성실한 분들이셨습니다. 저는 부모님처럼 살지는 못했지만 그분들이 훌륭한 분들이라는 건 잘 알고 있습니다. 부모님을 닮고자 부단히 노력했습니다. 제가 세상에서 가장 존경하는 인물은 저를 키워 준 부모님입니다."

잡스가 세상에서 가장 존경하는 사람은 자신을 키운 양부모다. 자신의 삶이 얼마 남지 않았다는 것을 안 이후에는 아내, 자녀 등 가족과 많은 시간을 함께 보냈고, 어린 시절 헤어진 여동생을 찾아 못다 한 우애를 나누기도 했다. 그만큼 그는 가족에게서 많은 영향을 받았다.

폴과 클라라 부부는 아들 잡스가 자신들보다 그리고 일반적인 또래들보다 똑똑하다는 사실을 일찌감치 파악했다. 이를 알고는 자식을 특별한 아이로 키우기 위한 노력을 아끼지 않았다. 어머니 클라라는 잡스가 학교에 들어가기 전부터 글을 읽고 쓰는 방법을 가르쳤다. 미취학 아동이 알파벳을 깨우치는 게 흔하지 않았던 시절인데, 책 읽는 법을 어머니가 먼저 가르친 것이다. 아버지는 아들에게 많은 지식을 알려주지는 못했지만, 삶에서 모범을 보였다. 잡스는 형편이 어려운 가운데서도 자신을 키우느라 헌신한 양부모를 깊이 존경하고 사랑했다. 그는 "폴과 클라라는 1,000% 내 부모님"이라고 말했다.

아버지에게 배운 완벽주의

잡스는 형편이 넉넉하지 않았던 탓에 집 안팎을 꾸미는 일은 물론이고 가구까지 직접 만들어 써야 했다. 아버지 폴은 뭐든지 척척 만들어 낼 정도로 손재주가 뛰어났다. 훌륭한 손재주 못지않게 아버지의 성실한 자세는 잡스에게 깊은 인상을 주었다.

폴은 아들 잡스와 함께 작업을 하곤 했는데, 어린 잡스의 생각에 금방 끝날 것 같은 작업도 한참 동안 계속 되었다. 아버지는 남에게 보이는 앞만 신경 쓸

게 아니라 잘 안 보이는 뒤쪽도 잘 다듬어야 한다는 사실을 알려 주었다. 아버지의 꼼꼼하고 치밀한 자세는 훗날 잡스의 완벽주의에 큰 영향을 미쳤다. 아버지 폴이 울타리 뒷면은 잘 안 보이니까 대충해도 된다고 말했다면, 잡스가 만든 제품들도 줄줄이 불량품으로 전락했을지 모른다.

또래보다 실력이 월등하게 뛰어난 잡스는 1년 월반을 해서 중학교에 진학했다. 하지만 중학교는 교육환경이 좋지 않았다. 수시로 패싸움이 일어났고, 어린 나이에 마약을 하거나 성폭행 사건으로 경찰에 잡혀가는 학생도 있었다. 같은 반 학생들은 한 살 어린 잡스를 괴롭히고 따돌렸다. 성적은 바닥으로 떨어졌다. 잡스의 부모는 아이의 교육적인 목적을 위해 실리콘밸리에서 교육환경이 좋은 곳으로 이사를 갔다. 주변이 안정되자 잡스는 다시 공부를 시작했고, 수학과 과학 분야에서 뛰어난 재능을 발휘했다.

따뜻하지만 엄했던 부모

청소년기 잡스는 반항심이 컸다. 입양아라는 사실과 관련해 자신의 정체성을 찾으려는 고민을 많이 했고, 마리화나를 피우는 등 엇나간 행동도 많이 했다. 아버지는 아들이 환각제 복용으로 몸과 정신을 황폐하게 만드는 것을 두고만 볼 수 없었다. 자상하고 다정한 아버지 폴은 이 시기에 아들을 엄하게 대했다. 훗날 잡스는 마리화나 때문에 아버지에게 꾸중 들은 날, 아버지가 그처럼 화내신 적은 전에도 후에도 보지 못했다고 회상했다.

실리콘밸리의 게임회사에 다니던 잡스는 2년 뒤인 1976년 아버지의 차고에서 '애플'을 창업한다. 당시 잡스는 아버지에게 컴퓨터회사 설립 계획을 밝히고 도움을 요청했다. 그의 부모는 10대 후반부터 여기저기 방황하던 아들이 마음을 잡고 사업에 의욕을 보이자 적극적으로 도와주기로 했다. 이 덕분에 잡스는 고교 선배인 스티브 워즈니악과 함께 자신의 집 차고에서 애플을 창업할 수 있었다. 아버지는 자동차로 부품상자 나르는 일을 도와주기도 하면서, 이들이 차고에서 컴퓨터를 조립하는 장면을 흐뭇하게 바라봤다. 잡스가 어떤 일을 하든 그의 아버지는 "나는 너를 믿는다"는 말로 아들을 격려했다.

최고의 자선사업가로 변신한 IT 천재 빌 게이츠

'마이크로소프트'의 창업자. 소프트웨어를 첨단산업으로 발전시킨 인물. 컴퓨터를 사면 소프트웨어를 끼워 주는 것이 상식처럼 통하던 시기에, 소프트웨어도 돈을 받고 팔 수 있다는 것을 입증한 사람. 2008년 회사 경영에서 손을 떼고 명예롭게 은퇴했으며, 지금은 부인 멜린다 게이츠와 함께 세계 최대 자선재단인 '빌&멜린다 게이츠 재단'을 이끌며 자선활동에 힘쓰고 있다. "죽기 전에 내가 번 재산의 대부분을 사회에 환원하겠다"는 그의 선언은 실제로 지켜지고 있다.

"기술은 하나의 도구에 불과합니다. 어린아이들에게 하고자 하는 의욕을 불어넣고 협동심을 고취시키는 데는 끌어 주는 사람의 역할이 가장 중요합니다. 저는 그걸 부모님에게서 배웠습니다."

빌 게이츠의 정식 이름은 윌리엄 헨리 게이츠 3세. 부유한 집안에서 태어나 엘리트 코스를 밟았다. 아버지는 변호사였고, 어머니는 교사 출신이었다. 이들 부부는 지역에서 존경받는 유명인사였다. 아버지 게이츠는 변호사 업계에서 탁월한 능력을 발휘해 워싱턴주 변호사협회장까지 맡으며 성공을 거뒀다. 어머니 메리는 자녀들이 태어나자 교사 일을 그만두고 시애틀 지역에서 자선활동을 하며 많은 시간을 보냈다. 어머니가 역사박물관에서 방문객에게 유물 해설을 하는 동안 빌 게이츠는 맨 앞자리에 앉아 설명을 같이 들었다고 한다.

지인들의 성공담을 듣던 식사시간

온 가족이 함께 식사를 하는 매주 일요일 저녁. 게이츠의 부모는 저녁식사에 지인들을 자주 초대해 자녀와 함께 식사를 했다. 대개 시장, 주의회 의원 같은 정치가, 저명한 학자, 의사, 고위 공무원, 기업가 등 다양한 분야에서 주목할 만한 성과를 거둔 사람들이었다. 이들은 게이츠에게 자신이 어떻게 자라왔는지, 어려움을 딛고 어떻게 성공할 수 있었는지에 대한 비결을 들려주었다. 어린 게이츠는 초대 손님들과 이야기를 나누며 성공과 도전정신에 대해 직감적으로 배울 수 있었다.

게이츠 가족은 종종 시애틀 근교로 캠핑이나 하이킹을 떠나 가족애를 다졌다. 대표적인 것은 시애틀 외곽 치리오에서 가진 여름 캠프. 게이츠가 네 살 되던 해부터 매년 7월이면 자동차에 짐을 싣고 2주간의 치리오 탐험을 떠났다. 친지와 지인 등 열 가족 정도가 탐험에 동참했는데 대부분 변호사, 기업가, 정치인 등 지역의 유력 인사들이었다. 이 캠프에서는 치리오 올림픽이라는 것을 열었는데, 게이츠는 팀을 움직이는 게임을 하면서 팀의 리더 역할을 수행하는 법을 배웠다.

학창 시절 게이츠는 오직 컴퓨터 외의 다른 일에는 아무런 관심을 보이지 않았다. 자신을 통제할 능력을 잃어버렸을 정도로 심각했다. 부모는 게이츠에게 1년 동안 컴퓨터 사용을 금지시켰고, 게이츠는 이를 완벽하게 따랐다. 심각한 상태였던 아들이 한번 약속한 것은 반드시 지키는 것을 보고 부모는 안도했다. 이 기간 동안 게이츠는 컴퓨터가 아닌 과학, 인문, 역사 등 다방면에서 폭넓은 지식을 쌓았다. 그래서 더 이상 컴퓨터에만 빠져 사는 괴짜가 되지 않고 다양한 분야를 아우를 수 있는 눈을 가진 사람이 되었다.

성공, 실패가 준 선물

성공의 발판, 아버지에게 배운 계약법

게이츠가 '사업계약서 내용을 제일 잘 이해하는 최고경영자'라는 평을 듣는 것은 아버지의 영향이다. 그는 중요한 사업을 계약할 때는 계약서 문구를 꼼꼼히 검토하고, 문제가 없다고 판단될 때 서명해야 한다는 걸 어려서부터 체득하고 있었다. 1980년 최고의 IT 기업이었던 IBM과 맺은 컴퓨터 운영체제 판매 계약이 대표적인 예다. 게이츠와 마이크로소프트에게는 막대한 부를 안겨준 최고의 계약이었고, IBM 경영진은 나중에 땅을 치고 후회한, 'IT 역사상 가장 유명한 계약'으로 통한다.

2008년 회사 업무에서 공식적으로 은퇴한 게이츠는 자신이 IT 업계에서 할 일은 다했으니 남은 인생은 자선사업에 매진하겠다고 선언했다. 자선사업은 게이츠 집안의 오랜 전통이다. 은행장이었던 외할아버지부터 아버지, 어머니까지 모두 자선사업에 큰 관심을 쏟았다. 어머니는 남편이 변호사로 성공을 거두자 교직에서 물러나 미국에서 가장 신뢰받는 모금기관 중 하나인 유나이티드웨이의 시애틀 지부에서 활동했다. 아버지는 공립학교의 교육환경을 개선하는 법안을 마련하는 데 힘썼고 거액을 기부하기도 했다. 소외된 이웃을 보살피는 부모의 모습을 보고 자란 게이츠는 자신과 부인의 이름을 딴 '빌&멜린다 게이츠 재단'을 세웠다. 이 재단은 현재 세계에서 가장 큰 기금을 운영하는 자선재단이다.

출처=여성조선 (http://woman.chosun.com/) 임언영 기자
참고도서 《저커버그 · 잡스 · 게이츠를 키운 부모의 특별한 교육법》(북오션)

Part 02

실패를 성공으로
만든 인연

누구나 도움이 필요하다, 사람 사는 이야기

인간은 살아가면서 누구나 도움이 필요하다. 때로는 도움을 청할 때도 있고 때로는 도움을 청하지도 않았는데 도움을 받을 때도 있다. 서로 도움을 주고받을 수도 있지만 일방적으로 받기만 하고 되돌려주지 못하는 경우도 있다.

어느 경우든 한 인간이 좌절과 실패의 늪을 헤쳐 나가는데 당사자의 노력만으로 힘들 때가 많다. 다행히 도움을 받는다면 좀 더 쉽게 어려움을 극복할 수도 있다. 그러나 도움을 받지 못한다고 해서 원망할 필요는 없다. 도움도 모든 여건이 맞아야 하기 때문이다.

나는 지금 이 자리에까지 오면서 많은 도움을 받았다. 이런 도움이 없었다면 어떻게 되었을까. 어디까지를 성공이라고 말할 수 있을지 모르겠다. 그러나 실패는 분명히 표시가 난다. 그 실패의 길을 가지 않도록 조심하는 것은 성공을 향해 나아가는 노력뿐이다.

아무리 노력해도 안 되는 경우, 남의 도움 받는 것을 부끄러워할 필요는 없다. 그 은혜를 기억하고 돌려주도록 하면 된다. 당사자가 아니면 나와 같은 어려운 처지에 있는 다른 사람에게 은혜를 되돌려주어도 좋다.

여기에 소개하는 분은 내가 좌절과 실패, 고난의 길을 극복하도록 큰 도움을 준 잊을 수 없는 주인공들이다. 이들에게서 받은 은혜를 이제는 나보다 어려운 사람들에게 되돌려주고자 한다. 그것이 어떤 형태가 될지 모르지만 그 노력을 하나씩 해나가고자 한다. 과거의 인연을 반추하는 것은 미래의 보은을 위한 지침이 될 것이다.

하나뿐인 목숨은 소중한 것

나를 실패에서 구해 준 '크리스' 노팅엄대학교 교수

나는 대학생이 되면서 두 가지 목표를 세웠다. 하나는 전공과 무관하게 영어를 공부하는 것이고, 다른 하나는 검도를 배우는 것이었다. 하지만 검도 도장은 돈이 없어 포기했다. 대신 영어는 학원에 안 가더라도 혼자서 공부할 수 있었다. 영어회화는 거리에서 만나는 외국인에게 무조건 대시하는 식이었다.

내가 만난 영국 노팅엄대학교 언어학과 크리스 버틀러 교수도 그렇게 우연히 만났다. 여름방학 때 롯데백화점 코너에서 아르바이트를 하고 있던 여자친구를 만나러 갔는데, 시간이 너무 많이 남아 영어회화 공부를 시도했다.

마침 롯데호텔에서 백화점으로 건너오는 통로에서 크리스 교수와 눈이 마주쳤다. 그의 파란 눈이 신기하기도 해서 유심히 바라보니 그가 '따스한 미소'를 지어 보였다. 고마운 마음에 나도 미소를 보냈다. 그렇게 우리는 처음 인사를 나눴다.

8월 한낮은 무척 더웠다. 내가 이야기 좀 해도 되겠느냐고 했더니 그는 활짝 웃으며 '좋다'고 화답했다. 항상 주머니 사정이 빈약한 나는 '어디가 좋겠느냐'는 물음에 망설였다. 그러자 그는 자신이 머물고 있는 호텔로 가자고 했다. 나는 속으로 생각했다.

'오늘은 운수 좋은 날이다. 영국 본토에서 온 언어학과 교수를 만나 영어까지 배울 수 있으니…. 더구나 최고급 호텔에도 가보고…'

나는 발걸음도 가볍게 그를 앞질러 호텔 엘리베이터를 탔다. 내 짧은 영어 실력이 걱정스러울 뿐이었다. 이미 몸의 땀은 시원한 에어컨 덕분에 싹 가셨다. 롯데호텔은 밖에서 보던 것처럼 내부도 멋있었다. 안으로 들어가자마자 그는 샤워를 하겠느냐고 물었다.

뜻밖이었다. 남의 호텔에 와서 샤워는 '염치없다'는 생각이 들어 "괜찮다"고 답했다. 그러자 그는 샤워를 하겠다면서 욕실로 들어갔다.

짧은 순간이었지만 별의별 생각이 다 났다. 일단 내 부족한 영어 실력 때문에 몇 마디 하면 할 말이 없는 것이 문제였다. 이것저것 영작을 해보려고 해도 잘 되지 않았다. 그는 곧 샤워를 마치고 나왔다. 벌거벗은 몸이라 나는 바닥 카펫만 응시하고 있었다.

그런데 이게 웬일인가. 그는 실오라기 하나 걸치지 않은 채 내가 앉아 있는 소파 정면 침대에 걸터앉았다. 마주 보고 있기가 민망해서 고개를 떨구었다. 머릿속으로 '뭘 하나 걸치세요…'라고 주문했지만 입으로는 영어가 나오지 않았다.

그는 한참 나를 뚫어지게 보더니 '긴장돼 보인다'는 뜻으로 무슨 말을 했다. 나는 '보면 모르느냐'고 말하고 싶었지만 역시 말이 나오지 않았다. 고개는 더 땅으로 숙여졌고 몸은 답답함으로 뒤틀렸다.

그러자 그는 벌떡 일어났다. 마치 더 이상 '참을 수 없다'는 듯 일어

성공, 실패가 준 선물

나 내 뒤로 돌아갔다. 그리고 오른손을 내 오른쪽 어깨에 살포시 올렸다. 그 손은 무슨 신음소리와 함께 내 팔로 미끄러져 내려오고 있었다. 짧은 티셔츠를 입고 있는 내 팔에 그의 손이 닿았다.

그 순간 나는 벌떡 일어났다. 나의 짧은 영어는 멈추었고 입에서 우리말이 튀어나왔다.

"이게 뭐하는 짓입니까?"

나보다 더 놀란 것은 크리스 교수였다. 그는 큰 눈을 껌벅이며 나에게 진정하라면서 거꾸로 "무슨 일이 있느냐?" 하고 물었다. 나는 얼굴을 붉히며 씩씩거렸다.

그러자 그는 차분하게 자신은 '호모'라고 말했다. 나는 호모라는 단어를 막연하게 알고는 있었지만 이렇게 직접 만나게 될 줄은 상상도 못했다. 그는 나와 있으니 가슴이 뛴다고까지 말했다.

나는 생물시간에 배운 호모의 반대, 헤테로를 기억해 내고 브로큰 잉글리시로 "아이 엠 헤테로"라고 소리쳤다. 그때서야 그는 옷을 입으며 "정말 미안하다"며 사과했다.

그리고 나에게 몇 가지를 물었다. 오늘 거리에서 처음 만났을 때 왜 미소로 화답했느냐는 것이었다. 그것은 호모들간의 신호라고 했다. 다시는 길거리에서 낯선 사람과 웃음을 주고받아서는 안 된다는 말까지 했다.

떠나려는 나를 붙잡고 그는 다시 "연세대학교에서 강의 끝나고 만나러 가도 되겠느냐"고 물었다. 또 영어와 한글로 '건대 정문에 내려주세요'라고 써달라고 부탁했다. 나는 그렇게 했다.

그가 떠나기 전까지 거의 일주일 동안 우리는 매일 건대 캠퍼스에서 만났다. 그는 영어를 가르쳐 주고 밥까지 사 주었으며 한국을 떠나기

하루 전날 나에게 '영영사전'을 사 주며 열심히 공부하라고 말했다.

그 후 세월과 함께 그를 잊고 있었다. 그런데 내가 대학교 졸업반이 되어 언론고시에 연거푸 떨어져 희망을 잃어 가고 있을 때였다. 연령 제한에 걸려 더 이상 언론고시에 응시조차 할 수 없어 도서관에도 나가지 않고 죽음을 생각하고 있을 때 친구가 그의 편지를 들고 나타났다.

편지는 나를 어둠의 위기에서 새롭게 눈을 뜨는 계기를 만들어 주었다. 비록 편지 내용은 '영국 대학교에서 장학금을 얻어 내는 데 실패했다'는 것이었지만 그것으로 충분했다. 더 이상 희망이 없는 한국에서 궁색 떨지 말고 해외로 나가자는 결심을 그 편지 때문에 하게 되었던 것이다.

이스라엘행을 결심한 것도 크리스 교수 편지 덕분이었다. 이스라엘에서 다시 영국을 찾아간 것도 그가 보낸 편지에 용기를 얻었기 때문이다. 처음 만남은 우스꽝스러웠지만 크리스 교수는 내 인생의 전환점을 만들어 준 주인공이었다. 이스라엘에서 태권도 사범을 하다가 그를 만나러 영국에 갔을 때 내 이야기를 듣고 '런던 저널리즘 스쿨'을 제의한 것도 그였다. 무엇보다 런던 저널리즘 스쿨 대학원 과정에 불합격과 합격을 뒤바꾼 것도 크리스 덕분이었다.

등록금은 둘째치고 저널리즘 스쿨에 입학하기에는 대학교 성적과 영어 성적, 전무한 언론계 경력 등 뭐 하나 내세울 게 없었다. 크리스 교수가 '합격 확률 50% 이하'라고 말했을 정도였으니….

저널리즘 스쿨에서는 이듬해 4월까지 합격 여부를 통보하겠다고 전해 왔다. 하지만 나는 6월에서야 뒤늦게 통보를 받았다. 나중에 학교에 가서 알아보니 처음에는 입학사정회의에서 나를 떨어뜨리는 것으로 결론을 내렸다고 한다. 그러나 나에 대한 레퍼런스(영국의 모든 대학원 지원자는 자신을 평가하는 두 명의 레프리를 선정하도록 되어 있다)를 크리스 교수가 작성했는데, 이것이 입학사정관들을 움직였다는 것이다.

그의 도움으로 꿈에 그리던 런던 저널리즘 스쿨에 입학한 것은 내 인생의 화살표를 성공으로 바꿔 놓은 것이나 다름없다. 우연하게 만난 기이한 인연이었지만 그는 내 인생에서 빼놓을 수 없는 은인이다. 더구나 그는 공부 중에도 자신의 휴대용 TV를 주며 BBC 뉴스를 청취하도록 도와주었다. 그의 도움이 없었다면 내 인생에 어찌 영국과의 인연이 시작됐을까.

몇 년 뒤 기자가 되고 난 뒤 영국에 가서 다시 그를 만났다. 영국에 처음 온 나를 데리고 가서 카레라이스를 사 준 그 인디언 레스토랑으로 가자고 제의했다. 오늘 식사는 내가 살 거라고 큰소리쳤다. 나는 그의 고마움에 감사하며 흐뭇게 쏘옹했다. 그는 "기자로 성공할 줄 알았다"면서 나를 격려했다. 그것이 사실상 그와의 마지막 만남이었다. 그 이후에도 연락은 주고받았지만 다시 만날 기회를 갖지는 못했다.

좌절과 실패의 긴 터널에서 한 줄기 전환의 빛을 주었고, 위기 때마다 용기를 준 크리스 교수는 잊을 수 없는 나의 스승이자 은인이다. 노팅엄대학교에서 요크대학교으로 옮긴 후 다시 스페인 대학과 영국을 오가며 노년을 즐기고 있는 크리스 교수를 언제 다시 볼 수 있을까.

크리스 교수가 나에게 남긴 교훈

1. 호모에 대한 부정적 편견을 없애 주었다.

호모는 자신의 선택이나 취향과 상관없이 태어날 때 그렇게 된 것이다. 그들에게 '신의 실패작'이라는 등의 표현은 엄청난 상처가 된다는 것을 알았다.

2. 내 고민을 진지하게 들어주고 언론계로 안내한 최고의 인생 상담사

인생의 갈림길, 좌절의 늪에서 헤어나오는 데 결정적인 도움을 준 것은 바로 외국인 크리스 교수였다. 언어의 문제는 부수적이다. 좌절하여 가만히 앉아 있지 말고 무조건 움직이고 시도하라는 교훈을 얻었다.

3. 우연히 맺어지는 인연을 소중히 하라.

우리가 살아가면서 많은 사람을 만나는 것 같지만 내 기억 속에 잊을 수 없는 사람은 열 명 안팎이다. 누가 나를 곤경에 빠트릴지 모르듯 누가 나를 곤경에서 구해 줄 은인이 될지 모른다.

4. 장점은 배우고 선용하라.

크리스 교수와의 인연으로 시작된 나의 영국 경험은 아이들에게도 영향을 주었다. 딸 김민지는 런던패션대학교를 졸업했다. 아들 김병준은 2015년 현재 케임브리지대학교 대학원에 재학중이다. 우리 가족의 영국과의 인연은 크리스 교수에서 출발했다. 영국 교육의 장점을 배우고 활용하여 자신이 원하는 직업을 갖고 성공의 터전을 마련하려고 노력한다.

5. 항상 진지하고 성실하라.

크리스 교수를 다시 만났을 때 나에게 도움을 준 이유를 물은 적이 있다. 그는 "울릉도라는 작은 섬에서 혼자 나와 장학금으로 대학교에 다니는 등 성실한 모습, 진지한 자세가 인상적이었다"라고 말해 준 적이 있다. 나는 그의 지적대로 '항상 노력하며 성실하게 살라'고 자신에게 되뇌인다.

6. 포기는 파멸이라는 것을 배웠다.

언론사 시험에 연거푸 떨어지고 포기를 선택했을 때 나는 절망을 체험했다. 절망의 순간이 오면 인간은 매우 단순해진다. 자살이라는 극단적 선택도 쉽게 하게 된다. 절망의 힘이 가진 파괴력이다. 포기는 패배자와 동의어다. 인생에는 많은 다른 길과 선택이 있다. 위기 때는 혼자 골방에 있지 말고 오히려 지인을 만나고 대화를 나눠야 한다는 것을 배웠다.

7. 쓰라린 경험일수록 인생에 보약이 된다는 점을 깨달았다.

가난한 유학생의 악전고투는 나를 성장시킨 '연단의 시간'이었다는 사실을 알았다. 시련과 좌절, 눈물은 사람을 키우는 세 가지 동력이라는 것도 확신하게 됐다. 나는 지금도 시련이 오면 '나를 좀 더 성장시키기 위한 것'이라고 생각한다.

8. 포기하는 대신 차라리 시도하여 실패하라.

나는 런던 저널리즘 스쿨 대학원 원서를 낼 때 도저히 합격할 수 없는 조건이었다. 그래도 도전하라고 용기를 준 사람이 바로 크리스 교수였다. 가능성이 너무 낮았지만 도전조차 해 보지 않는다는 것은 어리석다는 것을 그래서 깨달았다.

성공하기 위한 명상 12가지

1. **인격자가 되라** : 솔직하고 예의 바른 태도가 성공으로 안내한다.

2. **주도적이고 자발적으로 임하라** : 즐겁게 일할 수 있고 책임감을 갖게 된다.

3. **긍정적인 정신자세를 갖춰라** : 절망을 희망으로 바꿀 수 있는 것은
   나 자신뿐이다.

4, **단기, 중기, 장기 목표를 세워라** : 목표 없는 꿈은 망상일 뿐이다.

5. **말보다는 행동하라** : 말은 패자의 무기, 행동은 승리자의 무기다.

6. **항상 준비하라** : 준비하면 기회가 눈에 보이기 시작한다.

7. **경쟁보다는 협력하라** : 경쟁은 자신과 하고 동료와는 협력하라.

8. **자신의 실패에 보다 관대하라** : 실패 없는 성공은 없다. 모두 먼저 실패라
   는 과정을 거친다.

9. **좀 더 앞으로 나아가라** : 겸손을 유지하되 자신을 스스로 과소평가하지 않
   도록 한다.

10. **건강과 행복을 챙겨라** : 재산을 잃으면 조금 잃은 것, 명성을 잃으면 많
    이 잃은 것, 건강을 잃으면 모든 것을 잃은 것이다.

11. **꼭 성공한다는 믿음과 희망을 가져라** : 결의와 믿음은 고난을 돌파하는
    강력한 무기다.

12. **나로 인해 누구도 상처받지 않도록 하라** : 따뜻한 가슴, 부드러운 태도
    를 유지하는 것이 이롭다.

성공, 실패가 준 선물

돈은 아무것도 아냐, 행복해야 해

영혼을 구제해 준 '노먼 카타나흐' 톰슨 파운데이션 이사장

1990년 박사학위 과정을 공부하러 영국에 갔을 때다. 전세금을 빼서 아내와 아이는 한국에 두고 혼자 영국에 갔기 때문에 늘 돈이 부족했다.

영국 카디프웨일즈대학교(UWCC) 옆에 '톰슨 파운데이션(Thomson Foundation)'이라는 언론재단이 있었다. 이곳에서 제3세계 언론인들을 데려다 교육을 시키기도 했다.

당시 MBC 이진숙 기자가 카디프를 다녀가면서 함께 노먼 카타나흐 톰슨 파운데이션 이사장을 만난 적이 있다. 그 후 걸프전쟁을 다녀온 뒤에 나는 다시 노먼 이사장을 만났다. 영국 전통 노신사를 연상케 하는 점잖은 풍모에 항상 넉넉한 웃음을 보여 주던 그는 나를 따뜻하게 맞아주었다.

어느 날 그의 방에서 함께 차를 마시던 중 가족과 떨어져 있는 나를 걱정해 주던 그는 왜 영국대사관 같은 곳에서 당신같이 유능한 저널리스트에게 장학금을 주지 않았는지 이해가 안 된다고 말했다.

나는 영국대사관 장학금 신청을 했던 사실과 실패한 이야기까지, 그리고 주요 언론사, 유명 언론인 위주로 장학금을 주는 실태 등을 들려주었다. 그리고 자리에서 일어나려고 하자 노먼 이사장이 내 손을 잡고 이런 말을 했다.

　"킴, 돈 때문에 흔들려서는 안 되네…. 돈 때문에 학업이 중단되어서도 안 되네…. 돈은 아무것도 아니야. 돈이 필요하면 언제든지 나에게 와. 킴, 행복해야 해…."

　그의 말만으로도 나는 큰 위로를 받았다. 영국의 우울한 날씨, 가족 없이 혼자 떠도는 외로운 생활 속에서 나에게 이렇게 큰 관심을 보이며 따뜻하게 맞아 주는 노먼 이사장은 다른 영국인과 좀 달랐다.

　사실 당시 2년차 등록금을 모두 걸프전쟁 취재비로 날려 버렸기 때문에 걱정이 한두 가지가 아니었다. 논문 진도보다 앉으나 서나 돈 걱정이 나를 더 괴롭혔다. 어느 날 노먼 이사장은 나를 부르더니 또 이렇게 말했다.

　"킴, 얼마 되지는 않지만 혹시 영국대사관 장학금을 받을 수 있도록 내가 레터를 보내 볼까?"

　나는 서울에서 이미 시도를 해서 탈락했기 때문에 회의적이었다. 하지만 그는 몇 주 뒤 거짓말처럼 영국대사관의 장학금을 받아냈다면서 통장 계좌번호를 알려 달라고 했다. 나는 이해할 수 없었다. 영국대사관에서 그렇게 쌀쌀맞게 '안 된다'고 하더니 노먼 이사장의 편지에 이렇게 쉽게 장학금을 주다니….

　정말 영국대사관에서 준 장학금인지, 노먼 이사장의 주머니에서 나온 것인지 확인하지 못했지만 2백여만 원이 통장에 입금되었고, 그 돈으로 우리 가족은 영국에서 함께 지낼 수 있는 바탕이 되었다.

　노먼 이사장은 바쁜 사람이라 자주 만나지는 못했다. 그러나 그는 어떻게든 도움을 주려고 애를 썼다. 그의 넉넉한 웃음을 보는 것만으로도 나는 기분이 좋았다. 그는 나를 볼 때마다 "돈은 별 것 아냐… 행복해야 돼…"라며 눈을 찡긋했다.

노먼 이사장은 내가 영국을 떠나온 이후 만나지 못했다. 훗날 톰슨 파운데이션 이사장직을 그만두고 시골 고향으로 돌아갔다고 한다. 영국 대사관에 편지를 보내 장학금을 받아 주며 나를 위로해 준 외국인, 나는 아무것도 해 준 것이 없는데 그는 나만 보면 웃었다.

나도 이제 그의 웃음을 배워 되돌려줘야 할 의무를 느낀다. 그는 좌절과 실패 속에서 헤매던 나에게 행복의 중요성, 미소의 중요성을 보여 준 전형적인 영국 신사, 행복 전도사, 인생의 스승이다.

짧은 만남, 몇 번 안 되는 만남이었지만 나에게 강렬한 인상을 남긴 노먼 이사장. '돈보다 행복'의 중요성을 강조한 그의 가르침대로 나도 '행복 전도사'로 나서 이제 행복 전파에 힘을 쏟으려 한다.

노먼 카타나호 이사장이 내게 남긴 교훈

1. 멋지게 나이 드는 법을 가르쳐 주었다.

처음 만났을 때 노먼 이사장은 전형적인 노인이었다. 흰 콧수염이 아주 인상적이던 그와 대화를 나누면서 얼마나 멋진 사람인가를 알게 되었다. 따뜻한 미소와 웃음, 상대를 배려하는 자세 등은 나도 저렇게 멋진 노인이 되어야겠다는 생각을 갖게 했다.

2. 자신의 영역에서 늘 최선을 다하는 자세를 배웠다.

그는 단순히 말로만 친절을 베풀지 않았다. 부탁하지도 않은 일을 스스로 나서서 영국대사관에 편지를 보내는 등 최선을 다했다. 성공하는 사람들은 자신의 말을 행동으로 입증한다. 실패하는 사람들은 말로 자신의 행동을 변명한다. 이방인에게까지 최선을 다하는 자세를 노먼 이사장에게서 배웠다.

3. 돈보다 행복의 가치를 새롭게 생각하는 기회를 주었다.

가난하던 나는 돈만 있으면 자동으로 행복해지는 줄 알았다. 그러나 돈은 생활을 풍족하게 해 주는 대신 또 다른 갈등과 불행을 초래하기도 한다. 노먼 이사장은 '돈보다 행복'을 강조했다. 돈은 '최고의 종, 최악의 주인'이라는 말이 있듯이 행복을 위한 디딤돌 정도의 도구로 활용하자고 다짐한다.

성공, 실패가 준 선물

4. 성공하는 사람의 전형적인 모습을 보여 주었다.

그는 언제 만나든 미소를 지으며 따뜻하게 손을 잡아 주었다. 바쁜 척하지 않고 여유로운 모습으로 나를 편하게 대해 주었다. 성공하는 사람은 상대에게 행복감, 감사함을 느끼게 한다. 그가 보여 준 여유와 미소는 본받아야 할 산교훈으로 남아 있다.

5. 타인에게 항상 친절하라.

그는 처음 만난 외국인에게 친절을 베풀었다. 내가 그를 기억하며 그의 가르침을 새기는 것은 그의 따뜻한 마음이 구체적 행동으로 친절을 선사했다고 느꼈기 때문이다. 나이가 들고 높은 자리에 가면 친절과 멀어지는 경우가 많다. 노먼 이사장의 값진 가르침을 배운 나는 그를 흉내내고자 한다.

6. 말보다 실천이 더 중요하다는 사실이다.

그는 단순히 말로만 친절한 사람이 아니었다. 현실적으로 나에게 장학금을 줄 수 있는 방안을 고민하고 시도한 행동 전문가였다. 그리고 구체적 결과로 친절이 무엇인지 설명했다. 말은 실천이 뒷받침될 때 더 빛나는 법이다.

7. 나이들면서도 존경받는 법을 배웠다.

그의 표정은 온화했고, 말은 항상 격려와 칭찬을 달고 살았다. 그는 다른 사람을 돕는 것을 낙으로 삼는 듯했다. 나이가 들어가면서도 존경받고 사랑받는 법을 이보다 더 잘 실천할 수 없을 것이다. 나는 그의 가르침을 몸소 배웠다.

언제든 다시 와, 우린 네가 필요해

존재감을 찾아 준 유대인 '길라드 카츠' 키부츠 매니저

나의 이스라엘행은 좌절과 실패의 나락에서 어떻게든 벗어나기 위한 비상탈출구였다. 애초부터 유학이라는 거창한 목표 같은 것은 없었다. 새로운 땅, 새로운 곳에서 나의 새로운 미래를 찾아보자는 절박한 심정으로 난생 처음 이스라엘로 떠난 것이다.

대학교 졸업식도 참석하지 않은 채 떠난 이스라엘. 그곳 키부츠로 향하는 버스 안에서 비 내리는 차창 밖을 바라보며 나는 암담한 현실과 긴장감으로 '이 버스가 멈추지 않고 영원히 달려갔으면 좋겠다' 는 생각을 했다. 함께 간 8명의 한국 유학생들도 긴장하긴 마찬가지였다.

나는 이스라엘 북부 '아풀라' 라는 도시 부근에 있는 '키부츠 사리드'에서 내렸다. 히브리어를 가르쳐 주고 숙식을 제공하는 대신 하루 5~6시간 일을 하는 '울판(Ulpan)' 을 운영하는 북부지역 키부츠였다. 마치 군대 자대 배치를 받아 가는 심정이었다.

인생 밑바닥을 쳤다고 생각한 나의 각오는 비장했다. 먼저 히브리어를

　　　　　　　　　　　　　성공, 실패가 준 선물

열심히 공부했다. 옛날 커닝 페이퍼 만들던 실력을 발휘해서 일하러 가서도 숙어, 단어를 외웠다. 심지어 모두 쉬는 일요일에도 혼자 교실에 나와 공부했다.

그런 나를 선생님은 이상하다는 듯 쳐다봤다. 키부츠 내 풀장에는 비키니 차림의 미녀들이 득실거렸다. 정신이 현란할 지경이었다. 하루는 이스라엘에서 나의 양부모 역할을 하던 길라가 이렇게 말했다.

"킴, 이 많은 여자들 중에 맘에 드는 여자 있으면 말해. 내가 도와줄게."

길라의 말은 농담이 아니었다. 나를 한국에서 온 이상한 사람으로 생각하며 불쌍히 여기는 눈치였다. 길라드 카츠는 길라의 남편이었다. 훗날 이들은 이혼했지만 세 자녀가 있기에 여전히 친구처럼 지내고 있다.

나와 길라드의 만남은 '레페트(히브리어로 목장)'에서였다. 그는 이스라엘에서 알아주는 목장 설계사였다. 그의 도움으로 한때 텔아비브대학교 목장설계 전공 교수를 만나 대학원 진학 인터뷰까지 했을 정도다. 그러나 학부에서도 관심 없던 전공을 대학원에서 바꿀 수는 없는 노릇이었다.

소 젖을 짜고 먹이를 주는 목장 일은 하루 네 교대로 돌아간다. 새벽반은 오전 4시부터 오전 10시까지, 데이 타임은 오전 10시부터 오후 4시까지, 이브닝 타임은 오후 4시부터 12시까지, 나이트 타임은 12시부터 새벽 4시까지, 젖소에 맞춰 인간이 교대로 일하는 방식이었다.

언제부턴가 나는 가장 '힘들다'는 새벽반 근무조에 고정적으로 편성되어 있었다. 새벽 4시에 키부츠에서 가장 멀리 떨어진 목장에 도착하려면 최소한 3시 반에는 일어나 준비하고 나가야 했다. 처음에는 나도 돌아가면서 근무했지만 그 다음부터 고정으로 거의 열흘 정도 했을 때의 일이다.

우연히 나와 같은 근무조가 된 길라드가 물었다. 왜 매일 아침에 일을 하느냐고. 나는 근무조 담당자 루벤이 그렇게 짜놓은 것이라고 대답했다. 길라드는 아무 말도 하지 않고 다음날부터 나도 똑같이 로테이션으로 돌아가도록 도와주었다. 사실 새벽반이 제일 힘들었지 다른 타임은 비교적 쉬웠다. 누구도 내가 왜 새벽반에서만 일하는지 관심이 없었다. 길라드는 그런 나에게 관심을 갖고 도와주었다. 부당한 일과표 작성을 바로잡아 준 것은 나에게는 큰일이었다.

목장에서 일하면서 큰 실수를 한 적이 있다. 7백여 마리 젖소를 사육하며 우유를 생산하고 있었다. 나는 젖을 짠 젖소는 다른 통로로 내보내고 젖을 짜기 위해 착유실로 들어오는 젖소는 문을 이용해 들어오게 하는 일을 하고 있었다. 그런데 순간의 방심이 큰 혼란을 가져왔다.

문 작동을 잘못하는 바람에 젖소들이 서로 뒤엉켜 버렸다. 모습이 비슷해서 어느 소가 젖을 짠 것인지 젖을 짜야 하는지 구분이 안 되었다. 바깥 상황이 이상하게 돌아가자 마침 함께 일하던 길라드가 착유실 기계를 멈추고 밖으로 나왔다. 나는 울상이 되어 젖소들 틈에서 이리저리 뛰어다니고 있었다.

길라드는 큰 소리로 나를 나무라야 할 상황에 조용히 다가와 "킴, 어떻게 된 거야?" 하고는 혼자 수습했다. 그날의 나의 실수와 황망함, 길라드의 침착함을 나는 잊을 수가 없다. 그날 내가 배운 것은 '상대가 곤경에 빠진 경우 절대로 화를 내면 안 되고 조용히 도와주는 것'이라는 교훈이다.

그 후 길라드의 세 아들은 내 태권도 제자가 되었다. 아디 카츠, 가이카츠, 다니 카츠 삼형제는 귀엽기도 했지만 뛰어난 운동신경을 타고났다. 맏이 아디 카츠는 이스라엘 태권도 챔피언십에서 세 번 연속 챔피언에 올랐다. 이스라엘 신문에 인터뷰 사진이 대문짝만하게 실리고 그 옆에 한국 태권도 사범인 내 얼굴도 크게 실렸다. 그 신문을 복사해 한국에 있는 나에게도 보내 주었다. 이야기는 다시 이스라엘 키부츠로 돌아간다.

길라드 덕분에 이스라엘 키부츠 생활은 즐거웠다. 아이들이 좋아하는 태권도를 가르치기 위해 나는 하루에 식초를 한 사발씩 마시며 6개월간 다시 몸 만들기를 했다. 태권도는 양다리를 찢어야 하기 때문이다. 아이들 실력이 늘자 나는 더 열심히 노력했다. 하이파, 예루살렘 등 태권도 도장을 제자들과 함께 돌면서 시합도 하고 사범끼리 맞짱을 뜬 것은 지금도 즐거운 추억으로 남아 있다. 그 후에도 길라드는 항상 자기 집에 나를 초대하려고 했다. 어려운 것이 있으면 언제든지 오라는 말은 빈말이 아니었다. 그의 넉넉한 미소와 우람한 몸집은 보기만 해도 듬직했다.

시간이 지나 내가 영국으로 공부하러 간다는 소문이 알려졌을 때 길라드는 진지하게 물었다. 돈은 얼마나 있는지, 런던에 아는 사람은 있는지…. 나는 이스라엘 같은 척박한 땅에 와서도 살아 남았는데 런던에서 못살겠나 싶어 배짱을 부렸다. 무일푼으로 와서 태권도를 하며 비행기 표도 사고 약간의 여윳돈도 마련했다. 물론 영국 학비에 3분의 1도 안 되는 액수였다. 그러나 나는 자신감에 차 있었다. 하룻강아지 범 무서운 줄 모른다는 표현이 딱 나를 두고 하는 말이었다.

외국 경험이 많은 길라드는 무엇보다 나의 돈 걱정을 하는 듯했다. 키부츠는 사유재산이 인정되지 않는 곳이다. '능력껏 일하고 필요한 만큼 가져가는 곳'이다. 키부츠의 어떤 멤버도 따로 용돈을 받거나 개인적으로 돈을 가져갈 수는 없다. 모든 돈은 키부츠 경리처에서 해당업체로 바로 송금하거나 입금되기 때문에 개인적으로 돈을 만질 수 없다.

그런 상황에서 길라드가 따로 돈을 마련한다는 것은 현실적으로 매우 어렵다.

그런데 내가 영국으로 떠나기 며칠 전 길라드가 나를 찾아왔다. 그의 손에는 500달러(한화 50만 원)가 들려 있었다.

"킴, 내가 마련할 수 있는 돈은 이것밖에 되지 않아. 너는 우리 아이들의 운명을 바꿔 주었어. 게으른 아이들을 뭔가에 몰두하게 만들었고 부지런하게 만들었어. 아이들이 너를 얼마나 좋아하는지 몰라. 힘들면 이스라엘로 언제든지 와. 우리집은 너의 집이야."

내가 어디 가서 이렇게 환대, 우대를 받아 본 적이 있던가. 그는 나를 한 번도 꾸짖지 않고 나의 실수마저도 인정해 주고 존중해 주었다. 미소로 친근감을 보이며 나의 존재감을 키워 주었다. 유대인끼리도 돈에 관한 한 인색하기 짝이 없는데, 뜨내기인 나에게 이렇게 조건없이 돈을 주다니….

나는 눈물이 흐를 것만 같았다. 길라드를 끌어안으며 '고맙다' 는 말밖에 할 수 없었다. 그 돈을 받아 이스라엘을 떠났지만 훗날 알고 보니 길라드는 그 돈 때문에 곤경에 처했다고 한다. 그가 어떤 곤경을 당했는지 구체적으로 알 길이 없었지만 나 때문에 금지된 일을 한 것은 사실이다. 다시 만났을 때도 그는 그런 이야기는 하지 않았다. 물론 그 이유만은 아니었겠지만 아내와도 이혼하고 이스라엘 북부 골란고원 아래 '마하나임 키부츠' 로 옮겨갔다고 들었다.

나는 영국에서 공부를 마치고 아내와 두 아이를 데리고 귀국하기 전에 이스라엘에 들렀다. 그때가 1993년 초 오랜만에 만난 길라드 가족들과 반가운 재회를 했다. 항구가 아름다운 하이파 시도 구경하고 키부츠라는 곳도 둘러 보았다.

다시 2012년, 나는 인제대학교 대외교류처장을 하면서 이스라엘 대학과 자매결연을 맺고자 했지만 쉽지 않았다. 이때 도움을 준 사람이 바로 길라드의 전 부인 길라, 그의 새 남편은 TV 프로듀서 출신으로 하이파 시 예술단 임원으로 있었다. 그가 하이파대학교 총장 등과 친분이 있어 일이 성사됐다. 하이파대학교와 인제대학교가 자매결연을 맺기 위해 MOU(양해각서) 교환차 무려 20여 년 만에 다시 이스라엘을 찾았다.

여전히 마하나임 키부츠에서 일하고 있는 길라드는 나를 보자 그 넉넉한 예전의 멋진 웃음을 다시 보여 주었다. 정말 반갑고 반가웠다. 그런데 무슨 암에 걸려 항암치료를 받고 있다며 머리를 빡빡 깎은 모습이었다. 우리는 모처럼 옛날 이야기를 하며 웃고 또 웃었다. 내가 떠나던 날 길라드는 버스정류장에서 오랫동안 손을 흔들어 주었다.

길라드의 5백 불은 다른 사람의 5천 불 그 이상의 값지고 큰 돈이었다. 유대인 길라드가 별볼일 없는 한국의 한 청년에게 건넨 그 돈은 좌절과 실의에 빠져도 '힘을 내라'는 또 다른 용기와 격려였다. 그의 인품과 미소는 나에게도 그런 멋진 사람이 돼야 한다는 무언의 메시지였다. 나의 존재감과 소중함을 일깨워 준 길라드와 그의 가르침을 내 마음속에 영원히 간직하고 있다.

길라드 카츠가 내게 준 인생의 교훈

1. 화를 내지 마라.

그는 탈무드의 지혜에 나오는 '함부로 화내지 말라'는 가르침을 실천하는 유대인이었다. 목장에서 큰 실수를 저지른 내게 큰소리 한번 치지 않았고 조용히 넘어갔다. 그는 '화를 낸다고 문제가 풀리는 것은 아니고 더 악화시키는 것'이라는 교훈을 행동으로 보여 주었다.

2. 도울 때는 최선을 다해 도와라.

유대인 사이에도 그냥 돈을 주고받는 법이 없는데 그는 조건없이 나에게 거액을 주었다. 더구나 사유재산이 허락되지 않는 키부츠에서 나를 돕기 위해 그런 돈을 마련했다는 것을 뒤늦게 알았다. 남을 돕는다는 것은 최선을 다할 때 더욱 감동으로 빛난다는 것을 배웠다.

3. 남의 험담을 하지 마라.

그들은 이혼 후에도 자녀들 때문에 만나 다투거나 험담하는 모습을 본 적이 없다. 오히려 길라와도 친하게 잘 지내도록 나를 배려해 주었다. 내 마음에 들지 않는다고 함부로 험담했던 내 자신이 부끄러웠다.

4. 약자를 배려하라.

그는 이스라엘 키부츠 모임에서 '팔레스타인' 귀환법에 대한 법개정 청원을 위해 열심히 뛰어다녔다. 귀환법은 이스라엘을 떠난 팔레스타인인들은 다시 돌아올 수 없다는 것이 골자였다. 이 법은 중동분쟁의 핫 이슈 중의 하나인데 그는 이 가혹한 귀환법에 대해 유대인들이 일부 양보해야 한다는 절충안을 만드는 데 핵심적 역할을 했다. 안타깝게도 이 책을 준비하는 동안 그가 사망했다는 비보를 들었다. 역사의 약자, 사회적 약자 등을 배려하던 그의 노력은 이제 나와 우리들의 과제가 됐다.

5. 당당하게 살아라.

그를 생각하면 항상 따뜻한 미소와 자신감이 떠오른다. 키부츠 목장에서 일할 때도 그는 콧노래를 부르며 행복한 표정을 지었다. 누군가 부당한 일과표를 짜거나 억울한 일을 당하면 가만히 있지 않고 바로잡으려 노력했다. 나도 그 혜택을 입은 사람 중의 하나다. 그의 당당한 삶의 자세, 여유로운 미소는 내 인생의 교훈으로 남아 있다.

6. 재능을 아끼지 말고 사회에 기여하라.

그는 '작은 재능이라도 있다면 미친 듯이 사용해 버리라'고 자녀들에게 가르쳤다. 그는 나에게 '사람을 집중시키고 움직이는 탁월한 재능이 있다'고 칭찬해 주었다. 나는 그의 가르침에 따라 2015년부터 작은 도서관을 중심으로 무료 특강을 준비하고 있다. 학부모를 상대로 내가 갖고 있는 정보와 지식, 지혜를 모아 자녀교육법을 강의하려 한다. 길라드가 칭찬한 나의 재능을 '미친 듯이' 써버리려 한다.

기적은 가끔 뜻밖에 나타난다

런던에서 절망에 빠진 나를 구해 준 '로스 케빌'과 '가익현'

지중해 연안에 위치한 이스라엘의 따사로운 햇살과 키부츠의 여유 있는 생활을 즐기던 내게 런던은 완전히 다른 세계였다. 우선 교통비, 전화비, 집세, 학비 등 모든 물가가 너무 비쌌다. 특히 당시 학비 3,500파운드(한화 약 700만 원)는 감당하기 힘들었다.

태권도 사범으로 번 돈, 길라드가 준 돈, 대학교 전상영 선배(현 전남대 교수)가 준 돈을 합해도 학비의 반도 되지 않았다. 일단 학비는 250만 원만 먼저 내고 나머지 돈으로는 방을 얻고 한 달 먹고 살아야 했다. 수단과 방법을 가리지 않고 한 달 안에 생활비와 나머지 학비를 마련해야 했다.

나는 먼저 한국의 언론인 지원 재단인 성곡언론재단, 한국언론재단, 국내외 로터리클럽, 라이온스클럽 등에 편지를 보냈다. '현재 대학원에 재학중이며 나머지 학비를 지원해 주면 졸업 후에 반드시 갚겠다' 는 내용이었다. KBS, MBC, 국내 유력 신문사 등 내가 보낼 수 있는 곳은 모두 보냈다. 어디에서도 답장이 오지 않았다.

영국 BBC, 로이터통신사 등에도 보냈다. 그들은 '미안하지만 우리는 도와줄 수 없다. 행운을 바란다' 는 형식적이지만 답장은 주었다. 그러는 사이 한 달이 지나갔다. 학교 내 우편함에 '녹색봉투' 가 꽂히기 시작했다. 녹색봉투는 학교 경리처에서 보낸 독촉장이었다.

나의 어려운 사정을 안 크리스 교수가 우리 학교에 편지를 보냈다. 그런데 이 편지는 역작용을 했다. 경리처에서 나를 부르더니 이런 말을 했다.

"노팅엄대학 교수가 왜 이런 편지를 여기에 보냈는지 이해할 수 없다. 당신은 아마 노팅엄대학교에 가야 할 것 같은데, 이 대학에 잘못 온 거 아닌가…"

나는 화가 났지만 목소리를 높일 수 없는 빚쟁이 신세였다. 항변 한번 못하고 조용히 물러나왔다. 밖엔 런던의 비가 또 내리고 있었다. 아침인지 저녁인지 알 수 없는 음울하고 스산한 공기가 무척 차거웠다. 아침도 제대로 못 먹고 점심도 '꿀꿀이죽' 으로 때운 터라 어깨는 더욱 처져 있었다.

그만 런던 생활을 포기하고 싶었다. 자꾸 따스한 이스라엘의 키부츠가 생각났고 나를 부르는 제자들, 그 부모들의 손짓이 떠올랐다. 태권도로 한참 인기를 끌며 목돈을 벌 수 있는 시기에 런던으로 무작정 온 것이 잘못된 것이라는 생각을 떨칠 수 없었다.

나는 속으로 "이제 그만!"이라고 외쳤다. 돈 없는 나를 런던은 미치게 만들었다. 우편함에 매일같이 꽂히는 녹색봉투는 노이로제가 됐다. 밤마다 BBC 방송을 들으며 영어를 배우는 내 수준이 대학원 공부를 하기에는 턱없이 모자라는 것도 또 다른 좌절이었다.

내가 세들어 살던 곳은 '해크니' 라는 지역인데, 주로 자메이카 흑인들이 살고 있었다. 물론 집값이 싸기 때문에 여기로 왔다. 내가 사는 2층 아래에 런던대학교 학부생 3명도 함께 살았다. 그중 'Civil Engineering'을 전공하는 로스 케빌이라는 친구가 있었다. 한 달을 함께 지내는 동안 그는 나에게 호감을 보이며 가끔 내 방에 와서 BBC 9시 뉴스를 같이 보며 영어 공부와 리포트 작성을 도와주었다.

내가 런던 생활을 정리하고 이스라엘로 돌아가기로 마음먹으니 모든 것이 편안해졌다. 아등바등할 것이 없었다. 좀 허탈하기는 했지만 나를 반겨주는 곳으로 간다는 단순하고 편한 생각을 했다. 그래서 그날은 저녁 9시가 됐지만 방에 불도 켜지 않았고 BBC를 시청하지도 않았다.

내 방을 찾아온 로스가 불이 꺼져 있는 것을 보고 문을 열었다 닫는 순간 어둠 속에 가만히 앉아 있는 나를 발견했다. 그와의 대화는 이렇게 이어졌다.

"킴, 무슨 일이 있는 거야, 왜 그래?"

"로스, 넌 정말 고마운 친구야. 네가 보여 준 영국인의 우정을 잊지 못할 거야."

"무슨 소리야? 아직 학기중인데⋯ 한국으로 간다는 거야?"

"아니, 난 이스라엘로 돌아가기로 했어. 그곳에서 다시 태권도 사범하면서 좀 더 생각해 봐야겠어."

"내가 알기로는 한국 학생들이 너처럼 이곳에 와서 공부하기 위해 노력한다고 들었는데⋯ 왜 그런 결정을 내린 거야?"

나는 돈 때문이라고 말할 수는 없었다. 그냥 그렇게 됐다고 넘어가려 했으나 그는 자꾸 물었다. 하는 수 없이 나의 처지를 솔직하게 말했다. 이제 학교가 마지막으로 준 시한도 지나 '내가 할 수 있는 일은 아무것도 없다'고. 쫓겨나기를 기다리는 것보다 스스로 나가는 것이 낫다고.

　　　　　　　　　　　　　　　성공, 실패가 준 선물

로스는 가만히 듣고 있더니 뜻밖의 제의를 했다. 그는 고등학교를 졸업하고 바로 대학에 온 것이 아니라 3년여 동안 용달차를 끌고 이삿짐센터를 하는 등 사회생활을 하다가 대학에 온 친구였다.

"킴, 내 통장에 750파운드(약 150만 원)가 있는데, 지금 나는 쓸 일이 없어. 내가 3년 뒤에 졸업할 때까지 갚겠다면 빌려 줄 수 있어."

만난 지 얼마 되지도 않은 외국인에게 이 무슨 놀라운 제안이란 말인가. 내가 지금 찬밥 더운밥 가릴 여유가 있단 말인가. 나는 졸업하면 반드시 갚겠다고 다짐했다. 그는 아래층에 사는 앤디를 데려와 증인으로 세우고 계약서를 작성했다. 익숙한 솜씨로 임차인, 임대인 식으로 계약서를 작성해서 한 부는 자신이 갖고 한 부는 내게 주었다. 나는 그 계약서를 지금도 갖고 있다.

학교에 이 돈을 갖다 주고 한 학기 잔액 지불 연기를 요청하니 다행히 오케이였다. 나중에 알고 보니 로스의 아버지는 웨일즈 선박회사 갑부였다. 그런데도 그는 '그것은 아버지 돈'이라며 선을 그었다.

그 후 나타난 친구가 바로 가익현, 내 대학교 후배다. 그는 나와 함께 이스라엘에 갔다가 중도에 포기하고 먼저 한국으로 돌아갔다. 운동은 만능이었고 재능과 익살이 넘치는 멋진 친구였다. 다만 외국어 재능은 물려받지 못한 것 같았다. 돈 많은 부모는 그런 익현이가 해외 유학을 간다면 어디든 보내 주는 식이었다.

이스라엘에 가서 키부츠 생활도 함께 하면서 우리는 친해졌다. 그는 나를 '형'이라 부르며 다른 키부츠로 옮겨 갔는데도 종종 찾아왔다. 그러나 키부츠 생활에 적응하지 못하고 한국으로 돌아갔다. 그런데 어느 날 런던 저널리즘 스쿨 강의실 앞에서 웃으며 나를 기다리는 모습을 보고 깜짝 놀랐다.

그는 다시 형이 있는 런던으로 유학 왔다고 했다. 그리고 런던에 있는 외국어 학원에 다니며 준비하고 있다는 것이었다. 우리는 반갑게 다시 뭉쳤다. 그는 내가 개고생을 하고 있는 줄도 모르고 '나를 자랑스러워해 주는' 고마운 후배였다.

주말마다 닭고기와 쌀을 사가지고 오는 익현이와 나는 그것을 맛있게 먹으며 행복해했다. 그런 모습을 보고 영국 친구 로스가 무척 부러워했다.

"킴, 네 친구(가익현)는 올 때 꼭 뭔가를 사오더라. 우리 영국 친구들은 그렇지 않거든."

'같이 먹자' 고 불러도 로스는 '괜찮다' 고 했다. 그렇게 함께 식사를 하던 익현이가 어느 주말 내 손에 봉투를 쥐어 주며 "형, 이 돈 생활비에 보태"라고 말했다. 나는 놀랍고 당황스러웠다. 매번 쌀과 닭고기를 사오는 것만으로도 고마운데 돈까지….

나는 정말 받고 싶었지만 차마 받지 못했다. 후배의 돈을 받는다는 것은 도저히 자존심상 그럴 수 없었다. 그는 도로 주머니에 넣어 갔다. 그리고 또 몇 주가 지난 뒤 나를 찾아왔다가 집으로 돌아가기 직전 다시 그 봉투를 내놓으며 "형, 이 돈 버리든 생활비로 쓰든 형이 알아서 해" 하고는 뒤도 안 돌아보고 나갔다. 선후배들 사이에 '짠돌이' 로 소문난 그가 500달러(한화 50만 원) 거금을 나에게 주었다. 당시 그 돈은 거의 5천 달러의 가치가 있었다.

더구나 유학생들 사이에 '돈거래' 는 금기사항이었다. 돈 때문에 원수지고 한국으로 도망가고 찾아가는 일들이 비일비재했다. 외국에서는 한국 학생만 조심하면 문제가 없다고 할 정도였다. 그런 것을 나보다 더

　　　　　　　　　　　성공, 실패가 준 선물

잘 아는 후배 가익현은 나의 곤궁한 삶에 더없이 필요한 돈을 선사했다. 쌀과 닭고기는 덤이었다.

그는 스완지대학교에서 공부하고 왔지만 아버지의 오랜 병간호를 혼자 도맡아하는 바람에 마땅한 직장을 갖지 못했다 한다. 한국에서 다시 만난 그는 늦은 나이에 취업하기가 쉽지 않아서 애를 먹는듯했다. 내가 한 군데 소개한 적은 있지만 잘 되지 않았다. 그 이후 연락이 이어지지 않았다. 나는 지금도 그를 찾고 있다. 그에게 갚아야 할 빚이 있고 그 고마운 마음을 적어도 가족들에게 제대로 전달해야 할 책임이 있기 때문이다.

런던 생활에서 잊을 수 없는 로스 케빌과 가익현, 이 두 사람은 좌절의 심연에서 성공의 길로 가도록 내 손을 잡아 주었다. 나의 도움이 상대의 인생을 운명을 바꿀 수 있음을 배웠다. 그래서 도움을 받는 것도 되돌려주는 것도 소중한 것이다. 사랑의 릴레이는 우리 사회를 보다 따뜻하게 할 것이다. 더 세월이 가기 전에 나는 이들을 찾아야 한다.

로스 케빌과 가익현이 가르쳐 준 인생의 교훈

1. 세상은 손을 내미는 자에게 도움을 준다.

인간이 사는 곳이면 어디든 은인이 있는 법이다. 돈이든 언어든 부족하면 부족한 대로 떠나라. 다만 고생은 각오해라. 낯선 땅에도 최선을 다하는 자에게는 항상 도움의 손길이 있다. 때로는 도와달라고 하소연하라.

2. 누구에게나 친절하자.

내가 그들에게 특별히 잘해 준 것은 없다. 나는 그들의 인간적인 장점을 좋아하며 '멋있다'고 표현한 것뿐이다. 작은 친절이 따뜻한 도움의 손길로 되돌아올 줄은 나도 몰랐다. 선후배 가리지 말고 친절하라.

3. 누군가 절실한 도움이 필요하다면 따지지 말고 도와주라.

로스 케빌이 돈을 빌려 주기로 한 것은 나를 안 지 한 달 만이었다. 그의 도움은 나에게 너무나도 절실한 것이었다. 이제 나도 누군가 도움이 필요하다면 그가 누구든 따지지 않고 도와주려 한다. 로스가 나에게 가르쳐 준 도움의 힘이다.

4. 남의 말로 사람을 함부로 평가해서는 안 된다.

가익현은 다른 사람들에게는 인색하다고 소문난 후배였다. 그러나 나에게 거액을 조건 없이 희사했다. 검소한 그를 사람들은 인색하다, 짜다고 했지만 나에게는 한없이 관대했다. 남의 말에 함부로 부화뇌동해서는 안 된다. 내가 겪어 보지 않고서 함부로 말하지 말자.

성공, 실패가 준 선물

5. 조건 없는 도움은 감동이다.

로스 케빌과 가익현은 아무 조건 없이 나를 도와주었다. 도움을 줄 때 어떤 조건도 달지 않아야 한다. 도움을 받을 만한 자격이 있는 이에게 항상 도움의 손길이 닿는다.

6. 서로 어려운 처지에서 도와주는 것은 정말 어려운 일이다.

비슷한 학생 신분으로 회수 가능성을 장담할 수 없는 나에게 투자한다는 것은 쉽지 않은 일이었다. 세월이 흘러 두 사람 모두 연락이 두절됐다. 로스에게는 이자까지 쳐서 갚았지만 익현이의 돈은 아직 갚지 못했다. 돈보다 그 따뜻한 마음을 되돌려줄 기회를 갖지 못했다.

7. 도움 받을 때의 절박함과 감사함을 잊지 마라.

로스의 도움을 받을 때 너무나 절실했지만 세월이 흘러 잊혀져 갔다. 그 후 직장생활을 하면서도 바쁘다는 이유로 그와의 약속을 잊고 있었다. 그는 어렵게 국제전화로 나의 채무를 일깨워 주었다. 부끄러웠다. 즉각 이자까지 계산하여 송금했다. 그리고 다시 영국에 가서 그를 만났다. 로스 덕분에 학교를 마치고 기자가 될 수 있었다는 점을 상기시키며 다시 한 번 깊이 감사의 뜻을 전했다. 곤궁했던 시절에 도움을 준 은혜를 쉽게 잊는 것도 인간이다. 도움을 받는 것은 평생의 빚이고 그 빚은 꼭 갚아야 한다는 교훈을 다시금 확인했다.

성공학을 몸소 보여 준 은인

내 인생의 성공 멘토가 된 '백낙환' 인제대학교 이사장

나는 인제대학교에 가게 된 것을 내 인생의 행운, 내 인생의 최대 기적이라고 생각한다. 그렇게 많은 대학을 그렇게 오래 떨어진 것이 인제대학교를 가기 위해서가 아니었던가 생각해 본 적이 있다. 그것은 백낙환 박사 때문이다. 그가 총장, 이사장 등을 역임하는 동안 나는 가까이서 신문사 주간, 특별자문위원, 두 번의 대외교류처장 등 10여 년을 함께 생활하며 많은 것을 배웠다.

무엇보다 성공이란 무엇인가, 윤리경영이란 무엇인가를 손수 실천하는 모습을 목격하는 것은 감동 그 자체였다. 존경하는 상사를 모시고 일하는 것이 얼마나 행복한 일인가. 체험해 본 자만이 그 무게를 절감할수 있다.

나의 밝아진 표정과 행복해하는 모습을 보며 아내도 나의 선택을 축하해 주었다. 인천에 사는 내가 김해에 있는 인제대학교에 가려면 거의매주 비행기나 기차를 이용해야 하고 그곳에 따로 집을 얻어 생활해야

한다. 매년 교통비가 700만 원 이상 들어도 그 정도는 지불해야 할 대가라고 생각했다. 그 돈으로 행복과 만족을 살 수 있다면 아깝지 않았던 것이다. 그를 은인이라고 부르며 내 인생의 멘토라고까지 자랑스럽게 말하는 데는 적어도 5가지 분명한 이유가 있다.

첫째, 좌절의 긴 터널에서 나를 구해 주었다.

내가 경험한 모든 대학이 이유 같지 않은 이유를 내세워 '김창룡은 아니다'라고 도리질을 했다. 그런데 일면식도 없던 백 박사는 나의 거침없는 발언을 장점으로 봐 주었다. 똑같은 '나'지만 안 된다고 보면 안 되는 것이고 된다고 보면 되는 것이다. 그렇게 교수 임용에 떨어지기도 하고 붙기도 한다. 나는 커피 한잔 사지 않고 인제대학교에 들어간 데 대해 자부심을 가지며 학교에 대한 애교심도 생겼다. 절망에 가까운 나를 인정하고 뽑아 준 백 박사의 은혜는 평생 갚을 길이 없다.

둘째, 나의 능력을 높이 평가해 주고 기회를 주었다.

인제대학교 2년차 평교수일 때 월간조선과 접촉하여 '인제대 성공비결(2000년 9월호)'이란 제목의 특집기사를 싣게 했다. 당시 월간조선은 '한국의 명문대학교'라는 제목으로 특별 시리즈를 내보내면서 이화여대, 한양대 등을 다루고 있었다. 그때 월간조선 조갑제 편집국장을 찾아가 이렇게 말했다.

"잘나가는 대학은 모두 서울에 있고 지방에 있는 대학은 모두 죽는다는 식의 언론보도 태도는 지방 대학을 더욱 어렵게 만드는 겁니다. 내가 들어간 인제대학교는 교수 임용을 투명하게 하고 교문도 없이 인근 주민에게 개방하고 있으며 대학원생들에게 파격적인 장학금을 주고 있습니다."

물론 나의 개인적인 경험도 얘기했다. 그는 자유기고가에게 취재를 의뢰하여 특집기사를 실었다. 지방 대학교에서 중앙 시사월간지에 광고가 아닌 '기사'로 대접받기는 개교 이래 처음이라고 했다. 당시 백 박사는 총장으로 재직하고 있었는데, 나의 열정을 높이 평가하고 학내 신문사 주간 등 보직을 맡기기 시작했다. 그 후 주요 보직을 경험한 것은 그의 절대적인 신임 덕분이었다.

셋째, 그는 탁월한 리더십의 소유자였다.

그의 주변에는 유능한 참모들이 많았다. 나는 귀퉁이에 앉아 배우는 처지였지만 백병원을 이끄는 원장들, 주요 처장들 모두 능력과 겸손을 갖춘 훌륭한 분들이었다. 내가 정의하는 리더는 본인의 능력도 출중해야 하지만 참모가 스스로 일하도록 분위기를 만들어 주어야 한다. 그는 가끔 질책도 했지만 매사 긍정적으로 희망을 노래했다. 순진하고도 넉넉해 보이는 그의 미소는 연세에 어울리지 않게 사람들의 마음을 편하게 해 주었다. 참모들은 대부분 스스로 '알아서 하는 식'이었다.

그는 '금연절주'를 외치면서도 '맹물'로 건배를 하며 참모들과 공감대를 형성하기 위해 노력했다. 외풍에 대해 의연하게 대처하며 참모들을 흔들리지 않게 했다. 친인척이 참모를 공격해도 나서서 중단시키며 오히려 사과까지 하도록 만들었다. 나는 그의 탁월한 리더십 아래서 즐겁게 배우며 성장할 수 있었다. 그의 포용력, 공정성, 검소함, 정의감, 열정 등을 책이 아닌 직접 배울 수 있는 기회를 갖게 된 나는 행운아였다.

넷째, 그의 실천력은 모두를 감동시켰다.

인제대학교의 건학이념은 '인간사랑, 생명존중, 자연보호'이며 이것

성공, 실패가 준 선물

은 단순히 구호가 아니라 구체적 프로그램을 통해 구현됐다. 낙동강 청소, 의료봉사 등 백 박사의 지도 아래 교직원들도 동참하여 이뤄 나갔다. 나는 기자 시절 해외 입양아들을 많이 만났고 그들을 위한 이스라엘 '울판' 프로그램 같은 것을 기획하고 있었다. 해외 입양인들이 인제대학교에 한 학기 동안 와서 한국어를 배우는 대신 영어학습 파트너 역할을 해 주는 것이었다.

이 프로그램에 대한 설명을 듣고 허락해 준 것도 백 박사였다. 그의 도움으로 10여 년간 12개국에서 250여 명이 다녀갔고 교육부 창의성 프로그램으로 국무총리상 금상까지 받았다. '인간사랑, 생명존중'의 건학이념을 구현하는 구체적 프로그램이라며 칭찬을 아끼지 않고 그들이 돌아갈 때는 개인주머니를 털어 한복을 한 벌씩 선물하곤 했다.

다섯째, 그는 성공실패학에 눈을 돌리게 만들었다.

나는 전공분야 외에 다른 교양과목은 '현대 중동사회와 문화' 한 과목 정도였다. 그런데 하루는 백 박사가 나를 불러 성공실패학에 대한 강의를 제의했다. 물론 직접적으로 '성공실패학'은 아니지만 나는 그런 식으로 해석했다.

성공실패학을 공부하면서 내가 얼마나 잘못된 대화법을 쓰고 있으며 실패 습관을 반복하는지를 깨닫게 됐다. 그래서 이른바 '내 인생의 성공학'이란 제목으로 2009년 처음으로 교양과목을 선보였다.

이 과목을 가르치면서 더 많이 배우는 기회가 됐다. 성공과 실패에 대한 새로운 정의, 행복과 인간관계, 커뮤니케이션 스킬, 성공 타입 실패 타입 등 나의 제한된 지식을 총동원하여 15주차 PPT 강의 자료까지 만들었다.

가르치는 것은 배우는 것이다. 나는 이 과목을 통해 인생의 가치들을 새롭게 배우고 확인했다. 내 행동에 변화가 오고 사고방식을 바꿔 준 것은 바로 이 과목이다. 그 과목을 개설하도록 조언해 준 백 박사는 나의 스승인 셈이다. 존경할 만한 어른이 드문 세상에 그런 분을 가까이서 모셨다는 것은 진실로 영광이다. 나에게 그는 큰바위얼굴과 같은 존재다.

성공, 실패가 준 선물

백낙환 이사장이 가르쳐 준 교훈

1. 리더십이란 무엇인가를 몸으로 가르쳐 주었다.

그는 몸소 검소함을 실천하면서 공정하고 투명한 윤리경영을 위해 노력하는 모습을 보여 주었다. 병원 5개와 대학교를 경영하면서 능력 있는 참모들의 헌신적 노력을 끌어내는 능력이 바로 리더십의 실체라는 점을 배웠다.

2. 참모의 중요성을 각인시켰다.

해운대 백병원 개원 때 KBS로부터 '성급한 개원'이라는 비판을 받았지만 그는 홍보처장을 탓하지 않고 '맞으면서 성장한다'며 대범하게 넘어갔다. 최고 경영자에게는 쉽지 않은 대처방식이다. 참모를 보호하고 아끼는 리더는 참모의 헌신과 충성을 이끌어낸다.

3. 언행일치의 중요성을 일깨워 주었다.

구호는 누구나 외칠 수 있지만 현실에서 실행하기란 어렵다. 한국에서 대학 교수 임용은 학연, 지연, 혈연 등 외부 요인이 크게 작용한다. 현실적으로 이런 것에 연연하지 않으며 공정하고 투명한 교수임용제도를 실시하는 것은 쉽지 않다. 백 이사장은 언행일치의 모범을 보였다.

4. 사람에 대한 불신감을 신뢰로 바꿔 주었다.

백 이사장을 만난 뒤 이런 대학재단이 한국에 있다는 사실에 희망을 갖게 됐다. 투명하고 공정하게 교수임용제도를 실시하는 대학도 있다는 믿음을 그로 인해 갖게 된 것이다.

5. 인성교육의 중요성을 배웠다.

백 이사장의 교육철학과 생활철학을 가까이서 목격하면서 나는 인성교육을 공부하게 됐다. 인성교육이 없는 교수는 교육자의 결격사유가 된다는 것을 몸소 깨닫고 공부하는 계기가 됐다.

6. '성공실패학'이라는 복수전공을 하도록 만들었다.

'성공실패학'이란 교양과목을 개강하고 복수전공을 하면서 개인과 조직, 국가의 흥망성쇠를 공부하면서 좀 더 시야가 넓어지고 편협한 생각에서 벗어나게 됐다. 특히 성공실패학에서 주요한 변인이 되는 커뮤니케이션 스킬을 공부하면서 결혼생활, 직장생활, 대인관계 등에 큰 변화가 왔다.

7. 누군가에게 희망이 돼야 한다는 생각을 갖게 되었다.

내가 근무하는 직장의 최고경영자를 존경하고 신뢰할 수 있다는 것은 축복이다. 그와 함께라면 무엇이든 할 수 있다는 생각은 하루하루를 신나게 만들었다. 그는 희망과 행복의 상징이었다. 그는 더 이상 학교에 나오지 못하지만 그의 체온과 사랑을 온 캠퍼스에서 느낀다. 그를 보면서 나도 누군가에게 희망이 되는 사람이 되자고 다짐하곤 했다.

8. 그의 도전정신을 배웠다.

80대 초반에 다섯 번째 백병원을 짓겠다고 발표한 그는 85세 무렵 그 계획을 현실화시켰다. 놀라운 도전이 아닐 수 없다. 그는 '지역민들에게 고급 의료시설을 제공해야 한다'는 꿈을 실현하기 위해 서울과 부산을 오가며 진두지휘했다. 나의 80대는 어떤 모습일까. 내가 병원을 지을 수는 없지만 봉사하는 삶을 살고 있다면 나도 그의 철학을 실천하는 셈이 되지 않을까.

9. 자기관리의 중요성을 배웠다.

그는 '금연, 절주, 소식(小食), 다동(多動)'을 생활철학으로 삼았다. 아침 산행과 조깅, 냉수 샤워, 규칙적인 생활 등 철저하게 자기관리를 했다. 국내외 어디를 가도 이 원칙은 꼭 지켰다. 철저한 자기관리를 해야 업무를 지배할 수 있다.

10. 항상 공부하는 자세를 배웠다.

백 이사장은 항상 새로운 배움에 목말라했다. 경제, 통일, 언론, 환경 등 전 분야에 걸쳐 새로운 지식과 정보를 탐구하는 모습은 '지적 능력의 중요성'을 일깨워 주었다. 리더십은 새로운 정보와 지식 없이는 불가능하다는 것을 배웠다. 교수가 되고 난 뒤부터 본격적으로 공부해야 한다, 가르치는 자는 항상 배워야 한다 등 평생 공부하는 자세를 유지하는 법을 배웠다.

기적의 환희를 느끼다

뜻밖의 거금을 건넨 '최원영' 전 시사저널 발행인

최원영 씨는 동아그룹 최원석 회장의 친동생이다. 그는 예음, 객석 등 많은 예술잡지에도 관심이 있었지만 품격 높은 시사저널을 창간하여 한국 사회에 잡지 저널리즘의 새로운 지평을 연 주인공이다.

나는 그를 만날 일이 없었고 그도 나를 몰랐는데 우리 두 사람의 인연을 만들어 준 것은 1991년 걸프전쟁을 취재하러 이스라엘에 갔을 때였다. 나는 국내 신문사 기자로는 전쟁 초기에 혼자 스커드 미사일이 날아다니는 이스라엘에 있었기 때문에 신문사 원고를 보내는 것 외에도 KBS 인터뷰를 하는 등 여러 언론으로부터 전황 설명을 요청받았다.

그중 하나가 시사저널이다. 당시 모세 아렌스 국장장관을 인터뷰하고, 요르단강 서안지구 팔레스타인 사람들의 거주지역을 잠입 취재한 르포 등 3건의 기사가 시사저널을 통해 소개되었다. 일간지와 다른 주간지 성격에 맞는 글을 보냈고 시사저널은 훌륭히 소화해 냈다.

나는 취재를 마치고 런던으로 다시 돌아왔다. 그때 시사저널 국제부장

성공, 실패가 준 선물

이 전화를 걸어 "우리 사장님이 좋은 기사를 기고해 준 김창룡 씨와 통화를 하고 싶어한다"는 것이었다. 최 사장과의 대화 내용은 간단했다.

"좋은 기사를 보내 줘서 감사합니다. 혹시 한국 올 기회가 있으면 서울에서 한번 만났으면 합니다."

우리 신문사 편집국장은 취재하다 사고가 나면 회사는 아무 책임이 없다는 말까지 했는데 일부러 국제전화까지 해 준 성의가 감사했다.

그렇게 해서 한국에 왔다가 최원영 씨를 한번 만났다. 그는 시사저널 넥타이와 시계, 금으로 된 행운의 열쇠까지 챙겨 주었다.

문제는 우리 신문사에서 준다던 이스라엘 취재 경비를 주지 않는 데서 꼬이기 시작했다. 2년차 등록금을 사용해 버려 나는 난감한 상황에 빠졌다. 또한 설상가상으로 우리 신문사는 그동안 지원해 주던 기본급조차 중단시켜 버렸다. 개인과 조직의 다툼에서 개인의 힘은 한없이 약하게 느껴졌다. 어디에도 하소연할 길이 없었다.

나는 그런 사실조차 모르고 런던에 있다가 둘째아이를 낳기 위해 병원에 입원한 아내와의 통화에서 그런 말을 들었다. 화불단행(禍不單行). 불행이 닥쳐오니 한꺼번에 쏟아졌다. 나는 당시에 허리를 다쳐 런던의 임시 자취방에서 거의 누워 있다시피 했다. 50미터도 제대로 걸을 수 없을 정도로 허리가 아팠다. 그러나 이런 모든 여건이 나를 그냥 누워 있도록 만들지 않았다.

나는 2년차 대학원 등록금 5천 파운드(한화 750만 원) 고지서를 받고 갖은 궁리를 짜기 시작했다. 신문사의 돈은 기대하기 힘들었다. 더 이상 회사를 쳐다보지 않기로 했다.

아픈 허리를 부여잡고 런던에 누워 아무리 생각해 봐도 도움을 받을 만한 사람이 없었다. 더구나 박사학위 공부하러 왔으면 알아서 해야 할 일이었다. 나는 노트에 도움을 청할 만한 독지가를 써보았다. 두세 명의 이름을 올려놓고 한 명씩 곰곰이 따져 보았다. 그중 한 명이 바로 최원영 회장이었다. 나는 최원영 회장에게 편지를 쓰기로 했다. 나의 절박한 상황을 장황하게 설명할까 고민하다가 짧게 정리하기로 했다. 그런 위치에 있는 사람은 바빠서 내 사연을 다 읽을 여유가 없으니 한 장의 반도 되지 않게 줄이고 또 줄였다.

"제 사정이 어렵습니다. 한 번만 도와주십시오. 박사과정 마지막 등록금 5천 파운드를 내지 못하고 있습니다. 한 번 본 인연으로 이런 터무니없는 부탁을 한다고 생각하시면 이 편지를 쓰레기통에 넣어도 좋습니다. 죄송합니다."

이 편지는 아무리 봐도 무리였고 기대난망이었다. 그러나 나는 기댈 곳이 없었다. 지푸라기라도 잡는 심정으로 편지를 서울로 보내고 말았다. 편지를 보내면서도 기대보다 얼굴이 화끈거릴 정도로 염치가 없다고 느꼈다. 그리고 나는 아일랜드 슬라이고 도시로 날아갔다.

당시 아일랜드 슬라이고 시에 삼성계열 새한미디어 공장이 있었는데, 그곳에서 통역을 뽑는다는 말을 듣고 런던에서 응시하여 합격했기 때문이다. 처음 나를 보는 사람들은 내가 절뚝거리며 걷자 장애인으로 취급했다. 그나마 돈벌이를 할 수 있는 것은 그렇게라도 움직일 수 있기 때문이었다.

비록 최 회장에게 절박한 편지를 보내기는 했지만 사실 기대는 하지 않았다. 그래서 미련없이 런던을 떠나 슬라이고에서 돈벌이를 하고 있었다. 그런데 미국에서 뜻밖의 전화가 왔다. 분명히 나를 찾는 전화였다.

"김창룡 씨 맞습니까? 우리 사장님이 도와주라고 하셔서요."

갑자기 얼굴도 모르는 사람이 '사장님이 도와주라고 했다'고 하여 무슨 말인지 이해가 가지 않았다.

"혹시 전화를 잘못하신 것 아닙니까. 전 미국에 아는 분이 없는데…"

"우리 사장님께 편지 보내지 않았습니까? 사장님이 도와드리라고 했는데요…"

그제서야 한 달 전에 시사저널 최원영 회장에게 보낸 편지 생각이 났다. 나는 떨리고 흥분된 마음을 진정시키기가 어려웠다. 그는 차분하게 말을 이어갔다.

"등록금을 내드리라는 것입니다. 김창룡 씨 등록금 고지서를 미국으로 보내 주세요."

그리고 주소를 알려 주었다. 나의 흥분된 목소리에 통역 동료들도 기뻐해 주었다. 믿기 힘든 일이 최 회장의 결단으로 기적을 만든 것이다. 카디프 대학원에 갔더니 이미 등록금이 모두 완납됐다고 했다. 마침내 나는 가족을 다시 만나 함께 생활할 수 있게 되었다.

거액의 돈을 한 번 만난 나에게 지원해 주겠다는 결심을 어떻게 하게 되었는지 나는 알 수 없다. 최 회장의 도움이 없었다면 나의 박사학위는 큰 차질을 빚었을 것이고 가족과 다시 함께 생활하는 행복은 꿈도 못 꾸었을 것이다. 그의 도움은 두고두고 잊을 수 없다.

학위과정을 마치고 제일 먼저 그를 찾아가 박사학위 논문을 한 부 드리고 감사한 마음을 전했다. 그러나 그는 IMF 직후 경원대학교를 길병원 재단에 넘기고 해외로 도피해야 하는 신세가 되었다. 실패한 경영자의 신세가 되어 미국으로 가는 그에게 나는 아무 도움도 줄 수 없었다.

그런데 인제대학교 교수로 임용된 후 로스앤젤레스에 갈 일이 있었다. 그곳에서 한인방송국 책임자로 일하고 있는 친한 후배를 만났더니 최 회장의 아들이 자기와 같이 있다고 귀띔해 주었다. 나와 최 회장의 관계를 알고 있던 후배는 "아들의 귀국 여부가 자기 손에 달려 있다"며 큰소리쳤다. 나는 아들을 만난 자리에서 "내가 아버지의 큰 도움을 받았고 아버지가 얼마나 훌륭한 분인가"를 설명했다.

나중에 후배를 통해 들리는 이야기로는 아들이 나를 만난 뒤 아들과의 관계가 좋아져 최 회장이 크게 고마워했다고 한다. 아버지가 '나쁜 회사 경영인이 아니라 나같은 사람에게 큰 도움을 주기도 했다는데 자부심을 갖게 됐다'는 후문이다. 최 회장은 측근들로부터 많이 당한 뒤 사람 만나기를 꺼린다는 말도 들었다. 그 이후 아직까지 그를 만나지 못했다. 다시 귀국했다는 짤막한 보도가 나왔을 뿐이다.

실패와 좌절은 누구에게나 가까이 있는 법이다. 이는 예측하기 힘들고 때로는 혼자 감당하기 힘들 수도 있다. 처음부터 남에게 의지하려는 자세는 곤란하지만 불가항력의 상황에서는 도움을 받아야 한다. 그 절실한 도움은 위기를 기회로, 기회를 성공으로 이끄는 큰 힘이 된다. 나는 최 회장을 통해 기적을 경험했다. 내 평생에 다시 없는 소중한 교훈으로 '돈을 버는 것은 기술, 돈을 쓰는 것은 예술'이라는 말을 실천하고자 한다.

최원영 회장이 남긴 교훈

1. 뜻이 있는 곳에 길이 있다.

그가 한 번 만난 사람에게 거액의 돈을 희사하리라고는 상상하기 힘들었다. 그는 '뜻이 있다면 길도 있다'는 진리를 다시 확인시켜 주었다. 그래서 나는 일단 용기 잃고 방황하는 학생들에게 '뜻부터 세우라'고 권한다.

2. 지푸라기를 우습게 보지 마라.

아무것도 하지 않는 것보다 지푸라기라도 잡겠다는 절박한 노력이 때론 뜻밖의 행운을 가져올 수도 있다는 점을 기억하자. 행운은 누구에게나 온다. 다만 좀 더 절실하고 좀 더 노력하는 사람에게 온다. 지푸라기라도 보이면, 1%의 가능성이라도 있다면 도전하라.

3. 때론 절차나 형식을 무시하라.

중견그룹 회장은 만나기도 쉽지 않다. 더구나 편지로 그런 부탁을 하는 것은 더욱 어렵다. 현실적 절차나 제약 같은 것에 너무 연연할 것 없다. 궁하면 통한다. 도와달라고 달려들어라. 다만 그 은혜를 잊지 말아야 한다.

4. 구하라, 그러면 얻을 것이다.

내가 입을 다물고 있으면 귀신도 나의 사정을 모른다. 세상을 한탄하기보다 도움을 구하기 위해 이곳저곳에 노크하라. 구차하게 보여도 감내하라. 그런 정도로 자존심 운운할 필요 없다. 구하는 자에게 길이 나타나는 법이다.

5. 기적의 체험이다.

최 회장으로부터 거액의 장학금을 받게 될 줄은 정말 상상하지 못했다. 현실에서 짜릿한 기적을 체험하고 자신감을 갖게 됐다. 기적의 체험은 나도 언젠가 누군가에게 도움을 줄 수 있는 사람이 돼야 한다는 생각으로까지 발전했다. 도움을 받기보다는 주는 쪽이 더 행복한 법이라는 것을 뒤늦게 알게 됐다.

6. 세상에 영원한 강자는 없다.

그룹 회장직도 영원하지 않다. 세상은 바뀌는 법이다. 강자가 약자 되고 약자가 강자 되는 법이다. 잘나갈 때 도움을 줄 수 있는 법이다. 도움을 주고받는 데 인색할 필요는 없다. "도와줄 수 있을 때 도와주라. 설혹 보답을 못 받는다 하더라도." 그것이 내가 그로부터 배운 교훈이다.

7. 물이 피보다 더 진할 수 있다.

'피는 물보다 더 진하다'고 한다. 하지만 가난한 형제는 도움은커녕 부담이 되는 법이다. 때로는 남이 형제보다 더 큰 도움이 될 수도 있다.

8. '도와달라'는 요청을 부끄럽게 생각하지 마라.

설혹 도움의 손길을 거부당하더라도 부끄러워할 것 없다. 아무도 나의 절박한 사정을 몰라준다고 해서 섭섭하다고 탓하지 마라. 도와달라는 요청도 용기가 있어야 한다. 당당하게 도와달라고 하라. 그리고 그 도움을 배로 갚겠다고 큰소리쳐라. 비굴하면 얻을 것도 못 얻는다. 당당하게 도움을 요청하라.

성공, 실패기 준 선물

포기하면 안 된다, 절대로

약한 희망의 끈을 이어 준 '박신호 어머니'

지난날을 돌아보면 성공과 실패는 백지 한 장 차이에 불과하다는 것을 느낀다. 성공이 성공이 아니듯 실패도 실패가 아닐 수 있다. 그 결과를 어떻게 받아들이고 어떻게 대응하고 준비하느냐에 따라 성공도 실패도 결과가 뒤집힐 수 있는 것이 인생의 묘미다.

나만 유독 어려운 길을 걸었다고 생각하지 않는다. 나와 비슷한 세대의 사람들은 어려운 시대를 함께 지냈고 함께 극복하며 살아왔다. 그래서 넉넉하지 않은 사람으로부터 큰 도움을 받았을 때 그 고마움은 평생의 은혜로 남는다. 지금부터 말할 '박신호 어머니'는 친구따라 우연히 교회에 갔다가 몇 번 만난 분일 뿐이다.

삼수생 시절, 아르바이트를 하며 대입 준비를 하고 있었다. 명문 대학에 다니는 처지도 아닌 내게 어머니는 '박신호'라는 막내아들(고2) 과외지도를 맡겼다. 돈이 궁한 나는 항상 과외비를 미리 당겨 받는 '가불인생'이었다. 한 번도 이유를 묻지 않고 한 달 과외비를 미리 달라고 하면 준비하여 주곤 했다.

신호 어머니는 당시 대구에서 작은 탁구장을 운영하고 있었다. 형편이 그리 넉넉하지도 않았는데 늘 따뜻하게 대해 주었다. 한두 달 과외지도를 한 것이 아니라 거의 일 년을 그렇게 생활했다.

과외지도가 끝나 가던 겨울, 나는 건국대학교 축산대학에 합격했으나 장학생이 되지 못해 사실상 진학을 포기한 상황이었다. 신호의 말을 들은 어머니는 어느 날 나를 부르더니 이렇게 말했다.

"우리 큰아들은 그 대학교에 시험쳐서 떨어졌는데, 김 선생은 합격하고도 대학을 포기했다는 말을 들었어요. 너무 안타깝다는 생각이 들어 그동안 신호 공부 가르쳐 준 것도 고맙고 해서 좀 보태라고 준비했어요. 이걸로 등록금은 안 되지만 어떻게든 입학금을 마련해 보세요."

어머니는 일 년 남짓 과외를 마무리하는 날 과외비와는 별도로 10만 원을 준비해 주셨다. 1978년 당시 건국대학교 입학금은 책값을 제외하고 32만 원 정도였던 것으로 기억한다.

무일푼일 때는 엄두도 못 내고 포기하고 있었는데, 갑자기 10만 원이 주어지자 욕심이 생겼다. 어떻게든 나머지 돈을 마련하여 '대학에 가 보자'는 희망이 생겼다. 어머니가 준 돈을 밑천 삼아 본격적인 돈 구하기 전쟁에 뛰어들었다.

궁색한 삼수생 차림으로 목사님, 고3 때 담임선생님과 또 다른 수학 과외지도를 받았던 선생님 등을 찾아가 일단 '10만 원만 빌려 달라'고 구걸하다시피 했지만 모두 거절당했다. 돈 빌리기가 참으로 어렵다는 것을 새삼 절감했다.

그런데 나에게 과외지도를 받던 중3 그룹 중에 '태호 어머니' 한테서 연락이 왔다. 서울에 가서도 자신의 아들을 가르쳐 주는 조건으로 '10만

원'을 미리 주겠다는 것이었다. 너무나 고마웠다. 이 돈 때문에 나는 나중에 혹독한 대가를 지불했지만 일단은 기뻤다. 이제 20만 원이라는 거금이 모였다.

나머지 12만 원 모으기가 정말 어려웠다. 그런데 대학입학 등록마감일은 점점 가까워 왔다. 나와 절친이었던 부잣집 친구 황규복의 집도 찾아갔다. 친구 어머니는 "설날이 가깝고 직원들 월급날이 다가와 어렵다"고 했다.

이제 날짜가 사흘밖에 여유가 없어 이대로는 도저히 안 되겠다 싶어 한꺼번에 12만 원을 구하기보다 6만 원씩 나눠 구하는 방법으로 바꿨다. 친구 황규복과는 가깝고 나와는 안면 정도만 있던 이창경이라는 친구집도 찾아갔다. '궁하면 통한다'고 했던가. 현실이 절박하면 앞뒤 가리지 않게 되는 법이다. 이창경 친구는 우리 아버지한테 직접 얘기하라고 했다. 나는 거짓말을 했다.

"제 고향이 울릉도인데 부모님이 돈을 부쳤으나 아직 도착하지 않았습니다. 대학 등록일이 곧 다가와 서울에 가야 하는데, 6만 원이 부족합니다. 아버님이 빌려 주시면 돈이 도착하는 대로 꼭 갚겠습니다."

고향은 울릉도가 맞지만 부모님도 울릉도를 떠났고, 물론 돈도 부치지 않았지만 나는 그렇게 거짓말을 하고 있었다. 창경이 아버지는 나를 찬찬히 보시더니 이렇게 말씀하셨다.

"그래, 사정이 어렵게 됐구나. 내가 곗돈으로 준비해 둔 돈이 있는데, 빌려 줄 테니 꼭 갚아야 된다."

나의 거짓말을 알고도 속아 주신 것인지 정말 나를 믿고 빌려 주신 것인지 모르지만, 일단 돈이 26만 원이 됐다는 것이 중요했다. 하루도 지체할 수 없었다. 나는 마지막 보루로 생각한 이기혁 사촌형님을 찾아갔다.

그는 내가 재수할 때 종종 용돈을 주며 '열심히 공부하라'고 독려해 주던 고마운 분이다. 당시 대구에서 드문 1급 건축사로 명성을 날리고 있었다. 내가 형님을 찾아가 사정을 설명했더니 두말 하지 않고 이렇게 물었다.

"얼마나 필요한데… 얼마면 되노?"

나는 6만 원이라고 말했다. 그는 여직원을 부르더니 6만 원을 찾아 오라고 했다. 너무 고마워서 형님 손을 붙잡고 "고맙습니다"를 연발했다.

그날이 건국대학교 등록 마감일이었다. 나는 그 길로 바로 동대구 고속버스터미널로 달려갔다. 버스를 타고 물어물어 건국대학교 등록처에 도착하니 마감시간인 오후 5시가 조금 지났으나 다행히 입학금을 받고 있었다.

내가 거의 한 달 동안 어렵게 마련한 돈이 대학교로 사라졌지만 나는 기뻤다. 나도 이제 삼수생 딱지를 떼고 대학생이 된다는 사실이 즐거웠다. 어떤 사람은 간단하게 입학금을 낼 수 있었겠지만 나처럼 천신만고 끝에 입학금을 마련한 경우도 있다.

당시를 돌아보면 대학의 꿈과 희망의 불씨를 찾아준 분은 바로 박신호 어머니다. 그분의 뜻이 없었다면 나는 또 다른 인생을 살고 있을지도 모른다. '포기하지 말라'는 신호 어머니의 도움은 내 인생에서 잊을 수 없다. 나는 결혼 후 AP통신사 기자 시절, 아내와 함께 대구로 신호 어머니를 찾아갔다. 어머니는 "별 일 아니었는데 이렇게 찾아와 줘서 오히려 고맙다"며 내 손을 꼭 잡아 주었다.

지금도 미안하게 생각하는 것은 친구 창경이 아버지에 대한 거짓말이다. 화장실 갈 때 마음과 올 때 마음 다르다고, 나는 서울에 올라와 한 학기를 마치고 바로 군대에 갔다. 군대 가서야 비로소 창경이와 창경이 아버지 생각이 났다.

나는 근무하던 강원도 철원 와수리 산골짜기에서 캔 더덕으로 담근 술을 들고 첫 휴가를 나가 대구 창경이네 집을 찾아갔다. 창경이 아버지는 계시지 않았다.

"창경아, 정말 미안하다. 나 때문에 네가 힘들었지…."

털털한 창경이는 "아니, 군대 있었나…. 아버지는 다 잊어뿟다. 괜찮다. 군복무나 잘 해라" 하고 나를 위로해 주었다. 나는 창경이에게 사과의 뜻으로 더덕주를 건넸다. 그리고 아버지에게 돈을 갚지 못한 잘못을 대신 사과해 달라고 부탁했다.

신호 어머니는 나에게 '포기하지 말라'는 희망의 메시지를 전했다. 그 희망의 뜻을 품고 돈 만들기에 나서 창경이 아버지, 사촌형님 등의 도움을 받아 대학의 문에 들어설 수 있었다. 여기서 언급하지 않은 더 많은 문전박대와 설움이 있었다. 당시는 고통스럽고 부모님이 원망스러웠던 적도 있지만 시간이 흐르고 보니 나의 잠재력과 생존력을 키우는 값진 연단의 시간이었다고 생각한다.

나는 지금도 형편이 어려운 학생들을 보면 연민의 정을 느낀다. 그들의 투지를 보면 나도 흥분되지만 스스로 움츠러드는 삶을 보면 화가 난다. 시련은 축복받은 자에게 내리는 하늘의 선물이라고 믿는다. 행운은 시련 안에 있음을 겪어 본 자만이 안다. 말장난이 아니고 경험으로 얻은 생활의 지혜다. '포기하면 그 순간 모든 것이 끝나지만, 희망을 가지면 어떻게든 길이 나온다'는 교훈을 새겼다.

신호 어머니가 나에게 준 교훈

1. 세상에는 뜻밖에 고마운 사람도 있다.

어릴 때부터 나는 모든 것을 혼자 결정해야 했다. 도와주는 사람보다는 무심한 사람을 더 많이 만났다. 그런 나에게 신호 어머니는 구세주 같은 분이었다. 대학에 갈 수 있는 종잣돈을 조건 없이 건넨 은인이다.

2. 경제적으로 넉넉지 않아도 얼마든지 남을 도울 수 있다.

신호네는 경제적으로 여유가 있지 않았다. 절약하고 또 절약하여 자식 교육비를 대는 식이었다. 가정생활을 해 보니 누굴 돕는다는 것이 쉽지 않다는 걸 깨달았지만, 꼭 여유가 있어야 한다는 생각을 버리게 됐다.

3. '희망'은 때로 타인에 의해서도 지속될 수 있다.

나는 이미 희망을 포기한 상태였다. 대학에 합격했지만 현실적으로 입학금을 마련할 길이 없었기 때문이다. 그런데 신호 어머니 덕분에 사라져가던 희망의 불씨를 다시 지필 수 있었다. 모든 것을 내가 해야 하는 것은 아니다. 때로는 타인의 도움이 결정적일 수 있다.

4. 도움을 받기 위해서는 먼저 도움을 주라.

내가 관심과 도움을 줄 때 상대가 움직이는 법이다. 가만히 앉아서 도움을 받는 것은 불가능하다. 도움을 받고 싶으면 먼저 도와야 한다고 생각한다.

성공, 실패가 준 선물

5. 거짓말은 할 수도 있지만 나를 괴롭힌다는 것을 깨달았다.

정직하게 대응하는 것이 최선이라고 하지만 늘 그런 것은 아니다. 나는 창경이 아버지에게 거짓말을 하여 돈을 꾸는 데 성공했다. 대신 훗날 찾아가서 잘못을 사과하고 용서를 빌었다. 거짓말할 때의 그 떨림과 부끄러움을 나는 평생 잊을 수가 없다. 그 후에 거짓말을 해서는 안 된다는 교훈을 새겼다.

6. 진정한 부자는 벌기만 잘하는 것이 아니라 쓰기도 잘한다.

창경이 아버지는 부자로 소문났지만 나의 간단한 거짓말을 듣고 돈을 빌려 주었다. 진정한 부자는 돈을 잘 버는 만큼 쓰기도 잘한다는 것을 배웠다. 그래서 '돈을 버는 것은 기술이요 쓰는 것은 예술'이라고 하지 않던가.

7. 도움을 요청하는 젊은 사람에게 좀 더 관대해지는 법을 배웠다.

지역에 있는 대학교에는 경제적으로 어려운 학생들이 많다. 요즘 학생들은 웬만해서는 교수에게 어렵다는 하소연을 하지 않는다. 아주 가끔 정말 어려운 학생들이 상담을 요청할 때가 있다. 그럴 때는 나의 과거를 회상하며 어떻게든 도움을 주려고 노력한다.

절망을 견뎌내게 한 친구의 힘

콩국수 한 그릇의 우정 '김영규'

✠

나는 대학교 입학금만 겨우 마련했을 뿐 서울에서 어떻게 생활할지에 대해서는 전혀 대책이 없었다. 우리 집은 아버지의 배사업 실패로 공중분해됐고 각자 살 길을 찾아 흩어진 상태였다.

대학에 다닌다며 서울에 왔을 때 내 주머니에는 6천 원이 전부였다. 겁없는 무작정 상경이었다. 서울 '해방촌'이란 곳에서 어렵게 살고 있던 외삼촌을 찾아갔지만 이미 형과의 악연으로 나는 문전박대를 당했다. 그러나 갈 곳이 없었다. 밖으로 나가기에 서울의 3월은 너무 추웠다. 밤 늦게 들어와서 아침 일찍 나가는 식으로 한 달을 버텼다. 그래도 쫓아내지 않고 받아 준 외삼촌 내외가 고마웠다.

학교에서 나는 항상 배가 고팠다. 추운 밤이 오면 더 고팠다. 이때 학교에서 만난 친구가 있다. 광주에서 올라온 재수생 출신 김영규. 우연히 만나 함께 공부하면서 내게 자주 밥을 사 주었다. 그는 내 밥값을 눈치주지 않고 계산해 주었다. 미안했지만 얼마나 고마웠는지 모른다.

성공, 실패가 준 선물

그러나 이렇게는 살기 힘들었다. 그때 마침 각 단과대학을 대상으로 총장배 배구 시합에 나갈 고교시절 선수 출신이나 배구를 잘하는 사람을 뽑는다는 공고가 붙었다.

일단 선수에 뽑히면 기숙사에서 단체 합숙훈련을 받기 때문에 숙식이 간단히 해결되었다. 문제는 내 수준으로는 선수로 선발되기엔 턱없이 부족하다는 것이었다. 그러나 나는 선수 선발장소에 가서 얼쩡거렸다.

선배들이 이미 후보선수들을 대상으로 포지션별로 한 명씩 선발하고 있었다. 선발이 끝나갈 무렵 어디에도 내가 낄 자리는 없었다. 안타까운 시간이 흘렀다. 하지만 "이 기회가 지나면 또 춥고 긴 밤이 오고 때마다 대책없는 고민이 반복될 텐데…" 하는 절박한 현실이 나를 움직이게 했다.

"저, 혹시 볼보이는 필요하지 않습니까?"

나는 볼보이를 자임하며 키가 큰 선배에게 다가갔다. 그는 웃으며 "볼보이? 그래 볼보이도 필요하지…" 하고는 선뜻 나를 뽑아 주었다. 뜻밖이었다.

볼보이나 선수나 대우는 똑같았다. 합숙훈련을 하면서 우리는 당당하게 기숙사에서 밥을 먹고 건국우유까지 챙겨먹었다. 나는 당시 그렇게 맛있는 건국우유를 볼보이 주제에 두 개씩 먹었다.

처음에는 볼보이로 뛰었지만 나중에 수비 실력을 인정받아 후보선수로 뛰었고 시합에서는 주전 못지않은 활약을 했다. 우리 축산대학은 1978년 총장배 신입생 환영 배구대회에서 5연패라는 쾌거를 이루어 냈다. 그러나 달콤했던 합숙훈련은 20여 일 만에 끝났다.

이미 외삼촌 집을 나와 버린 나는 갈 곳이 없었다. 당시 기숙사 생활을 하고 있던 김영규의 방으로 숨어들곤 했다. 아침저녁 점호시간에 캐비닛 속에 숨기도 했는데, 기숙사 자치부장에게 들켜 끝내 호통을 듣고 그도 나 때문에 많이 혼났다.

나는 더 이상 버틸 수가 없었다. 기숙사를 나온 내가 갈 곳은 학교도서관 계단 아래, 혹은 등나무가 우거진 청심대 호숫가였다. 완벽한 홈리스 생활을 해야 했다. 당시 나의 별명은 '빨간 잠바'였다. 늘 단벌 옷을 입고 다녔기 때문이다. 늦은 봄에도 밤에는 추웠기 때문에 가방에 넣어 다녔다. 그것은 대학생활이 아니라 그냥 생존을 위한 악전고투였다.

5월이 되자 밤공기는 좀 버틸 만했다. 대학은 다시 축제 분위기로 들뜨기 시작했다. 5월 축제의 꽃은 단과대학별 체육대회였다. 종목별로 점수를 내 종합우승을 가리는 식이었다. 다시 스포츠 분야별 모집 공고가 붙었다. 축구, 배구, 마라톤 등 여러 종목이 소개됐다. 지난번처럼 신입생을 대상으로 하는 것이 아닌 전학년을 상대로 하는 선수모집이었다. 나 정도의 배구 후보선수로는 명함도 못 내밀었다. 1학년에서는 에이스 두세 명만 포함될 정도로 2~3학년들이 주축을 이뤘다.

합숙훈련의 맛을 잊을 수 없었던 나는 다시 이 종목 저 종목 기웃거리다 마침내 '마라톤'에 도전하기로 했다. 나는 운동에 소질이 있고 달리기는 단거리든 장거리든 자신있다고 생각했다.

당시 마라톤 담당은 3학년 곽흥배 선배였다. 그는 지난해 전체 2위를 차지한 실력파였다. 마라톤을 지원한 신입생은 나 하나뿐이었다. 그는 나에게 입상경력을 물어봤다. '없다'는 말에 미심쩍게 나를 훑어 보더니 신발 크기를 물었다. 그는 기숙사 후배를 불러 신발과 추리닝을 준비해 주라고 부탁했다.

선배는 나에게 함께 약식 5킬로미터 마라톤을 할 거라며 "2미터 이상 떨어지면 탈락으로 간주하겠다"고 말했다. 나는 갑작스런 제의에 무조건 알겠다며 그를 따라 뛰기 시작했다.

건국대학교를 돌아 화양리로 다시 어린이대공원을 돌아 잠실대교를 향해 달려갔다. 당시 나는 어디가 어딘지 지리도 방향도 몰랐다. 그냥 선배 뒷꽁무니만 바라보며 2미터 간격을 유지하기 위해 안간힘을 썼다.

잠실대교는 건너가는 데도 길게 느껴졌지만 돌아올 때는 더 멀어 보였다. 나는 자꾸 의식이 몽롱해져 가는 기분이 들었고 포기하고 싶다는 생각이 엄습해 왔다. 그러나 이 순간을 버티지 못하면 오늘 밤 당장 잘 곳도 갈 곳도 없는 신세를 생각하니 정신이 번쩍 들었다.

별의별 생각을 다했다. 흔들리지 않는 선배의 늠름한 뒷모습이 나에게는 너무 절망스러웠다. 그는 나같은 존재는 안중에도 없다는 듯 자신의 템포로 편하게 연습하듯 뛰는 듯했다. 몇 번이나 포기하고 싶은 순간이 있었지만 건국우유의 고소함, 편안한 잠자리, 기숙사의 풍족한 식사… 나는 포기할 수 없었다. 쓰러지는 한이 있어도 끝까지 달려야 했다.

고비를 넘겨 마침내 축산대학 기숙사 출발점으로 돌아왔다. 2미터 간격은 유지됐다. 그는 돌아서서 한마디 했다.

"야, 대단한데…. 너 합격!"

그렇게 나의 기숙사 합숙훈련은 시작됐다. 10여 명의 마라톤팀은 아침에 건국대학교 호수 일감호를 열 바퀴씩 돌았다. 저녁에는 잠실대교를 달려갔다 오는 식으로 연습했다. 달리면서도 대열을 유지했지만 항상 마지막 1킬로미터를 남기고는 자유 달리기로 마무리했다.

20여 일간의 합숙훈련은 꿈같이 흘러갔다. 또다시 기숙사를 떠나야 했지만 이제 5월말 햇살은 따사로웠고 밤에도 견딜 만했다. 그러나 식사 문제는 역시 해결 방법이 없었다. 이렇게 저렇게 신세를 지는 수밖에 없었다. 특히 김영규는 나에게 점심을 해결해 주는 고마운 친구였다.

항상 짜장면이나 콩국수를 함께 먹곤 했다. 그를 만나는 날은 콩국수로 점심을 먹는 날이었다.

밥 한 그릇에도 고마움이 평생 간다는데, 나는 그에게 큰 빚을 지고 있는 셈이다. 그는 연합뉴스 기자로 있다가 캐나다로 이민 가서 오랫동안 만나지 못했다. 세월은 사람을 변하게도 하지만 우정은 변하지 않는 것이다. 캐나다로 찾아가 만난 그는 독실한 신앙인이 되어 성경공부에 매진하고 있었다. 그는 나를 신앙인으로 인도하기 위해 기도를 하는 귀한 친구다.

절망과 좌절은 매 순간 누구에게나 다가올 수 있다. 나는 되돌아보면 그런 시련 속에서도 친구 김영규의 콩국수가 내 주린 배를 채워 주었고 우정이 나를 버티게 했다고 믿는다. 성공에서도 친구는 소중한 존재다. 친구 없는 세상은 너무 삭막하다.

'베푼다'는 것은 늘 여유 있고 가진 자의 몫이 아니다. 친구 간에도 이웃 간에도 얼마든지 베풀며 살아갈 수 있다. 내가 좋아하는 말 중에 '무재칠시(無財七施)'가 있다. 재산이 없어도 베풀 수 있는 7가지를 이렇게 설명하고 있다.

1. 身施 - 몸으로 때우는 봉사. 설거지나 청소, 자리 양보하기 등은 모두 신시에 해당한다. 마음만 있으면 할 수 있는 봉사다.
2. 心施 - 다른 존재에 대해 자비심을 갖는 것이다. 따뜻한 마음을 나누는 것만으로도 충분한 봉사가 된다.
3. 眼施 - 온화한 눈길을 보내는 것. 때론 말이 필요없다. 따스한 눈길만으로도 아름다운 봉사가 될 수 있다.
4. 和顏施 - 부드럽고 온화한 얼굴을 유지하는 것. 온화한 표정은 그

자체로도 봉사가 된다는 것이다.

5. 言施 - 따뜻한 말을 하는 것. 말 한마디로 천냥 빚을 갚는다는 말이 있듯이 말로 하는 봉사의 중요성을 말한다.

6. 狀座施 - 자리를 양보하는 것. 예를 갖춰 윗사람에게 자리를 권하는 것도 봉사다.

7. 房舍施 - 집을 타인의 숙소로 제공하는 것. 자신의 집을 필요한 사람에게 제공하는 것은 특별히 부자가 아니더라도 할 수 있는 일이다.

각박하게 살아오면서 여유 없는 나에게 축산대 친구들은 사회에서까지 함께 지내고 있다. 고속도로에서 차가 고장나 당황하며 집으로 돌아가려고 전화했을 때 축산대 서해원 친구는 멀리서 달려와 주었다. 그는 내가 쓴 칼럼에 대해 비난성 댓글이 올라오면 직접 나서서 논리무사를 자처하기도 한다. 옳고 그르고를 떠나 친구를 아끼는 고마운 마음이 아닐 수 없다.

또 어쩌다 대학생들을 데리고 해외 어학연수 가서 주말에 고생하는 학생들에게 식사대접을 하고 싶어도 내 주머니 사정으로는 쉽지 않을 때가 있다. 그런데 현지 한국법인 사장을 하고 있는 축산대 동문 박기노 친구가 달려와 기꺼이 계산을 해 준다. 계산도 계산이지만 학생들에게 친구의 위력을 보여 주며 우정을 이야기할 때 어깨에 힘이 들어간다.

친구의 힘은 작은 일상의 일들을 신나고 재밌게 만든다. 또 다른 축산대 동문 이문희는 건국대학교 전체 수석으로 졸업했지만 수재답지 않게 수수한 진국이다. 화려하지 않고 오래 가면서 진한 된장국 맛을 내는 귀한 벗이다.

그가 갑자기 40대에 실직했을 때 나와 서해원 친구는 그를 위로한답

시고 함께 강원도 겨울여행을 떠났다. 흰눈이 펑펑 내리던 백담사 길가에 누워 우리는 하늘을 보며 시간을 보냈다. 무슨 말이 필요 있겠는가. 그냥 함께 하는 것으로 위로가 되기를 바랐다.

그러나 눈이 쌓인 강원도 산길을 돌아오다 우리는 차가 미끄러지면서 하마터면 절벽 아래로 떨어져 강에 처박힐 뻔한 아찔한 사고도 있었다. 깊게 파놓은 수로에 걸려 오도가도 못하던 신세에서 레커차에 끌려나와 다시 눈길을 조심스레 돌아온 일은 잊지 못할 추억으로 남아 있다.

친구가 모두 비슷할 필요는 없다. 매우 독특한 친구가 한 명 있다. 요리는 여자를 능가하며 축산대 출신답지 않게 정치, 경제, 시사문제에 각별한 지식을 갖춰 인터넷 논객으로 유명한 김희태. 전공을 살려 '서울우유'에 다니고 있어 그는 만날 때마다 자신이 직접 만든 치즈, 요구르트 등을 가지고 와서 친구들을 황홀하게 만든다. 내가 쓴 칼럼을 더 많은 사람들이 보도록 트위터나 페이스북 등에 올려 주는 고마운 친구다.

이들과는 대학생활은 물론 20대 철없던 시절부터 50대 머리가 희끗한 중년을 함께 하고 있다. 친구는 가족과 또 다른 차원에서 인생의 빈틈을 메워 주는 소중한 존재다.

인생의 성공을 이야기하면서 친구 이야기를 빼놓을 수 없다. 함께 고민을 나누고 눈물을 흘리고 웃을 수 있는 친구가 있다는 것은 정신건강에 좋다. 생활을 더욱 풍요롭게 하고 즐겁게 만든다. 콩국수 영규에서 시작해 서울우유 희태까지…. 우리는 풍성하고 또한 행복하다.

친구 영규가 나에게 남긴 교훈

1. 공짜밥 한 그릇을 가볍게 여기지 마라.

넉넉할 때 공짜밥 한 번이야 친구 사이에 아무것도 아닐 수 있다. 그러나 학창 시절, 특히 가난한 시절 친구의 따뜻한 밥 한 그릇은 평생 남는다. 타인의 작은 도움, 호의조차도 잊어서는 안 된다. 받은 것 이상으로 도와주라. 영규는 나의 도움이 필요 없을 정도로 항상 넉넉하지만 나는 그의 콩국수 우정을 평생 가슴에 간직하고 있다.

2. 어려울 때 사귄 친구가 진짜 친구라는 사실이다.

그는 나의 과거와 현재를 낱낱이 알고 있는 드문 친구다. 특히 어려운 시절을 함께 하며 도움을 주는 데 인색하지 않았던 친구 김영규. 생활궤도가 달라져 자주 만날 수는 없지만 어려울 때 도와준 친구의 따뜻한 마음까지 잊어서는 안 된다. 옛 친구를 잊지 마라. 그 친구가 진짜 친구다.

3. '친구는 옛 친구, 물건은 새 물건'이라는 교훈이다.

친구 영규는 어느 날 기자생활을 접고 캐나다로 이민을 떠났다. 꽤 오랜 세월이 흘러 다시 만나도 늘 즐겁고 행복할 수 있는 것은 옛 친구이기 때문이다. 즐겁고 쓰라린 추억을 함께 한 친구는 세월이 흘러도 변하지 않는다.

4. '은혜는 바위에 새기고 원수는 모래에 쓴다.'

친구들과 만나다 보면 때로 상처를 받기도 하고 주기도 한다. 사소한 말다툼으로 상대를 불편하게 만들기도 하지만 '은혜는 바위에 새기고 원수는 모래에 쓴다' 는 말을 원용하여 내 생활철학으로 만들고자 한다. 너무 거창할 필요는 없다. 항상 친구들의 좋은 것만 기억하고 감사하면 된다.

5. 나이가 들면 자주 만나는 옛 친구가 소중해지는 법이다.

대학을 함께 다니고 30여 년 세월을 함께 살아오며 지속적으로 만나는 친구가 정말 귀한 법이다. 이 나이가 되면 만나는 친구, 만나지 않는 친구가 구분이 된다. 지금 안 만나는 친구는 앞으로도 만나지 않게 된다. 영규, 문희, 기노, 해원, 희태 등 만날 수 있는 옛 친구는 귀하다. 친구는 힐링의 또 다른 이름이다.

6. 연락 오기를 기다리지 말고 먼저 연락하자.

친구들은 모두 바쁘다고 한다. 연락을 주면 반갑지만 대부분 먼저 연락을 잘 하지 않는 편이다. 세월은 사람을 바꾸고 입지도 바꿔 놓는다. 때론 친구 관계도 흔들어 놓는다. 먼저 연락하고 먼저 챙겨야 옛 친구도 남는 법이다. 우정은 그냥 자라는 것이 아니다. 내가 소홀함이 없는지 늘 반성하게 한다.

7. 친구가 만나고 싶은 친구가 되라.

친구 영규는 나에게 잊을 수 없는 도움을 주었다. 나는 친구들에게 어떤 도움을 주었던가를 생각하면 별로 할 말이 없다. 나도 영규처럼 친구에게 도움을 주는 친구, 친구들이 만나고 싶은 친구가 되기 위해 노력하고 있다. 그는 나에게 값진 교훈을 남겼다.

성공, 실패가 준 선물

남성들이여, 팔푼이가 되라

성공의 반쪽 책임은 동반자와의 관계

나는 성공과 실패의 최종 갈림길은 결혼생활에 달려 있다고 생각한다. 기혼자들은 배우자와 어떻게 관계를 맺고 유지하느냐에 따라 행과 불행이 결정나기 때문이다. 원만한 직장생활에서 대인관계 능력을 발휘하기 위해서도 안정된 가정생활이 중요하다. 안정된 가정생활, 행복한 가정을 가꾸기 위해서 동반자와의 관계를 어떻게 형성하는가는 가족 전체의 행복과 맞물려 있다.

가정이 행복하지 않고 가족관계가 따뜻하지 않으면 성공은 의미가 없다. 성공의 주요요소로 가정을 빼놓을 수 없는 이유가 거기에 있다. '수신(修身)' 다음이 '제가(齊家)' 라고 하지 않던가. 자신의 성공은 자신만의 노력으로 가능할 수 있다. 그러나 행복한 가정은 혼자의 힘으로 불가능하다. 두 사람이 힘을 합해도 어려울 때가 많다. 그런데 두 사람이 다투면 한 사람의 능력도 발휘할 수 없어 경쟁력 상실이다.

초창기 우리 가정은 가장의 역할이 뭔지도 모른 채 큰소리나 치려고 했던 나의 가부장적 사고방식 때문에 힘들었다. 대부분 나의 급한 성격과 인내심 부족, 커뮤니케이션 스킬 부족 등 나로 인해 갈등과 다툼이 끊이지 않았다.

그런 나를 변화시킨 것은 아내의 힘이다. 그렇게 나를 성장시킨 아내 조애경에 대해 이야기하려 한다.

나는 아내를 대학 서도반에서 우연히 만났다. 나는 복학하여 2학년이었고 그녀는 당시 사범대학 수학과 새내기였다. 나와는 나이 차이가 많은 편인데도 그녀는 보기와 달리 강인한 편이었다.

먼저 나의 뜻을 믿고 어려움에 기꺼이 동참했다. 내가 대학을 졸업하고 언론사 취업에 실패해 이스라엘로 간다며 처음 50만 원을 빌려 달라고 했을 때 그는 부모님을 설득하여 그 돈을 가져왔다. 그 돈으로 오징어를 사서 교수님들을 상대로 팔러 다닐 때 자신도 팔을 걷어붙이고 함께 팔아 그 돈을 보탰다. 당시 우리는 아무 사이도 아니었지만 그는 한 가난한 학생의 해외 진출의 꿈을 위해 최선을 다했다.

그리고 이스라엘과 영국 생활을 하는 동안 3년 남짓 나를 기다려 주었다. 영국에서 돌아올 여비가 없어 다시 비행기표 값을 긴급 요청했을 때도 마다하지 않고 송금해 주었다. 무심하고 무책임한 나를 책망하지 않았다.

결혼할 때 나는 백수였지만 그도 부모님도 나의 부족함과 무직을 탓하지 않았다. 친척들 사이에 수군거림이 있었다는 것 정도는 알았지만 정작 당사자들은 전혀 내색하지 않았다. 500만 원짜리 전세방도 장인어른이 손수 마련해 주었다. 아이를 낳고 그냥 그렇게 평범하게 살아가며 공무원 생활을 하던 아내는 결정적인 순간마다 지혜와 힘을 발휘했다.

내가 영국에서 석사학위를 받고 AP통신사 기자생활을 하고 있을 때

성공, 실패가 준 선물

아내는 나에게 대학 강의 제의를 했다. 자신이 대학 다닐 때 석사학위만 받고도 강의하는 모습을 본 적이 있다며 한번 노크해 볼 것을 권했다. 아내의 제안에 난생 처음 한국외국어대학교에서 강의를 하게 됐다. 상상도 하지 못했던 이 경험은 나를 대학으로 인도하는 계기가 됐다.

내가 기자생활을 하다 영국으로 박사학위를 하러 가겠다고 꿈을 꾸게 된 것도 강의 경험이 있었기 때문이다. 기자생활 하다가 해고당하면 강의라도 해야지라는 정도로 당시에는 쉽게 생각했다. 일단 박사학위를 하러 가겠다고 결정했을 때 아내는 둘째아이를 갖고 있었다.

아이가 둘 되면 더 이상 공부하기가 어려워질 것 같아 공부하러 가겠다고 했을 때 아내는 반대하지 않았다. 심지어 작은 아파트 전세금까지 빼 주며 '걱정 말고 공부하러 가라'고 했다. 되돌아보면 이런 것이 인생의 전기가 된 것 같다.

내가 공부하는 동안 아내는 두 아이를 키우며 직장생활을 했다. 물론 처가의 도움을 받았다. 남편이 어엿한 직장을 그만둔다고 할 때 아내와의 다툼과 갈등은 불가피하다. 내가 그렇게 되고 싶던 기자직을 그만둔다고 했을 때 아내는 크게 반대하지 않았다. '정 다니기 싫으면 그만두라'는 정도로 내 뜻을 존중해 주었다. 아내가 직장이 있었기에 물론 내가 사표를 쓸 수 있었다.

직장을 그만두고 이런저런 사업을 한다고 돈을 가져오라고 했을 때도 아내는 돈을 마련해 왔다. 그 돈을 날리고 실패했을 때도 나를 원망하지 않았다. 대학 이곳저곳에 원서를 내러 다닐 때도 아내는 함께 가는 등 전폭적인 지원을 했다. 수없이 떨어져도 불만 없이 때로는 면접 간 나를 대신하여 원서를 제출하기도 했다.

그런 헌신적이고 충실한 아내였지만 나의 급한 성격과 편협함이 종종 불화와 갈등의 불씨가 됐다. 부부간의 다툼은 칼로 물베기라고 하지만 다툼은 서로 상하게 한다. 편안한 분위기를 해치고 가족들을 불편하게 만든다.

어느 날 '성공실패학'을 공부하면서 나의 잘못된 원인을 찾아냈다. 그 전에는 부부다툼의 원인이 항상 상대방에 있다고 생각했다. 그러나 이것도 매우 자기편의식 사고방식이었고 객관적이지 못했다.

성공실패학 중에서 '커뮤니케이션 스킬' 부분을 활용했더니 놀라운 효과가 있었다. 그것은 사실 별것 아니었다. 아내의 말에 귀기울여 주고 맞장구쳐 주는 정도였다. 특별히 내가 노력한 것은 화가 났을 때 나를 통제하며 아내에게 불쾌한 말을 내뱉지 않는 것이었다. 처음에는 쉽지 않았지만 몇 번 시도해 보니 큰 효과가 있었다. 과거보다 부부싸움 횟수가 줄어들었고 그것과 비례해서 상대에 대한 존중과 친밀감은 더 커졌다.

아내를 위해 내가 해 줄 수 있는 것이 무엇일까 고민하다 테니스를 권하게 됐다. 나는 운동을 좋아해서 이것저것 하는 편이지만 아내는 그렇지 않았다. 내가 테니스장에서 만나는 여성들은 모두 건강한 모습이라 더 나이 들기 전에 테니스에 입문시켰다.

레슨을 받던 아내는 '감질난다'며 나에게 공을 던져 달라고 부탁했다. 초보에게 공을 던지며 훈련시키는 일은 정말 인내하기 힘들었다. 남의 여자에게는 잘도 던져 주면서 자기 마누라에게는 왜 그렇게 친절 유지가 힘든지… 불가사의한 일이지만 현실이었다.

다른 사람들도 내가 몇 번 던지다가 포기할 것으로 짐작했다. 운전, 수영, 테니스는 남편이 못 가르친다는 말은 그냥 있는 것이 아니었다. 나는 다시 마음을 다잡기 시작했다. 내가 인내심을 발휘하여 아내를 제대로 못 가르치면 나는 참교육자가 아니라 사이비에 불과하다고 생각

　　　　　　　　성공, 실패기 준 선물

했다. 또한 아내가 엉망으로 치더라도 화내지 말고 편하게 던져 주자고 다짐했다.

아들이 입대하던 날. 아내의 불안과 슬픔, 아들에 대한 그리움을 '테니스 투어'로 풀어 주었다. 차에 테니스 장비를 싣고서 아들을 논산훈련소에 입대시킨 후 인근 대학교나 공공기관 혹은 사설 테니스장을 찾아 열심히 공치기를 했다. 바로 집으로 돌아오지 않고 전라도에 갔다가 김해 인제대학교 테니스장까지 거의 일주일 동안 테니스 투어를 했다.

인간은 망각의 동물이다. 그 사이 아들에 대한 그리움도 상당히 무뎌졌다. 이제 아내는 제법 게임도 즐기며 승부욕을 발휘하기도 한다. 요즘도 주말이면 어김없이 박스에 담긴 볼을 던져 주고 있는 나를 보고 남들은 "얻어 먹고 살기 위해 노력한다"고 농담처럼 말한다. "얻어 먹고 살기 힘듭니다" 하고 웃으며 대꾸하지만 속으로는 이렇게 말한다.

'이 여자는 그럴 자격이 있고 저는 그럴 만한 이유가 있습니다. 제가 이 여자로부터 받은 것에 비하면 이건 아무것도 아니지요.'

이런 나를 보고 인천 남동구 담방테니스장 황정순 여사는 나를 '불출씨'라고 부른다. 마누라 자랑한다고 팔불출을 줄여서 부르는 말이다. 나는 이런 별명에 거부감이 없다. 우리나라 남성들은 자신의 부인에 대해 자랑보다 비난을 즐겨하는 편이다. 물론 부인 자랑하는 것은 남보기에 좋지 않아서 팔푼이, 팔불출이라고 부르는 것을 이해한다. 그러나 과거에는 그것이 미덕이었을지 몰라도 현재는 아니라고 생각한다.

아내를 칭찬해 주고 격려해 주지 않으면 누가 해 주겠는가. 누구나 비난보다 칭찬을 좋아하는데 그것을 가장 가까운 아내에게 거꾸로 적용한다는 것은 있을 수 없는 일이라고 생각한다. 말을 이쁘게 해야 부부간에 없던 정도 생기는 법이다. 함께 사는 사람에게 밉상스런 말, 비난조의 말을 하게 되면 있던 정도 떨어져 나가는 법. 그래서 나는 한국 남성들에게 "팔푼이 소리 좀 듣고 살자"고 주장한다. 특히 40대 이상 남성들, 아내 타박을 하고 무관심한 남편들, 아내 칭찬을 잊어버린 사람들에게 하소연이라도 하고 싶다.

물론 자식 자랑은 안 된다. 아직 살아갈 날이 많고 또 어떻게 될지 아직은 알 수 없기 때문이다. 그런데 아내에게 따뜻한 말, 칭찬을 한다고 '팔푼이' 취급을 해서는 안 된다. 다만 어른들 앞에서는 신중하고 조심할 필요는 있다. 나와 함께 테니스를 치는 박승균 경기이사는 별로 말이 없지만 아내를 생각하고 배려하는 모습은 모범적이다. 나는 그런 사람이 좋다. 아내에게 잘하는 사람이 다른 사람에게도 잘하는 법이다.

나는 아내를 얼마나 사랑하는지 잘 모른다. 분명한 것은 나와 함께 어려운 시기를 겪어 왔고 나를 위해 모든 것을 던지며 힘과 용기, 지혜까지 준 고마운 사람이 분명하다. 그런 사람을 위해 최선을 다해야 하고 앞으로도 그렇게 해야 하는 것은 너무나 당연하다. 성공은 당연한 것을 당연하게 실천하는 사람이 가져가는 선물이다. 늘 부족하지만 노력하는 자에게는 길이 보인다고 믿는다.

이 세상에 완벽한 사람은 없다. 아내도 실수하고 화를 낸다. 내가 잘못할 때가 있듯이 아내도 비슷한 잘못을 할 수도 있다. 평소에 관계가 좋으면 작은 불화나 어려움은 쉽게 극복된다. 그러나 평소에 문제가 있으면 그것은 비극으로 가는 강력한 불씨가 된다.

평소 좋은 부부관계를 유지하기 위해 서로 조심하며 따뜻한 말과 행동을 해야 한다. 알고도 실천하지 않으면 더 나쁜 것이다. 특히 나이가 들어가면 들으려고 하지 않고 배우려고 하지 않고 작은 것조차 바꾸려하지 않는다. 나이가 들었다는 증거가 따로 없다. 사고가 굳어지면 몸도 표정도 딱딱하게 변한다.

아내는 고운 20세에 나를 만나 수시로 이별의 시간을 보내며 견뎌야 했다. 30대에 나의 시련과 좌절을 함께 하며 내색하지 않고 인내했다. 40대에 서로 자식을 키우고 재산을 모으기 위해 열심히 검소하게 살아왔다. 50대에 한숨 돌리며 여유를 찾으니 병이 눈앞을 아른거린다. 이제부터라도 건강을 잘 챙기며 서로에게 더욱 집중해야 하지 않겠는가.

남성들이여, 부인과 함께 살고 있다면 무조건 '불출씨가 되라.' 묻지도 따지지도 마라. 칭찬에 인색한 우리, 평생 동고동락하는 아내에게 남편이 마지막 보루가 되어야 하지 않겠는가. 아니 '마지막 보루' 까지 거창할 필요 없다. 소통이 되는 편한 말동무 정도라도 되면 최상이다.

아내와 살면서 배우는 교훈들

1. 나를 바꾸면 상대가 바뀐다.

내가 바뀌기 전에 상대는 절대로 바뀌지 않는다. 나를 바꾸면 지옥이 천국이 될 수도 있다. 나는 지금도 나를 바꾸기 위해 노력한다.

2. 상대의 결점에 관대하라.

누구나 결점이 있지만 아내의 결점에 관대하기 쉽지 않다. 하지만 가정의 평화를 위해 따지지 마라. 그리고 언젠가는 결점이 장점이 될 수도 있다. 좀 더 오래 살아보면.

3. 상대의 장점을 칭찬하고 반복하라.

칭찬은 반복해도 좋아한다. 상대의 장점을 칭찬하면 먼저 내가 기분이 좋아진다. 처음에는 힘들지만 칭찬도 반복하면 습관이 된다.

4. 잘 들어주는 것이 소통의 기본이다.

아내가 별 영양가 없는 이야기를 하더라도 잘 들어주라. 피곤하고 귀찮더라도 아내의 하소연이나 잡담을 잘 들어주자. 잡담을 잘 안 들어주면 소통이 막히기 시작한다.

5. 원만한 부부관계가 경쟁력의 원천이다.

무슨 수를 쓰더라도 원만한 부부관계를 유지해야 한다. 개인의 경쟁력은 가정에서 나온다. 안정된 가정, 원만한 부부관계는 나와 자녀의 경쟁력을 10배 이상 올린다.

성공, 실패가 준 선물

6. 부부싸움은 칼로 물베기가 아니다.

사소한 다툼도 피하는 것이 좋다. 칼로 물을 베는 것은 아무것도 아니지만 부부싸움은 다르다. 다툼과 불화도 습관이다. 나쁜 습관은 인생을 실패로 이끈다. 부부싸움은 이혼으로 가는 지름길이다.

7. 처가(妻家)는 내가 먼저 챙긴다.

공자님 같은 소리지만 그렇게 해야 한다. 마음에 내키고 내키지 않고가 중요한 것이 아니다. 내가 상대를 챙겨 줘야 상대방도 나에게 감사함을 갖게 된다. 득실을 계산해 봐도 처가를 먼저 챙기는 것이 낫다.

8. 자녀교육의 시작은 가정, 부모가 최우선이다.

자녀교육의 첫 출발은 가정이다. 부모의 가장 큰 역할이 자녀교육에 대해 관심을 갖고 아이들을 면밀하게 관찰하는 것이다. 우리도 맞벌이 가정이지만 대화하고 합의를 통해 아이들 교육을 위해 노력하고 있다.

9. 모든 결정은 반드시 합의과정을 거친다.

모든 결정사항은 반드시 부부의 대화를 전제로 한다. 나는 아내와 늘 상의했고 그 결정을 존중했다. 내 문제나 자녀교육이나 항상 토론과 합의 과정을 거쳤다. 일단 내린 결정에 대해서는 좌고우면하지 않았다.

10. 상대의 행복이 나의 행복이라고 믿는다.

아내가 불행하면 가정이 행복하지 못하다. 아내에게 최고의 기쁨을 주는 것이 가정에 화목을 가져온다. 상대를 기쁘게 해 주면 나에게 두 배는 되돌아온다.

아이의 간절한 소망을 존중하라

'울릉도 갈매기의 꿈'을 존중해 준 김성수, 정필순 부모님

나는 울릉도라는 섬에서 태어났다. 어릴 때는 바다와 갈매기가 나의 친구였다. 그러나 초등학교 2학년이 되면서 동해바다 끝 수평선 너머 육지라는 곳이 있다고 배웠다. 그 육지에는 섬에서 본 적이 없는 자동차, 기차가 있고 많은 사람이 살고 있다고 했다.

그 이후부터 육지에 대한 동경에 빠졌다. 집에서 창문을 열면 바로 보이는 파란 바다 끝을 보면서 '어떻게 저런 곳에 육지라는 것이 있을까' 하며 그리워하기 시작했다. 3학년에 올라가니 책에 육지생활에 대한 내용이 점점 더 구체적으로 묘사되어 있었다. 모르는 세상에 대한 호기심과 동경은 나를 설레게 했다. 6남매 중 넷째인 나만 육지를 그리는 상사병에 빠졌다.

마침내 호기롭게 육지에 보내 달라고 부모님께 말씀드렸다. 부모님은 간단하게 '너무 어리다'고 묵살했다. 그리고 다시 1년이 흘러 4학년이 됐을 때 "이제 컸으니 육지로 보내 주세요"라고 다시 요청했다. 부모님

성공, 실패가 준 선물

의 대답은 똑같았다. 다시 1년이 지나고 5학년이 되던 해, 나는 이번에는 간단히 물러서지 않았다. 매번 '어려서 안 된다' 는 부모님을 향해 눈물과 단식투쟁에 들어갔다.

철없는 나의 투쟁은 하루를 넘어 사흘째 계속 되었다. 당시 동해호 선주였던 김성수 아버지는 "저놈 저러다 병 날라… 전학 한번 알아봐"라고 말했다. 나는 아버지의 그 말을 지금도 생생하게 기억하고 있다. 그 한마디는 내 인생의 전환점을 의미했다.

아버지 말씀에 순종하던 정필순 어머니는 육지로 떠날 채비를 서둘렀다. 나는 눈물을 멈추고 동네로 뛰어나가 '나도 육지 간다' 며 자랑을 했다. 당시는 울릉도에서 육지 가는 것이 지금처럼 간단하지 않았다. 특히 우리 집은 울릉도에서도 천부라는 시골에 있어 일단 배를 타고 1시간 가량 도동으로 가야 했다. 그곳에서 다시 연락선 '청룡호'를 타고 약 11시간을 달려야 포항에 도착했다.

배멀미가 심한 어머니에게는 고역이었다. 육지에 친척이라고는 대구 이모 집이 유일했기 때문에 어머니는 대구로 떠났다. 당시는 수도권 인구 억제정책 때문에 집 전체가 이사를 가지 않으면 전학이 쉽지 않았다.

다행히 울릉도 천부에서 선생님을 하며 아버지의 오징어 선물을 많이 받았던 이규진 선생님이 대구 서부초등학교에 재직하고 있었다. 어머니는 대구에 가서 이규진 선생을 만나 전학 협조를 상의하기로 한 것이다.

당시 울릉도는 전화조차 드물었다. 급한 연락은 우체국 전보가 유일했다. 약속한 날짜까지 전보가 오면 나는 육지로 전학을 가는 것이고 그렇지 않으면 안 되는 것으로 사전에 말을 맞춰 둔 상태였다.

운명의 그날 오후, 날씨는 흐려 있었다. 막 저녁식사를 준비할 무렵, 우체국 직원이 전보를 갖고 우리 집으로 왔다. 나는 그 순간을 평생 잊을 수 없다. '룡대구전학가능' 단 일곱 자로 된 메시지는 나를 하늘로 올라갈 정도로 기쁘게 했다. 동네로 달려가가 친구들을 모아놓고 '나는 이제 대구로 전학 간다'며 큰소리쳤다.

지금 돌아보면 철없는 어린 아들의 요청을 끝내 묵살하지 않고 받아들인 아버지의 용단, 그 말에 따라 힘들게 전학 성공을 일궈 낸 어머니의 외교력으로 나는 육지행에 성공했다.

육지에서 부모 없이 이런저런 고생한 일은 오히려 나를 연단하고 성장시키는 힘이 됐다. 물론 당시에는 견디기 힘든 시련이었다. 육지 아이들은 나를 이름 대신 '울릉도', '오징어', '수루메달구지' 등으로 불렀다. 견디기 힘든 모멸감이었다. 매일 맞짱을 생활화할 정도였다. 이겨도 터지고 져도 찢기는 상처뿐인 우울한 싸움의 연속이었다.

특히 어린 시절 남의 가정에서 명절을 맞을 때, 몸이 아플 때, 어머니가 잠시 다녀가실 때 나는 남몰래 울곤 했다. 이별의 슬픔을 그렇게 일찍 처절하게 느껴본 적이 없다. 울고 있는 어린 아들을 두고 가야 하는 어미의 심정을 그때는 잘 몰랐다. 그냥 나만 서러워했을 뿐이다.

재수, 삼수하던 시절, 직장시험에 계속 떨어지던 시절, 나는 돈도 권력도 없는 부모를 원망하기도 했다. 원래 못난 것들이 부모 탓을 하는 법이다. 나는 부모로부터 받은 가치가 얼마나 소중한 것들인지 모르고 그냥 부자 부모, 권력자 부모와 비교하며 원망하곤 했다.

원망은 실패로 가는 길이다. 특히 남 탓, 환경을 탓해서는 성공의 길을 찾을 수 없다. 되돌아보면 육지로의 전학은 그런 시련을 예고한 것이다. 오히려 부모님이 옆에서 일일이 챙겨 주지 못했기 때문에 스스로 해야 하는 자립심이 길러진 것이다. 부모가 취직 걱정 없도록 모든 것을 챙겨 줬더라면 나는 오만하고 게으른 삶에 빠졌을지도 모른다.

성공, 실패가 준 선물

가난한 부모, 시련을 주는 부모가 당장은 원망스러울지 몰라도 그것이 주는 경험과 가치는 성공의 밑거름이 된다. 부자 부모를 경계하라. 모든 것을 줄 수 있는 완벽한 부모는 자식의 삶을 완벽하게 망치게 하기 쉽다. 모든 것을 경험할 필요는 없지만 실패와 시련, 좌절은 가난한 부모가 자식들에게 할 수 있는 선물이다. 그 선물을 잘 풀어헤치면 그 안에 행운과 멋진 잠재력 개발이라는 성공을 찾을 수 있다.

제대하고 대학교에 복학하기 전 울릉도에서 아르바이트를 하기로 작정했을 때다. 당시 울산에 살고 계시던 부모님은 나를 말렸다. "사업이 망해서 울릉도를 떠나야 했는데 굳이 그곳까지 가서 아르바이트를 할 필요가 있느냐"는 것이었다. 더구나 나는 무슨 아르바이트를 할 것인지 대책도 없이 간다고 했으니까.

그렇지만 울릉도 성인봉 산자락 봉래폭포에서 '울릉도 신비의 약차'를 개발하여 판매에 성공했다. 그 돈으로 어머님이 좋아하던 울릉도 마늘과 감자를 사가지고 왔을 때 무척 기뻐하셨다. 또한 30여만 원을 새 돈으로 바꿔 부모님께 드렸더니 크게 좋아하셨다. 그리고 어머니는 내가 대학 3학년 때 돌아가셨다. 아버지는 내가 천신만고 끝에 인제대학교 교수로 임용되던 해 하늘나라로 가셨다.

당신을 가장 많이 닮았다고 나를 좋아하던 어머니는 병원의 오진으로 제대로 치료조차 못 받고 너무 일찍 세상을 떠나셨다. 효도할 기회조차 주지 않은 어머니는 항상 '셋째아들과 살겠다'는 말을 입에 달고 살았다. 그러나 그 꿈은 끝내 이루어지지 못했다. 인생이란 이렇게 예측불가능하기 때문에 효도할 수 있을 때 하는 것이 최고다. 부모님은 내일을 기다리지 않는 것 같다.

나는 대학 도서관에서 공부하다 불현듯 어머니 생각에 설움이 복받쳐

엎드려 소리 없이 눈물을 쏟아내곤 했다. 돌아가신 어머니가 꿈에 한두 번 나타나는 정도로 잊혀져 갔다. 그런데 몇 년이 지난 뒤 런던에서 대학원 공부와 가난 때문에 악전고투를 하고 있을 때 홀연히 꿈에 나타나셨다. 그날은 리포트를 작성하다가 밤 12시가 돼도 다 마치지 못했는데, 머리가 너무 아파 잠에 빠졌는지 쓰러졌는지 분명한 기억이 없다.

그런데 꿈에 아래위 하얀 옷을 입은 어머니가 런던 자취방에 나타난 것이다. 나는 어머니를 보자, 꿈에서도 '머리가 너무 아프다'고 호소했다. 어머니는 조용히 다가와 '어디 보자'하며 내 머리를 어머니 무릎 위에 올려 놓았다. 그리고는 오른손을 내 머리 속으로 집어넣더니 "여기 정말 뭐가 있네"하며 하얀 'T'자 모양의 뭔가를 끄집어냈다. 그런 다음 홀연히 사라지셨다. 어머니를 애타게 불러도 뒤도 돌아보지 않았다.

눈을 떠 보니 꿈이었다. 너무도 생생하여 시계를 봤더니 새벽 5시 23분 경이었다. 어젯밤 그렇게 고통스러웠던 두통도 싹 가셨다. 너무나 신기한 체험이었지만 나는 어머니가 하늘나라에서 내가 너무 힘들어 하니까 잠시 내려와 도와주신 거라고 생각했다.

나는 가난한 부모, 원망만 했던 부모님에게 진심으로 감사한다. 가식이 아니고 진정으로 남들에게도 권하는 제언이다. 가난한 부모를 탓하지 말고 스스로 떨치고 일어나라. 물론 부자 부모가 나쁘다는 것이 아니다. 부자 부모는 열심히 살아온 훌륭한 분들이다. 그러나 자식들에게는 자칫 부자 부모가 흘려야 했던 땀방울과 노력의 기회를 경험하지 못하게 할까 그것을 염려하는 것이다. 좌절의 기회, 실패의 중요성은 가난한 부모가 자식에게 더 잘 줄 수 있는 선물이다.

가난한 부모의 가치

1. 잠재력을 극대화할 기회를 준다.

어릴 때부터 부모의 도움을 크게 받을 수 없다는 의미는 혼자 생존법을 터득해야 한다는 뜻이다. 종종 위기상황에서 자신의 잠재력이 극대화되는 법이다.

2. 시련과 실패를 좀 더 쉽게 경험할 수 있다.

크고 작은 시련과 실패는 부모라는 울타리가 없는 아이들에게는 일상이 된다. 그 실패가 극복만 된다면 큰 자산이 된다는 것을 나중에 알게 된다.

3. 자립심을 길러준다.

부모의 도움이 없을 때 스스로 헤쳐나가는 자립심이 생긴다. 누군가 든든한 사람이 있을 때 굳이 자립심 같은 것을 키울 이유가 없기 때문이다.

4. 빨리 철들게 한다.

객지에서 홀로서기를 하는 학생들은 대부분 일찍 철이 드는 편이다. 사람은 혼자 있을 때 성숙한다.

5. 책임감을 갖게 한다.

책임감을 빨리 느끼는 것은 좋은 일이다. 자기통제, 자기관리의 중요성을 배울 수 있기 때문이다.

6. 직업선택의 자율권을 행사할 수 있다.

가난한 부모들은 대개 자식에게 모든 것을 맡기는 식이다. 나도 물론 그랬다. 부모는 그냥 나를 믿고 지원해 주었을 뿐이다.

7. 도박 등 타락의 길을 막아준다.

가난한 부모 덕분에 주머니 사정이 늘 곤궁했기 때문에 도박, 유흥, 담배 등은 꿈도 꾸지 못했다. 다행히 돈이 없어 그런 것은 쳐다보지도 못했다. 가난한 부모님 덕분이다.

8. 형제들과 다툼의 소지를 원천봉쇄한다.

부모의 재산이 없으니 형제간에도 다툴 일이 없다. 누가 더 많이 도와드릴 수 있을까가 자식들의 고민이었다.

9. 내 인생 성공에 도움이 된다.

가난한 부모가 어떻게 자식의 성공에 도움이 될 수 있을까. 루소는 명저 『에밀』에서 "자식을 불행하게 하는 가장 확실한 방법은 언제나 무엇이든지 손에 넣을 수 있게 해 주는 일이다"라고 주장했다. 가난한 부모는 해 줄 수 없어 미안해하지만 역설적으로 자녀들에게는 도움이 된다. 모든 가치를 귀하게 여길 줄 알고 괄시를 받아볼 기회를 가질 수 있기 때문이다.

성공, 실패가 준 선물

Part 03

|

다시 쓰는
'성공법칙 10'

7년간 성공학을 가르쳐 보니…

인제대학교에서 처음 '내 인생의 성공학'이란 타이틀로 성공실패학에 도전한 것은 일종의 모험이었다. 수강 학생 수가 부족하면 자동 폐강되는 수순을 밟게 된다. 2009년 첫 시작으로 7년째 강의를 지속해 오면서 이제 매학기 100여 명이 수강하는 인기강좌로 성장했다.

인기에는 늘 함정이 있다. 그 인기를 유지하기 위한 부단한 보완과 노력이 없다면 퇴출되는 것도 시간문제다. '다시 쓰는 성공법칙 10'은 그동안 학생들이 지적한 내용을 보완하고 좀 더 축약하여 지침서가 되도록 했다. 특히 각 성공법칙에는 그것을 성취할 수 있는 방법론에 초점을 맞췄다.

남의 성공은 항상 쉬워 보이는 법이다. 자신은 성공의 법칙을 안다고 착각한다. 알지만 실천하지 않으면 아무것도 아니다. 인생은 아는 것만으로는 늘 부족하다. 반드시 실행을 요구한다. 실행만이 결과에 영향을 미친다. 모르고 행동하지 않는 것은 무지해서 그렇다고 하지만, 알고도 성공법칙을 행하지 않는 것은 본인의 의지 부족이거나 아직 성공에 목마르지 않다는 반증이다.

이제 성공학을 내 것으로 만드는 방법을 익혀 보자. 단 한 가지라도 내 것으로 꼭 만들겠다는 의지와 꾸준한 실천, 그것만이 내 미래를 내 의도대로 바꿀 수 있다. 인생에 요행은 없다. 혹 요행으로 보이는 성공이 있다면 그것은 곧 불행을 잉태한 위험한 것이다. 이것이 나의 경험이고 타인의 경험에서 얻은 산교훈이다.

실패의 가치를 존중하라

성공은 실패 다음에 오는 것이 순리다

모두들 '실패는 성공의 어머니' 라는 말에 동의한다. 그러나 부모들은 자식이 실패하는 것을 받아들이기 힘들어한다. '너는 우리처럼 가난 때문에 좌절하지 말고 오직 성공하여 행복하게 살아야 한다' 는 부모의 생각을 비판할 필요는 없다. 그러나 이런 사고방식은 비극을 예고하고 있다. 실패의 가치를 인정하지 않기 때문이다.

문제는 인생의 길에 성공보다 좌절, 실망, 실패가 더 많다는 데 있다. 이런 과정을 통해 실패에서 자신을 추스르는 법, 극복하는 노하우를 개발할 수 있다면 매우 값진 경험이 된다.

어릴 때부터 영어 유치원 보내고, 해외 유학 보내는 등 오직 엘리트 코스를 통해 졸업 후 재벌회사에 취업한다고 해서 부모가 예상하는 성공이 보장되는 것이 아니다. 오히려 이런 특별한 엘리트 코스는 또 다른 좌절과 실패로 나타날 확률이 매우 높다.

'자식의 잘못은 언제까지 부모의 허물인가'

대한항공 회장, 아버지 조양호에게 드리는 세 가지 제언

자식을 둔 부모는 누구든 매사가 조심스럽다. 자식 교육만큼은 자기 뜻대로 잘 되지 않기 때문이다. 조현아 대한항공 부사장의 '땅콩 회항 사건'은 끝내 아버지 조양호 회장이 직접 나서서 공개 사과하도록 만들었다.

불과 입사 7년 만에 부사장 자리에 초고속 승진시킨 장본인인 조 회장은 공식적으로 "제 여식의 어리석은 행동과 큰 물의를 일으킨 것에 대해 진심으로 사과드린다"고 사과문을 발표했다. 이와 함께 "국토교통부나 검찰의 조사 결과와 상관없이 조현아를 대한항공 부사장직은 물론, 계열사 등기이사와 대표 등 모든 자리에서 물러나도록 하겠다"고 강조했다.

이쯤 되면 백기 투항이다. 이번 사건은 우리에게 많은 값진 교훈을 던져 주었다. 앞으로 사실관계가 정확히 밝혀져야 하고, 수사가 진행되면 또 다른 내용들이 나올 수 있겠지만 이미 밝혀진 사실, 보도된 내용을 종합해 보면 어디서 무엇부터 잘못되었는가를 분석해 볼 수 있다.

먼저, 조 회장의 '여식의 어리석은 행동, 교육 잘못시킨 내 탓'이라는 사과문 내용에 대해 일정 부분 동의하지만, 반론을 제기한다. 장성한 딸의 잘못을 언제까지 부모가 책임져야 할까. 마흔이 된 딸이고 대기업의 주요 임원이라면 스스로 책임을 질 줄 알아야 한다. 그것이 교육의 핵심이어야 한다. 아버지가 잘못한 것은, 핏줄이라는 이유로 딸에게 좌절과 실패의 기회를 주지 않고 '초년 출세' 시켜 타인의 존재를 존중하고 귀하게 깨달을 수 있는 기회를 박탈해 버린 것이다.

재벌 2,3세 경영자들의 공통점이 '스스로 잘나서 그 자리에 있는 것'으로 착각한다. 이 착각은 회사 안에서 자신 앞에만 오면 머리를 조아리니 자신도 모르게 오만해져서 갖게 되는 것이다. 잘 관찰해 보라. 조 부사장의 오만한 행태는 전형적인 재벌 3세 경영자의 특징이고, 이는 세월과 함께 체질화된 것이다. '오만'은 소통을 방해하고 '껍데기 눈먼 경영자'로 만든다.

이런 오만한 행태는 사태를 정확하게 파악하지 못하고 사과조차 면피용으로 만든다. 이 사건이 발생했을 때 상황의 심각성을 깨닫고 진정성 있는 사과문을 발표했다면 이 정도까지 악화되지는 않았을지도 모른다. 그러나 대한항공측에서 처음 사과문이라는 것을 발표한 내용을 다시 한 번 보면, 한마디로 '미안하지만 임원의 입장에서 탑승하여 할 일을 한 것뿐'이라는 식으로 역시 오만한 행동을 정당화시키려 했다. 이런 사과문은 여론을 더욱 악화시켰다. 여기에 외신들의 비판적 보도까지 더해져 사태는 일파만파로 커질 수밖에 없었다.

이런 것이 왜 아버지의 잘못인가. 결자해지. 장성한 자녀는 더 이상 아버지의 교육을 지속적으로 받아야 할 예속된 존재가 아니다. 이미 독립된 부사장이라는 지위를 갖고 있고, 그에 걸맞는 행동과 책임을 질 의무가 있다. 그런 관점에서 '자식의 잘못은 애비의 허물'이라는 주장은 심정적으로 이해하지만 그렇게 해서는 개선이 없다. 지금은 여론 때문에 잠시 부사장 자리에서 물러나 있도록 하고 잠잠해지면 바로 사장, 부사장 자리에 다시 앉히는 것은 아버지가 마음먹기에 달렸다.

사과 내용이 잘못됐고 시기도 놓쳤으며 그 사과의 주체도 잘못되니 엉망이 되어 버렸다. 상황이 감당할 수 없게 커졌다고 판단되자 아버지가 나선 것 아니겠는가. 평창동계올림픽조직위원장으로 국가를 위해 노력하는 조 회장에게 심정적으로 동정을 보내지만 적어도 세 가지를 건의하고 싶다.

첫째, 사회적 물의를 일으킨 자녀에게 '인성교육'을 다시 시켜야 한다.
사십대 자식에게 아버지가 인성교육을 시키기는 거의 불가능하다. 대신 회사 고위직을 보장하는 것은 자식의 미래를 망치는 행위로 인식하고 지금부터 어려운 사람들을 위해 봉사할 수 있는 기회를 주어야 한다.

둘째, 이제 자식의 인생에 아버지가 나서는 일은 없어야 한다.
아버지가 고위직을 보장해 주는 일은 어리석은 실수였다. 그 실수로 깨달음을 얻고 지혜를 얻는다면 불행하지만 다행스러울 수 있다.

셋째, 대한항공은 조씨 일가의 전유물이 아니라는 인식의 문제다.
독점회사로 성장했든 정부의 특혜를 받았든 대한항공은 이제 한국을 대표하고 상징하는 국적기가 됐다. 국가대표에는 국민의 사랑과 함께 경영자들의 각별한 책임의식과 자부심을 동시에 요구한다.

김창룡의 미디어창

성공, 실패가 준 선물

아버지에 이어 딸까지 구속, 사법처리된 경우는 처음이라고 언론은 대서특필했다. 빗나간 자식 교육은 본인의 잘못, 실수로 끝나지 않는다. 회사 중역에 걸맞지 않은 행동은 회사 전체를 위기로 몰아간다.

이 칼럼에서 나는 자식에게 '실패의 가치', '좌절을 통해 타인을 존중하는 법'의 기회를 주지 않은 아버지의 어리석음을 지적했다. 대부분의 부모가 자식이 실패할 기회를 주지 않으려 한다. 특히 능력 있는 부모들은 더욱 그렇다. 입사 7년 만에 대기업의 전무, 부사장 자리에 오른다는 것은 행운이 아니고 불행을 의미한다. 부모의 욕심, 과욕이 자식을 망치고 회사를 위태롭게 만든다.

돈과 좋은 직장은 삶을 풍요롭게 하는 데는 도움이 되지만 성공을 보장하지는 않는다. 특히 초년에 일찍 성공을 거둔 케이스는 위험하다. 젊은 시절 실패나 좌절의 기회를 갖지 않는다는 것은 언젠가 그런 기회를 맞게 된다는 뜻이다.

젊어서 실패하는 경우, 사회는 비교적 따뜻한 시선을 보낸다. 중년 들어서 실패하는 경우에는 더 이상 동정적으로 보지 않는다. 노년에 실패하는 사람에 대해서는 사회가 욕을 한다.

그래서 20, 30대의 실수, 시행착오, 좌절을 권장한다. 이것은 사람을 키우는 힘이라고 다시 한번 강조한다. 실패의 중요성과 그 가치는 경험을 통해서만 체득할 수 있다. 그렇다면 실패, 좌절의 가치를 어떻게 배우고 익힐 수 있을까?

실패의 가치를 익히는 방법 10

1. 초년 출세와 빠른 성공, 무조건 거부한다.

그런 기회가 오더라도 스스로 물러나 좌절과 실패라는 것을 찾아본다. 초년 출세는 행운이 아니라 불행이 될 가능성이 높다. 따라서 입시나 구직에 실패하는 것을 다행스런 일로 여긴다.

2. 실패와 좌절은 나를 성장시키는 연단의 시간이다.

실패와 좌절, 눈물은 사람을 키우는 힘이다. 출세가도만 달리는 사람은 화려해 보이지만 내용과 결과는 다를 수 있다. 고통 없이 성장도 없다는 마음가짐을 갖는다.

3. 새로운 도전을 두려워하지 않는다.

젊은 시절에 도전하고 실패해 보지 않으면 더 이상 기회가 없다고 생각하라. 새로운 도전은 반드시 많은 시련과 좌절을 잉태하고 있다. 외국어나 유학, 이직 등은 훌륭한 훈련의 기회가 된다.

4. 좌절 극복 근육은 어려서부터 단련시킨다.

도전의 기회가 왔을 때 피하지 않고 부딪혀 본다. 실패하더라도 그 도전정신을 스스로 칭찬해 주어야 한다. '너 그럴 줄 알았다' 는 식으로 비아냥거리면 누구나 좌절의 공포심을 갖게 된다.

성공, 실패가 준 선물

5. 자신을 자주 시험에 빠트려 위기극복 노하우를 기른다.

좌절과 실패는 굳이 노력하지 않더라도 자주 만난다. 그때 피하면 안 된다. 그 시련이 주는 인생의 위기 극복 근육 에너지는 상상 이상이다.

6. 자신의 약점을 찾아내 극복 대상으로 삼고 매일 노력한다.

나는 인내심이 부족하여 앞뒤 가리지 않고 버럭 화부터 냈다. 급한 성격은 인간관계는 물론 결혼생활도 위태롭게 만든다. 이를 극복하기 위해 화가 날 만한 유사한 상황에 자신이 어떻게 반응하는가를 관찰하며 극복하고자 했다. 처음에는 매우 어려웠지만 처음 한 번이 중요하다.

7. 실패 없는 성공은 가치를 반감시킨다는 점을 받아들인다.

어둠이 있어야 빛이 돋보이듯 실패의 처절함 뒤에 오는 성공은 말로 표현할 수 없다. 똑같은 직장을 다녀도 마음자세를 다르게 만들고, 그 만족도도 다르게 나타난다. 나는 대학교수가 되는 데 여러 차례 좌절을 거친 뒤라서 그런지 임용된 뒤 매우 기분이 좋았다. 그런데 서울의 유명 대학교 출신 교수는 '나는 월급 주는 만큼만 일한다'는 자세를 보여 좀 의아했다. 그는 쉽게 대학교수가 됐고 다른 실패 경험을 갖지 못했다. 능력이 없어서가 아니라 눈물의 기회가 없었던 것이다.

8. 인생을 좀 더 긴 안목으로 보려고 노력한다.

젊은 시절 이런저런 좌절과 실패를 겪게 되면 친구들보다 많이 뒤처진다는 초조감을 갖게 된다. 그러나 인생을 좀 더 길게 보면 1~3년 늦게 가는 건 사실 별일 아니다. 갈수록 멋진 인생을 가꾸려면 일찍 고생하는 것이 정말 좋다는 것을 나이들어 보면 안다. 초라한 현실에 초조해하지 말고 대신 수고의 땀방울로 내일을 기약한다.

9. 성공한 사람들의 공통점은 실패를 통해 배웠다는 것이다.

큰 업적을 냈든 작은 성공을 거뒀든 나름의 성과 뒤에는 반드시 실패와 좌절이 있었다는 점을 기억해야 한다. 따라서 스스로도 무언가 성취를 위해 몸을 던진다면 한방에 실수 없이 이뤄내겠다는 착각은 금물이다. 가치 있는 일일수록 땀과 시간과 시련을 요구한다.

10. 실패의 경력도 소중하다는 인식을 한다.

성공가도만 달려온 사람들의 인생은 들을 만한 가치도 없고 배울 만한 교훈도 없다. 좌절과 실패의 경험은 남과 공유하며 공감대를 느낄 수 있는 재산이된다. 경험이 선생이라는 말이 있듯이 실패의 경험은 최고의 선생이다. 실패가실패가 아니라는 것은 항상 나중에 깨닫는다. 현재 내가 아는 것이 전부라고착각하면 안 된다. 내가 변하듯 실패도 세월과 함께 인생의 보약으로 변하게된다.

성공, 실패가 준 선물

자신의 가치를 폄하하지 마라

세상에 하나뿐인 자신을 먼저 존중하라

우울증은 대부분 소심하고 모든 잘못을 자기 탓으로 여기는 사람에게서 잘 발견된다고 한다. 따라서 우울증의 종착역은 '자살'이기 때문에 초기 진단과 예방이 중요하다.

개인에 따라 차이가 있지만 주관이 뚜렷한 사람들은 자신에 대한 확신도 분명한 편이다. 문제는 잦은 실패와 좌절 등 외적 요인은 건강한 사람도 스스로를 보잘 것 없는 존재로 만들 수 있다는 점이다.

서울에 있는 대학에 다니는 학생과 지방 대학에 다니는 학생 간의 자존감은 다르다. 이미 크고 작은 상처 혹은 열등감을 갖고 사는 이들에게는 자존감보다 자기비하가 더 가깝다.

이래서는 미래가 없다고 생각한다. 오히려 명문 대학에 가지 못했거나 가지 않았다는 것은 일종의 행운이라고 생각한다. 그 나이에 괄시나 차별을 당해 보는 것은 축복일 수 있다. 일류대 나오고 우수한 성적으로 사법고시 통과하고 20대 후반에 벌써 영감님 소리 듣는 사람들도 있지만 실제로는 그게 그렇게 좋은 것이 아니라는 것은 곳곳에서 나타난다.

20대 때는 예우받는 직장에 가면 안 된다. 자신도 모르게 오만한 태도가 습관으로 굳어질 수 있기 때문이다. 오히려 밑바닥 체험을 '일부러'라도 해 봐야 한다. 20대 때는 뭘 해도 사회는 '용기있다' '도전정신이 대단하다' '멋지다' 등으로 격려하는 법이다.

그런 환경에서 노력하는 자신을 스스로 불쌍하게 여겨서는 안 된다. 저 높은 곳을 향해 가기 위한 필수과정이라고 생각한다. 일시적으로 자기 처지가 곤궁하다고 자신의 가치를 스스로 비하한다면 아무도 존중해 주지 않는다.

자신을 비하하고 부모를 욕하고, 자기가 몸담고 있는 조직을 손가락질 하는 사람은 성공할 수 없다. 타인을 존중하기 전에 자신부터 존중하는 법을 배워야 한다. 한 번뿐인 인생을 만들어 가는데 자신을 최고로 대접하고 아껴야 하지 않겠는가.

자신을 귀중하게 여길 때 자신을 어떻게 통제해야 하는가를 깨닫게 된다. 누구나 인생을 살면서 실패와 좌절에 직면하게 된다. 그럴 때 자신을 존중하는 사람은 의연하게 대처할 수 있다.

시간이 좀 지났지만 이런 황당한 사건이 신문에 보도된 적이 있었는데, 성공학 관련 자료로 정리해 놓은 것을 옮겨 보겠다.

이 보도에서 신세를 한탄하며 자살한 사람이 정말 명문 대학 출신으로 해외 유학을 다녀왔는지가 언론의 추가 취재대상이 되었었지만, 몇몇 언론 보도에 의하면 해외 유학은 아니고 서울에 있는 괜찮은 대학을 나온 것으로 소개됐다.

성공, 실패가 준 선물

인천시 서구에 있는 한 아파트 22층에서 이 집에 침입해 돈을 요구하던 A씨가 경찰이 출동하자 베란다를 통해 투신, 인근 병원으로 옮겨졌으나 숨졌다.

조사 결과 A씨는 이날 오후 열려 있는 현관문을 통해 B씨의 집 안으로 들어가 "쫓기는 몸이다. 10분 뒤에 나가겠다. 물 한잔만 달라"고 한 뒤 갑자기 얼굴색이 달라지더니 강도로 돌변했다.

경찰은 B씨가 집 안에 있던 현금을 찾아 10만 원을 건네자 A씨는 "돈이 적다"며 B씨의 얼굴을 2~3회 때리고 목을 졸랐다고 밝혔다.

테이프로 B씨의 입 주위를 감고 있는 사이 현관문을 열고 남편이 들어왔고, 열린 문을 통해 B씨는 밖으로 빠져나와 경찰에 신고했다.

신고를 받고 출동한 지구대 소속 경찰관 4명은 현장에 도착해 흉기를 든 채 베란다에 붙어 있는 A씨를 10여 분간 설득했지만 그 자리에서 뛰어내렸다.

현장에 출동한 경찰의 한 관계자는 "명문대를 나와 유학을 다녀왔는데도 연봉이 적다"면서 신세 한탄을 하던 A씨가 갑자기 "'이젠 가야겠다' 면서 칼을 내려 놓은 채 뛰어내렸다"고 말했다.

기사를 보면 너무 황당하다. 대학 졸업자가 자신의 최후를 강도짓을 하다가 마쳤다는 것. 부모는 얼마나 안타깝고 실망스러울까. 기대만큼 연봉을 못 받아서 실망스러울 수 있지만 그것이 자신의 소중한 목숨과 바꿀 정도라고 생각할 수는 없다. 그렇게 20대 나이에 허망한 죽음을 맞기에는 너무 젊다못해 어리다.

그는 대학을 다니고 취업도 했지만 인생의 성공실패학에 대해 좀 더 관심을 가졌어야 했다. 나의 작은 실패와 좌절은 본인에게는 엄청나게 중요하지만 많은 사람들에게 그런 정도의 체험은 익숙한 것이다.

개인에 따라 작은 좌절과 실패도 견뎌 내지 못하고 괴로워하는 사람이 있다. 이들은 스스로를 극단으로 몰아 돌발행동을 할 수도 있다.

이런 유형의 사람들에게는 하나뿐인 자신의 인생이 얼마나 소중한가를 가르쳐 주어야 한다. 또한 인생에 얼마나 많은 좌절과 실패가 여기저기 도사리고 있는지도 체험으로 알려 주어야 한다.

마음의 대비가 있으면 맞아도 덜 아프듯이 인내심을 기르는 훈련은 학생 때 이루어져야 하고 이는 학부모와 선생님, 학생의 책임이다.

그렇다면 자신을 어떻게 소중하게 여길 수 있을까. 그리고 어떻게 하면 남들 앞에서도 비굴하지 않게 자신을 비하하지 않는 습관을 가질 수 있을까.

성공, 실패가 준 선물

자신을 스스로 소중히 여기는 방법 10

1. 말습관부터 바꾼다.

"나는 안돼", "나는 재수가 없어", "나는 유독 운이 따르지 않아" 등 이런 말은 자신을 비하하는 나쁜 표현이다. 세상이 내 뜻대로 되는 사람은 아무도 없다. 뜻대로 안 되는 것이 훨씬 많다. 행운권에 당첨되는 사람보다 안 되는 사람이 훨씬 많으니 그런 말 자체를 자신의 언어사전에서 추방해 버려라.

2. 말습관을 부정에서 긍정으로 바꾼다.

말은 행동을 규제한다. "정말 멋있다", "정말 잘한다", "이만하면 괜찮지" 등 긍정적인 말, 칭찬하는 말을 습관이 되도록 한다. 그러면 표정이 바뀌고 긍정의 힘이 생기고 상대를 기분좋게 만들어 선순환 구조를 형성하게 된다. 나의 말습관이 따뜻하고 긍정적으로 바뀌면 사라져 가던 행운도 되돌아올 것이다.

3. 스스로 값진 '보석' 이라고 생각한다.

보석 값이 비싼 이유는 희소성 때문이다. '나' 라는 존재는 보석보다 더 희소성이 높다. 이 세상 어디를 둘러봐도 '나' 라는 존재는 오직 하나다. 내가 사라지면 지구도 끝나는 것이다. 그런 하나뿐인 나를 스스로 사랑하지 않는다는 것은 자신에 대한 부정이고 배신이다. 현재의 내 모습이 어떻든 미친듯이 사랑하라.

4. 귀한 것은 가꾸고 다듬어야 한다.

'나' 라는 귀한 존재를 가꾸기 위해선 노력이 필요하다. 귀한 자신을 가꾸지 않고 방치하는 것은 자신의 존재에 대한 배신이다. 귀한 존재라고 인정한다면,

그리고 그런 존재로 인정받고 싶다면 자기투자, 자기노력, 자기절제, 자기관리는 필수다. 자애심(自愛心)이 있는 사람은 행동이 다르고 자기관리법도 다르다.

5. 누구든 무시하면 안 된다.

내 존재가 소중하듯 타인도 똑같이 존중받아야 한다. 내가 존중받고 싶다면 그 누구도 무시하거나 비아냥거리면 안 된다. 이것은 철칙이다. 말투에서 행동에서 표정에서 스스로 노력하지 않으면 반드시 낭패를 경험하게 된다. 무시하는 행동은 습관을 낳고 자신을 위험에 빠트리는 법이다.

6. 일일일선(一日一善)을 해 보자.

하루 한 가지 착한 일을 하면 자신의 존재감이 부각된다. 스스로 '나는 이 사회에 필요한 사람', '괜찮은 사람'이라는 인식을 하게 되면 표정이 밝아진다. 좋은 행동은 좋은 사람을 만드는 첩경이다. 좋은 사람에게 더 많은 기회가 오는 것은 당연하다. 자리를 양보하거나 무거운 짐을 덜어 주거나 모두 나를 멋진 사람으로 만드는 연습이다.

7. 가족, 친지를 대상으로 연습해 보자.

가족이나 친지들은 나의 말과 행동에 가장 민감하게 또한 가장 정직하게 대응하는 사람들이다. 가까운 사람에게 인정받을 때 자존감이 강해진다. 나의 경우, 설거지나 집안청소 등 사소한 것부터 시도해 보았는데 놀라운 변화가 있었다. 연습 없이 그냥 쉽게 되는 것은 없다. 자애심은 타애심(他愛心)을 기를 때 생기는 것이다.

성공, 실패가 준 신물

8. 못난 짓을 하거나 당했을 때는 자학해라, 그러나…

못난 짓을 했을 때는 정말 실망스럽다. 신랄하게 자학하고 자책해야 한다. 다만 그 기간이 너무 길어서는 안 된다. 순간이 괴롭기는 하지만 지나고 나면 별것 아니다. 자학에 빠져 자신을 추스르지 못하고 더 큰 실수를 반복하면 그게 재앙이 된다. 어떤 상황에서도 스스로를 통제하는 주체가 되도록 단련시킨다.

9. 거울을 볼 때마다 웃는 연습을 한다.

자기를 사랑하는 사람은 표정이 밝다. 웃는 것도 연습이 필요하다. 한국인들의 무표정은 세계적이다. 나 역시 아내가 '근엄'이라는 별명을 붙일 정도였다. 좋게 표현하여 '근엄'이지 실제로는 표정이 무겁고 딱딱하다는 뜻이다. 그런 지적은 객관적이기 때문에 듣고 그냥 넘어가서는 안 된다. 그래서 나는 거울을 볼 때마다 '웃는 연습'을 한다. 나의 미소가 상대를 편하게 하고 닫힌 마음을 열게 한다면 이 또한 노력할 만한 가치가 있는 것이다.

10. 상대방이 즐겨하는 것을 즐기도록 도와준다.

상대방이 조깅을 좋아하면 조깅을 함께 한다. 상대방이 노래나 음식을 좋아하면 되도록 거기에 따라준다. 상대방이 원하는 쪽으로 어느 정도 맞춰 주면 나의 존재감이 나도 모르게 커진다. 또한 상대방으로부터 호감을 얻고 환대를 받게 된다. 이 이상 자신의 가치와 평판을 높이는 데 효과적인 방법도 없다.

약속 시간에 미리 가라

미리 가면 천만금을 얻지만 늦게 가면 모든 것을 잃을 수 있다

나는 강의 첫 시간에 학생들과 약속을 한다. 지각을 하면 큰 감점을 받게 될 것이고 강의중에 졸거나 자는 학생 역시 감점을 주겠노라고.

대부분 학생들은 이에 대해 반대하지 않는다. 두 번 이상 지각하는 학생에게는 아무리 성적이 좋더라도 A학점을 주지 않는다. 굳이 대학생에게 감점을 주는 데는 분명한 이유가 있다.

약속 시간에 늦거나 강의 시간에 조는 것은 일종의 나쁜 습관이기 때문이다. 실패로 가는 나쁜 습관은 한순간에 고칠 수 없다. 학생 한 명 한 명을 성공시켜야 좋은 대학이 될 수 있듯이 한 학기 동안 나쁜 습관 하나라도 고치면 그것도 성공이라고 믿는다. 나의 성공학 강의는 강의로 끝나는 것이 아니라 '당장, 여기서' 실천 가능한 것부터 시도해 보는 것이다.

약속은 신뢰 테스트의 장이다. 약속 시간을 지키는 것은 그 신뢰의 첫 출발선인 셈이다. 미리 간다고 해서 특별히 신뢰를 더 받는 것은 아니

성공, 실패가 준 선물

다. 대신 늦게 도착할 경우 상상 이상의 일이 일어나거나 신뢰를 잃어버릴 수 있다.

성공한 사람들의 공통점은 시간관리가 철저하다는 것이다. 시간관리가 철저하다는 것은 약속 시간을 중요하게 여기는 것이며, 약속 시간에 늦는 사람은 시간관리에 실패한 것이므로 비즈니스 파트너로서 진지하게 간주하지 않는다.

사람들의 심리가 약속 장소에 먼저 가서 기다리는 것을 싫어한다. 약속 장소에 먼저 가든 늦게 가든 상대방이 먼저 나와서 반겨 주면 기분이 좋아지는 것은 인지상정이다. 이 점을 역이용해야 한다.

사소한 약속이라도 먼저 가서 상대방을 즐겁게 해 준다는 것은 본인에게 손해가 아니다. 약속 시간에 맞춰 가면 조금 늦어질 수도 있다. 교통 체증을 예측할 수 없는 상황에서 약속 시간을 정확히 맞추는 것은 거의 신기에 가깝다. 그래서 미리 가라고 권하는 것이다.

왜 미리 가는 것이 성공의 법칙이라고 주장하는지 세 가지로 말해 보겠다.

첫째, 미리 가게 되면 여유가 있고 심리적으로 편안하다.

어떤 미팅이든 늦게 온 사람은 심리적으로 쫓기게 되고 미안한 감정을 갖게 마련이다. 한국은 묘하게 늦게 나타나야 주인공 대접을 받는다고 생각하는데 돌아서서는 욕을 할지 아무도 모른다. 일단 내가 먼저 약속 장소에 도착하면 마음이 편해진다.

기다리는 동안 짜투리 시간을 잘 활용하면 이 또한 값진 시간이다. 화장실도 한 번 더 가서 옷매무새나 머리 모양, 표정을 점검해 볼 여유가 있다. 쫓기는 자보다 여유 있는 자가 항상 경쟁에서 우위에 서게 되는 법이다.

둘째, 약속 시간의 중요성에 대해 개인마다 달라 예측하기 어렵다.

가벼운 약속도 사소하게 생각하지 않는 사람이 있다. 심지어 약속 시간에 늦는 사람과는 동업도 하지 말라는 말도 있다. 김영삼 전 대통령은 "나는 약속 시간에 늦는 사람은 절대로 믿지 않는다"고 말한 적이 있다. 그는 약속 시간 엄수에 엄청난 신뢰성을 부여하는 타입이다.

내가 상대하는 사람이 어떤 타입인지 잘 알 수 없을 때는 안전한 길이 가장 좋다. 중대한 미팅을 사소한 일로 망친다는 것은 나의 불찰이 될 수밖에 없다. 사소한 실수로 큰 낭패를 초래하는 것은 어리석다.

셋째, 미리 가면 주도권을 행사할 수 있는 우위에 선다.

주변에 무엇이 있는지, 어느 곳의 분위기가 좋은지 미리 살펴볼 수 있다. 또한 낯선 장소에 미리 와서 익숙해지면 대화도 잘 된다. 오늘 모임의 성격이나 중요성 등도 다시 한번 점검할 수 있다. 억지로 분위기를 리드할 필요는 없지만 늦게 온 사람은 먼저 온 사람에게 종속되는 법이다.

물론 직위가 다르고 모임의 성격이 다른 경우는 예외다. 일반적 모임에서는 심지어 늦게 오는 사람을 기다려 주지 않고 행사를 진행하기 때문에 늦은 만큼 손해를 볼 가능성이 높고 미안한 마음을 갖게 된다.

나는 늦게 가서 낭패 본 경우는 있었어도 일찍 가서 손해 본 경우는 없다. 아내와 함께 부산에 가기 위해 서울역에서 만나기로 했다. 그런데 테니스를 치다가 예정된 시간에 끝내지 못하고 뒤늦게 출발했다. 당시는 스마트폰도 없는 상황에서 기차가 출발하고 5분 뒤에 서울역에 도착했을 때 아내의 그 실망스러워하던 표정을 잊을 수 없다. 나의 사과가 무슨 소용이 있었겠는가. 그 일로 오랫동안 아내에게 미안한 마음을 갖게 되었다.

성공, 실페기 준 선물

'성공실패학' 연구를 하면서 내가 약속 장소에 늦게 나타나는 것이 얼마나 잘못된 행동인가를 절감하게 됐다. 그래서 이 책에서도 '사소한 것' 같지만 '성공법칙'에 꼭 포함시켜 강조하는 것이다.

다음은 약속 시간에 미리 가서 효과를 본 경험이다.

경기도 의정부 교육청이 주최한 특강 행사에 초청된 적이 있다. 나는 특강 시간보다 먼저 가서 좀 쉬었다가 여유 있는 모습으로 강의를 하기 위해 한 시간 정도 미리 가고 있었다. 행사장에 거의 도착할 무렵, 담당자가 다급하게 "지금 어디세요?" 하고 전화를 했다. 주차중이라는 답변에 그는 바로 강당으로 들어오라고 부탁했다.

나중에 알고봤더니 특강 시간이 세 시에서 두 시로 바뀌면서 서로 소통이 안 된 것이었다. 한 시간 미리 간다고 간 것이 미리가 아니라 정각에 도착한 셈이 됐다. 다행히 큰 행사를 그르치지는 않았다. 그 이후에는 장거리 출장 때 반드시 두 번 확인하는 습관을 갖게 되었다. 미리 가서 서로에게 큰 도움이 된 경우다.

약속 시간에 미리 가는 방법 10

1. 지각은 나쁜 습관이라는 인식을 갖는다.

3분을 늦든 10분을 늦든 지각은 지각이다. 지각은 습관이므로 한번 잘못된 습관은 고치기 어렵다. 학생 때 습관으로 굳어지기 전에 바꾸어야 한다. 그리고 지각은 나를 실패로 몰아가는 매우 나쁜 습관이라는 인식이 최우선이다. 한번 지각할 때마다 자신을 질책하라. 그리고 미리 가서 기다리는 자신을 칭찬해주라. 이것도 연습이 필요하다.

2. 무엇이든 미리 해내는 습관을 기른다.

학교 출석이든 리포트 제출이든 친구 미팅이든 미리 하고 미리 간다. 한번 습관이 되면 늦고 싶어도 늦을 수가 없다. 일찍 오는 학생은 늘 일찍 오고 늦게 오는 학생은 오후 수업에도 늦게 나타난다. 좋은 습관은 노력이 필요하다. 실패 습관을 성공 습관으로 바꾸는 노력은 매일 생활에서 훈련해야 한다. 친구와 사소한 약속부터 시작해 보라.

3. 좋은 이미지를 유지하고 싶다면 일찍 가라.

"당신이 늦게 나타나는 동안 상대는 그대의 결점을 헤아리고 있다"는 말이 있다. 좋은 이미지를 지각으로 엉망이 되게 해서는 안 된다. 일찍 간다는 것은 자신의 성실성과 그 약속의 중요성에 대한 표현이다. 존중하는 사람이 존중받고 좋은 이미지를 유지하는 것은 상식이다. 현대 사회에서 좋은 이미지를 유지하는 것도 경쟁력이다.

성공, 실패가 준 선물

4. 시간 약속 지키기는 모든 에티켓의 알파요 오메가다.

약속은 지키는 것이 이롭다. 특히 시간 약속은 반드시 지켜야 할 행동준칙이다. 에티켓은 지키라고 있는 것인데 이를 지키지 않는 사람에게 우리는 화를 낸다. 그런 화풀이 대상으로 전락하는 것도 시간문제다. 약속 시간을 지키지 못하는 사람은 자기관리에 실패하고 있다.

5. 지각했을 때는 반드시 명시적으로 사과하라.

지각할 때마다 공식적으로 사과하는 것도 지각을 막는 훈련이다. 다만 이 사과는 공개적이고 진지해야 한다. 대충 '미안' 식으로 넘어가는 것은 상대를 더 화나게 만든다. 연예인의 경우도 마찬가지다. 시간에 쫓기는 대중스타가 늦는 것을 당연하게 여길 때 팬들은 등을 돌린다.

6. 지각 이유를 기록하고 분석한다.

지각할 때마다 이유를 정리한다. 외적환경 때문인지 자신의 게으름 탓인지…. 똑같은 이유가 반복되는지 확인하여 방안을 찾는다. 이유를 정리하다 보면 공통점을 발견하게 된다. 그 부분을 개선하면 간단해진다.

7. 먼저 가서 기다리면 손해라는 인식을 바꾼다.

어떤 사람은 "시간에 맞춰 가면 되지, 미리 가서 기다리는 것은 손해"라고 말한다. 문제는 약속 시간에 정확하게 맞추기가 쉽지 않다는 점과 또한 정확하게 맞춰 간다 하더라도 본인이 스트레스를 받게 된다는 점이다. 스트레스는 만병의 근원이라고 하지 않는가.

8. 먼저 도착해서 할 일을 항상 갖고 다닌다.

먼저 도착해서 기다리는 시간을 대비해 항상 읽을거리를 준비하는 것이 좋다. 요즘은 스마트폰에 간단히 저장해 둘 수도 있고 다양한 뉴스나 흥밋거리를 이 시간에 찾아서 볼 수도 있다. 자투리 시간을 알차게 보내면 일찍 가는 것이 득이다.

9. 성공 습관은 노력을 요구하고 실패 습관은 쉽다.

성공 습관은 노력을 요구한다. 그냥 되는 것은 없다. 실패하는 것은 매우 쉽고 노력이 필요없다. 조금 일찍 가는 정도를 게을리하는 사람이 큰일을 제대로 할 수 있을까. 실패하는 사람이 많고 성공하는 사람이 적은 것은 그만큼 성공이 남보다 좀 더 많은 노력을 요구하기 때문이다. 성공에게 그만한 대가를 지불한다고 생각하라.

10. 직장인 성공요소, 신뢰와 성실의 상징이다.

가장 쉽게 한 인간을 파악하는 기준으로 삼는 것이 바로 시간 개념이다. 나도 다른 사람들처럼 성실한 사람을 좋아한다. 테니스를 함께 치는 천병우 씨가 있다. 그는 항상 먼저 나와 코트를 정리하거나 라인을 긋고 있다. 그 모습을 보면 그가 직장생활을 어떻게 하고 있는지 알 수 있다. 물론 반대의 경우도 있다. 성실과 신뢰는 사소한 시간 약속 지키기에서 판가름난다. 신뢰를 받고 싶다면 시간 약속부터 지켜라.

상대가 누구든 무시하지 마라

예의를 갖추는 것은 성공을 위한 필수조건이다

'상대를 무시하지 마라'는 주문은 당연하지만 우리 사회에서는 너무 자주 무시당하고 때로는 무시하여 상대를 괴롭힌다. 예의를 갖춘다는 것이 종종 사치스러운 것 정도로 치부된다. 상대가 어떻게 대응하든 일단 나만 편하고 나만 이익을 보면 되는 세상이 되어 가고 있다.

이익 중심 사회에서 예의를 갖춘다는 것은 '나만 손해 보는 일'이라고 생각하기 쉽다. 그러나 성공실패학의 연구사례들을 종합하면서 역시 성공하려면 그래도 예의를 갖춰야 한다는 점을 확인했다. 특히 그 누구든 무시하여 적으로 만들어서는 안 된다는 사실이다.

지난 연말부터 대한민국을 뜨겁게 달군 '대한항공 땅콩 회항 사건'의 본질은 부사장이라는 위치에 있는 재벌 3세가 사소한 문제로 분노하여 회사 승무원과 사무장에게 욕설과 막말 등 못할 짓을 했다는 것이다. 이미 떠나는 비행기를 돌려세워 사무장을 비행기에서 쫓아낼 때, 직원에 대한 예우가 아니라 한 인간에 대한 모멸감과 인권유린을 자행한 셈이다.

그 결과는 이미 알려진 대로다. 특히 주목할 점은 무시당한 사무장이 침묵을 깨고 검찰 수사와 언론에 조현아 부사장의 거짓과 대한항공 측의 위증, 무성의한 사과 쪽지 등을 솔직히 증언했다는 것이다.

박창진 사무장,
조현아 '사과 쪽지' 공개… 더 참담

수첩 찢어 낸 종이에 '미안하다' 짤막히 두 문장
" '사실관계 다시 써라' 임원 지시까지 있었다" 폭로도

조현아 대한항공 전 부사장의 '땅콩 회항 사건' 당시 사무장이었던 박창진 사무장이 국토교통부 조사 이후 대한항공 임원한테서 사실관계 확인서를 재작성하라는 지시를 받았다고 폭로했다.

박 사무장은 '방송'에 나와 국토부에서 첫 조사를 받은 직후 대한항공 임원이 박씨를 불러 승무원들이 제출한 확인서와 국토부의 시간대별 항공기 동선이나 내부 상황 관련 자료가 맞지 않는다며 다시 쓰라고 요구했다고 말했다. 박 사무장은 지시를 받은 뒤 10차례 이상 반복해 확인서를 썼으며, 대한항공 측은 이 확인서를 박 사무장의 전자우편으로 국토부에 보내라고 지시했다고 했다.

박 사무장의 이런 주장은 박 사무장과 승무원들이 국토부에서 증언한 내용을 대한항공 측이 사실상 실시간으로 파악하고 있었던 게 아니냐는 의심을 불러일으킬 만한 것이어서 논란이 예상된다.

성공, 실패가 준 선물

왜 그렇게까지 했을까.

그것은 바로 인간이 감당하기 힘든 무시를 당했을 때 스스로 자신의 인권을 지키는 당연한 행위이기 때문이다. 박 사무장은 대한항공에 소속돼 있으면서 언론에 이 정도의 인터뷰를 했다면 아마 더 이상 대한항공 조직원으로 근무할 수 없다는 것도 알 것이다. 모든 것을 포기하고 조 부사장과 대한항공에 불리한 증언을 한 이면에는 바로 오만한 부사장의 직원 멸시와 무시하는 태도가 있다.

그러자 조선일보에서는 그동안 대한항공의 모체인 한진그룹 재벌 일가의 오만한 태도가 얼마나 심했는가를 비행기 기장을 인터뷰하여 공개해 기름을 부었다.

대한항공 17년차 기장
"오너 일가, 왕이 하인 대하듯…
조현아 전 부사장 가장 심해"

대한항공의 17년차 현직 기장이 이번 '땅콩 리턴' 사태와 관련, "(평소 오너 일가의 행동을 보면) 봉건시대 왕이 하인 대하는 그런 느낌을 받는다"며 "아래 세대로 갈수록 더하고, 조현아 전 부사장은 그중에서도 가장 심했다"고 말했다.

기장 A씨는 YTN과의 인터뷰에서 이같이 밝히고 "(오너 일가의) 자식들은 아직 어린데도 부모보다 더 심하게 직원을 대한다는 느낌을 받았다"고 말했다.

대한항공 내부의 수직적, 봉건적 조직문화에 대해서도 입을 열었다. 그는 "예전에 회장 사모님이 제공받은 음식이 너무 싱겁다든지, 자기가 원하는 만큼 따뜻하지 않으면 화를 내고 집어던졌다는 얘기를 들었다"며 "오너 일가가 어디를 간다고 하면 해당 부서 임원들이 알아서 전담팀을 바꿔 문제가 생기지 않게 대비한다"고 말했다.

이 같은 조직문화 속에서 기장이 오너 일가의 지시를 거부하기는 사실상 불가능하다고 A기장은 주장했다.

그는 "(오너 일가의 지시를) 거부하고 전문가적인 양심과 판단에 따라서 결정을 내리기는 대단히 어려운 분위기라고 생각한다"며 "회사에서, 기장에게 (리턴) 동의를 얻었다고 하는 것은 그야말로 형식적인, 자기 책임을 회피하기 위한 변명에 지나지 않는다"고 지적했다.

성공, 실패가 준 선물

한 임원의 오만한 행동은 직원의 분노를 유발했고 그 분노의 증언은 회사의 존립을 위태롭게까지 했다. 임원은 오만한 행동의 대가를 함께 구속되는 것으로 지불해야 했다.

이렇게 큰 사건을 예로 들지 않더라도 오만한 행위는 반드시 대가를 지불하게 된다는 사실을 성공실패학에서 확인할 수 있었다. 오만은 실패로 가는 지름길이다. 성공을 유지하지 못하고 재기에 성공하지 못하는 것도 바로 오만이 주범이다.

서푼어치밖에 되지 않는 자존심을 내세우는 것도 실패로 가는 길이다. 자존심은 속으로 유지하고 내세우는 것은 겸손이어야 한다. 나도 이것을 잘 못해서 수많은 실패와 좌절을 겪었다.

무엇을 겉으로 내고 무엇을 속으로 숨겨야 하는지 몰랐다. 겉으로 드러내는 것은 겸손, 속으로 숨겨야 하는 것은 자존심. 큰소리치고 자기 직분을 내세우는 것은 거꾸로 겸손은 없고 자존심을 드러내 상대를 겁박하는 것이다. 상대방에게 일시적 굴욕을 받아낼 수 있지만 조직에 충성을 기대하기는 힘들어진다.

나는 대학에 근무하면서 6명의 총장을 비교적 가까이에서 모신 경험이 있다. 그중에는 정말 훌륭하고 멋진 리더도 있었지만 의아할 정도로 그렇지 않은 사람도 있었다. 실패한 리더의 공통점은 큰소리를 치며 직원을 대하는 태도가 억압적이었다. 이런 리더의 태도는 조직을 어렵게 만든다. 물론 그 전에 자신을 망친다.

각 개인은 가정이나 직장 등 누군가와 연계하여 살아간다. 원하든 원치 않든 사람과 관계를 형성한다. 이때 예의를 갖추지 않으면 관계에 실패하고 원만한 관계 유지가 안 될 경우 더 이상의 승진이나 발전은 기대하기 어렵다.

오만한 사람들의 공통점은 대개 실력이나 노력으로 중책을 맡은 것이 아니라는 점이다. 조직을 잘 파악하지도 못한 상황에서 성급하게 성과를 내려 하니 자기 뜻대로 움직여 주지 않는 참모에게 예의를 갖추지 않는 경우가 흔하다.

리더의 오만은 충신을 떠나게 만든다. 평범한 개인의 오만은 스스로 반드시 대가를 지불하도록 하는 것이 인간사회다. 나는 스스로 겸손하기 위해 의도적으로 노력한다. 별로 겸손할 것도 없지만 겸손하게 보이지 않는 것조차 경계한다. 덕볼 것이 하나도 없기 때문이다. 따라서 예의는 갖춰도 되고 적당히 안 갖춰도 별 문제 없는 것이 아니다. 예의를 갖추면 억울한 탈락, 불이익을 막아 줄 것이다. 결과는 당장 확인되지 않지만 누군가가 미래에 확인해 줄 것이다.

성공, 실패기 준 선물

상대가 누구든 무시하지 않기 위한 방법 10

1. 반말투는 극도로 자제한다.

상대가 나보다 나이가 어려 보인다고 해서 하대해서는 안 된다. 반말투는 자칫 시비로 번질 수도 있다. 나는 학생들에게도 반말을 하지 않으려 한다. 물론 개인적으로 사사롭게 만날 때는 친근감의 표시로 편하게 말을 놓는다. 그 외에 낯선 사람일 경우 반드시 존칭을 사용한다.

2. 상대방의 호칭에 유의한다.

상대가 가장 좋아할 만한 호칭을 부르는 것이 좋다. '선생님', '부장님', '사장님' 등 높여서 손해날 것은 없어도 낮춰서 손해볼 수는 있다. 호칭은 상대에 대한 존중의 표현이다. 그가 망한 사장이라 하더라도 '사장님'이라 부르는 것도 훈련이다.

3. 변덕스런 감정을 다스리려 노력한다.

감정, 분노의 표현은 오만의 또 다른 이름이다. 사람은 화가 날 때 실수하는 법이다. 한순간의 분노가 한순간에 내 인생을 망칠 수도 있다. 따라서 화가 날 만한 상황을 통제하고 스스로 화를 내고 있다는 인식이 되는 순간 즉각 멈춰야 한다. 오만은 분노를 통해 표출되고 한번 표현된 거만한 행위는 그 결과를 예측할 수 없게 만든다. 감정을 건드리고 모욕감을 줄 수 있는 표현은 절대로 하지 말아야 한다.

4. 자신의 어휘사전에서 분노와 관련된 단어를 지운다.

격한 단어, 저주의 말, 욕설 등은 자신의 어휘사전에서 지워 버린다. 누군가가 오만한 행동으로 나에게 도발을 해 오더라도 이런 어휘로 대응하겠다는 생각을 없애는 노력이 필요하다. 일단 '미안하다' 하고 자리를 피하거나 스스로 격해져 욕설이 나오려 하면 빨리 입을 다물어야 한다. 나의 경우, 친구가 자기 회사 사장 욕을 하는 것을 듣고 이렇게 제안했다. "너희 회사 사장을 1번으로 부르자"고. 그 뒤 그는 '그 새끼, ××놈' 대신에 '그 1번'으로 불렀다. 욕설을 듣지 않아 좋았고 '1번'으로 웃을 수 있어 좋았다.

5. 상대의 도발에 정면으로 맞서지 않도록 한다.

살다보면 무례하거나 오만한 사람을 만날 때가 있다. 굳이 나서서 응징하려고 노력할 필요 없다. 6개월만 인내하면 반드시 누군가의 손에 해결된다. 나에게 오만한 사람은 다른 사람에게도 거만하게 행동하는 법이다. 나는 힘이 없어 참을 수밖에 없지만 언젠가 임자를 만나게 되는 게 인생살이다. 힘없음을 탓할 필요도 없고 속상해할 필요도 없다. 나 자신의 인격과 무관하게 그 상대의 잘못일 뿐이다. 가급적 접촉하지 않도록 노력하는 것도 하나의 선택이다. 어쩔 수 없이 만나야 한다면 최대한 상대방에게 맞춰 주려 하는 것도 본인의 성장을 위한 훈련이다.

6. 예의는 예의로 돌아온다는 자세로 노력하라.

오만한 사람을 만나면 예의로 대해도 무례로 돌아올 수 있다. 이는 매우 예외적인 상황이다. 일반적으로 예의는 예의로 돌아온다. 적어도 스스로 존중받고

　　　　　　　　　성공, 실패가 준 선물

싶다면 타인에 대해 예의를 갖추도록 한다. 술을 마시든 친구들과 격의 없이 어울리든 어디서나 예의의 선을 벗어나지 않는 노력이 필요하다. 예를 벗어나는 순간, 결과는 전혀 예측 불가능해질 수 있다. 자존감이 있는 사람일수록 예를 중시한다.

7. 옳은 말이라 하더라도 충고식 행동은 삼간다.

상대가 원치 않는데 충고하는 친절은 삼가는 것이 좋다. 특히 친구와 격의 없이 대하다 보면 자칫 인신모욕적인 말이 나올 수 있고 상대방은 이것을 가슴 깊이 새겨놓을 수 있다. 비아냥이나 모욕적 언사는 당사자에게는 상처가 될 수 있다. 지나친 비판, 원치 않는 충고, 가깝다는 이유로 막말 수준의 언행은 모욕감을 유발할 수 있다. 옳고 그른 것은 중요하지 않다. 원치 않는 충고는 하지 않는 것이 최상이다.

8. 어떤 상황에서도 목소리를 높이지 않는다.

목소리가 높아지기 시작하면 스스로 잘 통제가 되지 않을 수도 있다. 목소리가 높아지면서 호흡이 가빠지면 본인이 먼저 느낀다. 이때 초기 진화가 중요하다. 빨리 시선을 다른 곳으로 돌리며 '지금 화를 내는 게 맞는 건가…' 짧은 순간이지만 한번 더 생각하도록 한다. 고성은 곧 후회를 가져온다. 어떤 상황에서도 목소리를 높이지 않고 해결할 수 있다고 자신을 설득해 보라. 한순간의 고함으로 상대방은 나의 평생 적이 될지도 모른다. 자신의 목소리를 두려워하라.

9. 상대방보다 먼저 전화를 끊지 않는다.

전화 통화가 끝났다고 생각했는데 갑자기 할 말이 있어 말을 했을 때 '뚜뚜' 신호음이 들려오면 섭섭하기도 하고 무안하기도 하다. 심할 경우 무시당한 느낌이 들기도 한다. 사소한 오해의 소지를 없애는 것은 중요하다. 조금 바쁘더라도 상대방이 수화기를 내려놓았다는 신호음을 듣고 끝내는 것도 훈련이다. 작은 배려가 성공의 큰 요소다.

10. 상대에 대한 무시는 자기부정이다.

상대방을 늘 존중하라는 뜻이 아니다. 적어도 무시하는 일은 없어야 한다. 상대가 어떤 사람, 어떤 신분인지 모를 때는 더욱 조심해야 한다. 특히 자신의 부하나 하급 직원이라고 함부로 대해서는 안 된다. 겉모습을 보고 혹은 선입관으로 무례하게 대하면 자칫 낭패를 가져올 수 있다. 상대방을 무시했다가 나라를 잃고 자신은 객사를 당하는 역사적 사건도 종종 있었다. 자신을 소중한 존재라고 인식한다면 상대방에게도 기본적인 존중의 태도는 유지한다. 속은 몰라도 겉으로 나타나는 행동이 중요하다는 뜻이다.

성공, 실패가 준 선물

커뮤니케이션 스킬을 개발하라

자기표현을 잘 해야 조직에서 성공한다

여기서 '커뮤니케이션 스킬(Communication Skills, 소통력)'은 일상적인 대화, 공식적인 프레젠테이션, 취업 인터뷰 등 자기표현을 통칭하는 대화기법을 의미한다.

우리는 언어의 중요성은 항상 강조하지만 정작 그 중요성만큼 배우고 연마하는 것 같지는 않다. 특히 정확한 어휘 구사와 논리력, 신중한 표현, 잘 듣기 등이 필요한 직업, 이를테면 교사(교수 포함), 법관, 의사, 목사, CEO, 공직자 등의 '커뮤니케이션 스킬' 능력 습득은 필수항목이다.

그런데 이명박 대통령은 임기 내내 국민과의 소통에 실패했다는 비판에 시달려야 했다. 이를 극복하기 위해 청와대 안에 '국민소통비서관'이라는 희한한 직책을 만들었지만 국민과의 소통은 개선되지 않았다.

또 박근혜 대통령도 '불통'이라는 수식어가 떠나지 않고 있다. 2015년 임기 3년차를 맞은 박 대통령이 지지자들로부터도 싸늘한 시선을 받고 있는 것은 소통력이 기대에 미치지 못하기 때문이다.

물론 대통령의 자리에서 국민과의 소통이 원활하다는 평가를 받기가 쉽지 않다. 그러나 소통력 때문에 대통령이 조롱받고 비판받아 국정 동력을 상실한다는 것은 국가 차원에서 너무 손실이 크다. 대통령의 위치에서는 인의 장벽이 가로막을 수도 있고, 주변 참모가 매우 제한된 정보만 보고하여 올바른 판단을 내리지 못해 소통이 제대로 되지 않을 수도 있다. 혹은 체질화된 권위주의 행태, 대면(對面) 접촉보다 서면 보고를 선호하고 만남 자체가 뜸해질 때 소통력 역시 위험신호를 울린다.

소통에 실패한 대통령이 국민의 지지를 받는 경우는 없다. 역대 독재자 또는 악평을 받는 대통령의 공통점은 국민과의 소통에 실패했다는 것이다. 그것이 본인의 소통력 부재에 있든 참모들의 잘못이든 결과는 본인과 국가의 불행으로 귀결된다.

일반 가정생활에서도 마찬가지다. 소통이 잘 되지 않으면 반드시 그 여파가 부정적으로 나타난다. 나의 경우 '커뮤니케이션 스킬'을 공부하기 전과 후가 너무나 변했다는 것을 체험했다. 실패한 사례를 들어본다.

주말부부인 우리는 어느 날 저녁 식사 자리에서 아내가 직장상사의 비리를 이야기했다. 승진과 관련된 부정 청탁사건으로 이미 몇 차례 들은 적이 있는 내용이었다. 나는 인내하지 못하고 간단하게 이야기를 중단시켰다.

"지난번에 얘기했잖아. 1절만 하지…."

나의 퉁명스런 대꾸에 아내는 입을 닫았다. 그리고 조용히 밥만 먹었다. 이 여파는 쉽게 사그라들지 않고 부부다툼으로 진화했다. 우울한 주말을 보내고 다시 학교로 가는 기차 안에서 '왜 그렇게 됐을까' 곰곰이 생각해 보았다. 아무리 생각해도 "나의 잘못은 없다"는 결론을 내렸다.

그런 일이 있은 뒤 '내 인생의 성공학'이란 교양강좌를 준비하면서 다시 '커뮤니케이션 스킬'에 대해 공부했다. 그러면서 뒤늦게 나의 대화법에 큰 문제가 있음을 깨달았다. 다행히 아내는 시간이 흐르자 과거의 일을 잊고 또 비슷한 이야기를 시작했다. 이번에는 커뮤니케이션 스킬에서 배운 기법을 그대로 동원했다. 대성공이었다. 아내가 비슷한 주제로 회사의 문제점을 지적하자 나는 바로 작전 개시에 들어갔다.

[제1단계 전략] 절대로 말을 중단시키지 않는다.

지난번에 '말을 짤랐다'가 감당하지 못한 경험을 살려 이번에는 인내심을 발휘했다. 들어주었다. 나의 눈치를 보며 말을 하던 아내가 내가 계속 듣고 있자 거침없이 이어나갔다.

[제2단계 전략] 적당히 맞장구를 쳐준다.

그냥 가만히 듣는 것만으로는 부족하다. 눈치채지 못하게 밥먹는 속도를 늦추거나 숟가락을 놓고 아내의 불만을 경청하는 모드로 바꾸었다. 그리고 "그래?" "그런 사람이 어떻게 임원까지 됐을까?" "그런 사람은 자리에서 쫓아내야 하는데…" 하고 적극적으로 아내의 말에 동조했다. 이쯤 되면 아내는 더욱 열을 내서 그동안 자제했던 이야기를 쏟아낸다.

[제3단계 전략] 숨겨 둔 비장의 무기를 빼든다.

비장의 무기는 '아내를 칭찬하고 그 녀석을 혼낸다'는 것이다. 매우 간단하다. 우리 둘만 있는 자리에서 무슨 말인들 못하겠는가.

"당신같이 능력 있는 사람을 몰라보는 상사도 문제지만, 그런 비리를 저지르는 사람을 더 이상 두고 볼 수 없지. 내가 내일 지방으로 내려가지 않고 당신 회사로 쳐들어가야겠어."

이쯤 되면 아내는 오히려 당황하며 후퇴한다. 스스로 상황을 수습하려고 나선다.

"당신이 회사에 오면 상황이 더 복잡해져… 그냥 그렇다는 거야."

이때 적당히 빼든 칼을 다시 집어넣으면 된다. 달라진 대화방식은 우리의 짧은 저녁 시간을 행복하게 만들어 주었다. 이뿐만이 아니다. 저녁 식사 후 지방에서 혼자 고생한다고 과일까지 준비해 준다.

내가 실제로 체험한 일이다. 나는 그대로였지만 변한 것은 대화방식이었다. 나의 출근 발걸음은 가벼워졌고 잠도 잘 잤다. 아내와의 관계가 개선된 것은 말할 나위 없다.

소통력의 연마는 잦은 부부다툼을 현저하게 줄여 주었다. 상대방을 바꾸기는 어려워도 나 자신을 바꾸기는 쉽다. 소통력의 본질은 나를 통해 상대를 바꿀 수 있다는 점이다.

학생들과의 대화에서도 소통력은 빛을 발휘한다. 과거에는 학생이 연구실을 찾아오면 하던 일손을 멈추지 않았다. 자세도 돌리지 않고 눈만 돌렸다. 특별히 잘못한 것은 없었지만 매우 사무적이었다. 설혹 그들이 필요해서 찾아오고 나이도 어린 학생들이지만 나의 자세가 잘못된 것임을 '소통력'을 공부하고 나서 깨닫게 됐다. 그 후 나는 학생들이 찾아오면 이렇게 바뀌었다.

[제1단계] 집중한다.

학생이 찾아오면 일단 하던 일손을 무조건 멈춘다. 그리고 자세를 돌려 학생을 바라보며 집중한다.

성공, 실패가 준 선물

[제2단계] 따뜻이 맞이한다.

"어서 와.""밥 묵었나.""공부하느라 힘들제.""요즘 점점 멋있어지네…." 이런 말은 어색한 분위기를 우호적으로 바꾼다. 이때 반드시 얼굴에 미소를 짓는다. 어렵게 연구실을 찾아온 학생의 마음을 여는 놀라운 효과를 발휘한다.

[제3단계] 외부전화가 오면 양해를 구한 다음 받고 빨리 끊는다.

학생과 상담을 하다 보면 전화나 문자 등이 자주 오는 편이다. 문자나 카톡은 보지 않으면 되지만 전화는 받지 않으면 대화를 이어갈 수 없다. 반드시 학생에게 양해를 구하고 받는다. 총장이 전화를 했더라도 "지금 학생과 상담중이니 이따 제가 다시 전화드리겠습니다"라고 명시적으로 말을 한다.

이 시간은 오직 학생을 위해 집중하는 태도를 보여야 한다. 앞에 학생을 앉혀 놓고 동료 교수와 농담까지 하는 건 간접적으로 '학생을 쫓아내는 잘못된 태도'다. 학생들이 교수 연구실을 잘 찾지 않는 데는 갑의 위치에 있는 교수의 문제점이 대부분이다.

[제4단계] 뭔가를 권한다.

"물밖에 없지만 물이라도 마셔라."

"나한테 배즙 있다. 하나 줄까?"

학생들이 사양하지만 이쯤 되면 무엇이든 의논할 준비가 된 셈이다. 교수생활 십년을 해도 이런 대화법을 익히지 못하면 학생들의 마음을 파고들기 어렵다. 학생들은 문제를 다른 곳에서 해결하려 하고 교수를 찾지 않는다. 만나봐야 별 볼일 없다는 것을 먼저 안다.

나는 그동안 많은 실패를 했고 더 따뜻하게 대해 주지 못한 학생들에게 지금도 미안한 마음을 갖고 있다. 진작 '소통력'을 배웠더라면…. 소통력을 기른 후 이런 경험도 있었다.

한 여학생이 나의 연구실을 찾아왔다. 상담을 시작하기 전에 학생의 불안한 태도를 보고 말을 꺼내기 어려운 안건을 가져왔음을 알았다. 나는 커뮤니케이션 전략을 발휘하여 "밥 묵었제…" "그래, 내가 학생들 도와줄 수 있다면 나는 행복한 선생이 되는 거야…" 하며 먼저 미소와 함께 말문을 열었다.

"교수님, 저도 대학 졸업하기 전에 꼭 해외 어학연수를 다녀오고 싶은데요…."

당시 나는 대외교류처장을 하고 있었고 이 학생은 해외연수 프로그램에 참가하고 싶지만 가정형편상 갈 수 없어 고민하고 있었던 것이다. 나는 수업시간에도 종종 이런 말을 한 적이 있다.

"대학생 때 돈이 없는 것은 너의 잘못이 아니다. 부끄러워하지 마라. 나 역시 대학생 때 찢어지게 가난했다. 돈이 없다는 이유로 도전하지 않는 소극적인 자세를 차라리 부끄러워하는 것이 낫다. 도움이 필요하면 도와달라고 부탁하는 것도 용기다. 그런 어려운 환경이 훗날 오히려 나를 성장시키는 동력이 될 수 있다. 가난한 부모님을 원망하지 마라. 부모님은 더 가슴이 아프니 스스로 해결방안을 찾아보고 정 어려우면 교수님들의 방을 노크해라. 교수님들은 여러분을 도와주는 것을 보람으로 생각할 것이다."

연수 비용은 한 학기 약 4개월 동안 숙식비, 교육비 등을 포함하면 거의 5백여만 원이 넘는 액수였다. 나는 일단 고민 끝에 나를 찾아온 학생

성공, 실패가 준 선물

의 용기를 칭찬했다. 그러나 당장 어떻게 해 주겠다는 약속은 할 수 없었다. 그러나 최선을 다해 전액이 안 되면 반액, 그것도 안 되면 몇백만 원이라도 줄여 볼 테니 시간을 달라고 말했다. 학생은 끝내 눈물을 보이며 가정사까지 털어놓았다.

"나도 가난한 대학 시절을 보냈지만 세월이 흐르고 보니 그것이 오히려 내 잠재력을 극대화시키고 더 열심히 살아가는 좋은 약이 됐다. 너도 이런 정도는 극복해 나가야지. 함께 노력해 보자."

나는 그때 옆에서 열심히 도와주던 대외교류처 하태호 차장을 불러 해결책을 논의했다. '해결사'라는 별명답게 그는 능력을 발휘하여 파견 학생수가 20명이 되면 한 명 정도는 현지에 가서 하루 몇 시간씩 '근로 장학'을 하는 조건으로 전액 감면을 받아냈다. 이런 훌륭한 참모가 있으면 일하기가 매우 수월해진다. 며칠 뒤 그 학생을 불러 희소식을 전했다. 뜻이 있는 곳에 길이 있는 것이다.

이런 소통능력이 있어도 안 되는 것은 안 된다. 상대가 전혀 소통의사가 없거나 권위주의가 체질화되어 자기 말만 고집할 때, 상대방의 말을 건성으로 듣는 경우 소통은 불통이 된다. 또한 자기착각이나 선입관, 부정적 인식이 강하거나, 사리판단이 불분명하면서 높은 위치에 있을 때 소통은 먹통이 되기 십상이다.

소통은 혼자만 잘한다고 되는 것이 아니다. 쌍방간에 오고가는 것이 소통이다. 어느 한쪽이 고장나 있으면 소통도 절름발이가 된다. 따라서 소통력이 만능해결사는 아니다. 이런 점을 고려하더라도 소통력을 기르면 좋은 점은 너무 많다.

첫째, 생활 속에서 사소한 말다툼, 시비를 없애 준다.

둘째, 작은 다툼이 큰 싸움으로 확대되는 것을 막아 준다.

셋째, 부부싸움 횟수를 현저하게 줄여 준다.

넷째, 대인관계를 원만하게 해 준다.

다섯째, 예상치 못한 불행, 보복을 막아 준다.

여섯째, 생활에 활력을 준다.

일곱째, 좋은 이미지를 갖도록 해 준다.

여덟째, 가족을 행복하게 만든다.

아홉째, 정신건강에 도움을 준다.

열째, 대중강연에 필수지식이 된다.

성공, 실패가 준 선물

소통력(커뮤니케이션 스킬)을 기르기 위한 방법 10

1. 미소를 짓는다.

누구와 어떤 주제로 어느 장소에서 대화를 하든 얼굴에 미소를 지으려고 노력한다. 특히 처음 만나는 어려운 자리에서 분위기를 우호적으로 만드는 데 미소만큼 쉽고 간단한 것은 없다.

2. 잘 들어줄 준비를 한다.

스마트폰이나 잡담 등은 '굿 리스너(good listener)'가 되지 못하게 한다. 듣기에 실패하면 소통은 끝난 것이다. 잘 들어주기 위해서는 적당히 맞장구를 쳐야 하고 적절한 시기에 적절한 질문도 해야 한다. 무엇보다 인내심과 집중력, 이해력이 중요하다.

3. 상대방이 준비됐을 때 입을 연다.

상대방이 듣기 준비가 됐다는 판단이 서기 전에는 섣불리 입을 열지 않는다. 침묵도 커뮤니케이션이다. 어수선한 강의실에서 강의를 시작하는 것은 이미 절반은 실패한 셈이다. 단 둘이 대화할 때도 상대방이 다른 짓을 하고 있으면 입을 다물어야 한다.

4. 눈을 주시한다.

입은 거짓말을 할 수 있어도 눈동자는 거짓말을 하지 못한다. 아직 이것을 파악하지 못했다면 당신의 소통력은 심각한 문제를 안고 있다. 단 한 명이든 수천 명이든 눈만큼 정확하게 현재의 상태를 전달하는 정보체계는 없다. 상대의 눈을 보지 않고 말을 한다는 것은 혼자 일방적으로 하고 싶은 말만 한다는 의미다.

5. 5W를 잊지 않는다.

누가(Who), 언제(When), 어디서(Where), 무엇을(What), 왜(Why)를 고려한 소통은 성공으로 가는 첫걸음이다. 어떤 상대인지, 왜 이 자리에 있는지 사전 정보를 숙지한 뒤에 소통에 나서야 실수가 없다. 이곳에서 '대박'이 저쪽에서 '쪽박'으로 바뀔 수 있는 변수가 항상 있는 것이 바로 소통이다.

6. 격앙된 상황을 미리 대비한다.

누구나 대화를 하다 보면 상대의 도발이나 분노 때문에 자제력을 잃을 때가 있다. 이때가 매우 위험하다. 인간이기 때문에 어쩔 수 없는 측면이 있지만 이것은 소통과 관계까지 망치는 위험요소다. 따라서 '나는 어떤 상황에서도 화를 내지 않겠다' '자제력을 유지하겠다'는 자기암시를 해야 한다.

7. 용어 선택에 주의한다.

상대방을 비난하거나 화나게 하는 말이 내 입을 통해 나오지 않도록 항상 마인드 컨트롤을 한다. 작은 분노의 불씨가 소통을 불통으로 만들고 자신과 가족, 회사까지 불행에 빠트리는 경우가 많다. 투수가 타자에 따라 선공을 하듯 상대에 따라 대화기법, 어휘, 용어도 변화를 줘야 한다. 어느 경우든 감정적 용어가 나오지 않게 평소 어휘 습관에 신경써야 한다.

8. 말과 듣는 자세에 열정과 정직성을 담아라.

말은 인격의 또 다른 표현이다. 말이 건성으로 나오고 때론 정직성이 의심된다면 득보다 실이 더 크게 된다. 거짓말이나 과장, 엉터리 사례 등은 소통 자체를 무용지물로 만든다. 정직한 것이 신뢰를 쌓는 데는 훨씬 좋다. 다만 너무 정직하게 표현하지 않아야 할 때가 있다. 상대가 성형수술을 했거나 오랜만에 만났을 때 정직하게 부정적 표현을 하면 상황이 복잡해질 수 있다.

9. 독서를 통해 어휘력을 향상시킨다.

소통은 어휘력을 전제로 한다. 풍부한 어휘력은 소통을 원활하게 하는 강력한 도구다. 이해를 잘 못하거나 표현이 제대로 안 되는 사람의 공통점은 어휘력이 빈약하다는 것이다. 이런 사람들은 남의 이야기을 소화시키지 못하니 집중력도 떨어져 주위가 산만하다. 꼭 책이 아니더라도 각종 저널이나 관심 분야의 뉴스라도 봐야 한다. 독서는 소통력의 원천이다.

10. 화젯거리, 유머 등을 준비한다.

직책이 사람을 만든다는 말이 있다. 그러나 그 직책에 어울리는 능력과 자격을 갖춘 사람인지는 30분만 이야기해 보면 80% 이상 맞힐 수 있다. 직책이 높아질수록 남을 설득할 수 있는 능력이 중요하다. 지적능력만큼 중요한 것이 바로 설득력이다. 유머도 화젯거리도 없이 단순히 조직원들의 집중을 기대하기는 어렵다. 실없는 농담, 음담패설을 하라는 것이 아니다. 잡담 속에서도 인품과 자질이 드러나기 때문에 높은 자리는 반드시 자기노력, 자기준비를 요구한다.

발표력(스피치 커뮤니케이션)을 높이기 위한 방법 10

소통력은 발표력을 포괄하고 있다. 그럼에도 발표력을 높이는 방법을 따로 준비한 것은 전달력의 핵심인 발표력이 중요하기 때문이다. 효과적인 발표력은 앞에서 설명한 소통력을 높이는 방법과 공통점이 많으므로 여기서는 발표력에만 초점을 맞춰 정리해 본다.

1. 반드시 구성한다.

나에게 발언 기회가 오면 그냥 생각나는 대로 해서는 안 된다. 3분 스피치든 1시간 강연이든 반드시 구성한다. 예를 들면 회식 자리에서 마이크를 잡고 5분간 스피치할 기회가 왔을 때 빨리 대략적인 구성을 한다.

① 주제부터 정한다. ② 적절한 분량의 적절한 사례를 고른다. ③ 마무리 한 방을 정한다. 강연을 하더라도 이런 순서와 구성은 비슷하다. 주제 - 사례1, 2, 3 - 통계수치1, 2 - 대안 및 마무리 순서가 된다. 구성은 강연의 기초이며 뼈대이기 때문에 생략해서는 안 된다.

2. '저는 말을 못한다' '말주변이 없어서…' 등은 미리 말하지 않는다.

보다 점잖게 보이기 위해서일 수도 있고 정말 말주변이 없을 수도 있다. 그러나 이런 표현은 처음부터 김을 빼기 때문에 기대감을 떨어뜨린다. 그러면서 또 일단 시작하면 말이 길어지기도 하고 방향을 못 잡고 헤매기 시작한다. 이정도 되면 인내심 없는 청중은 벌써 딴짓에 열중이다. 끝날 때는 꼭 빠지지 않고 "두서없이 얘기했지만 여러분께서 잘 이해해 주시기 바란다"고 마무리한다. 스스로 두서없이 말을 했는데 듣는 사람이 두서있게 들을 수는 없는 법이다.

성공, 실패가 준 선물

소통의 기본을 무시하니 스피치는 엉망이 되고 자신의 점수를 깎아내는 자충수가 된 셈이다. '말주변이 없다'고 생각되면 기회를 주더라도 정중히 사양하거나 간단하게 끝내야 한다. 그리고 스피치 커뮤니케이션 공부를 해야 한다. 공부와 노력 없이 거저 얻는 것은 없다.

3. 발언의 첫 10분에 집중하라.

말이나 행동이 어설프거나 더듬거려서는 안 된다. 얼굴에는 미소를 담고 어떻게든 기대와 집중을 모아 끌고가는 골든 타임은 첫 10분이다. 특히 처음 접하는 청중들일 경우에는 더욱 중요하다. 그래서 내가 준비하는 것은 주로 두 가지다. 10분 동안 반드시 웃길 수 있는 유머나 집중시킬 수 있는 놀라운 사건을 소개한다. 함께 웃게 되면 청중들은 낯선 연사에게 닫혀 있던 마음의 문을 연다. 그리고 자신도 모르게 '아, 들을 만하다' 면서 경계하고 있던 무장을 해제한다. 이렇게 청중과 일체감이 어느 정도 형성되면 그 다음 메시지 전달은 매우 쉬워진다. 초기 10분이 지루한 한 시간을 만들 수도 있고 눈깜짝할 사이에 두 시간이 흘러갈 수도 있다. 초기 10분에 집중하라.

4. 다양하고 적절한 사례를 풍부하게 준비하라.

결론부는 강연의 클라이맥스다. 이곳까지 자연스럽게 끌어올리기 위해선 다양하고도 적절한 사례 인용은 필수다. 사례 하나하나를 대충 알아서는 안 된다. 완벽하게 숙지하여 자료를 보지 않고 청중을 주시하면서 말할 수 있어야 한다. 다양한 사례는 스피치를 돋보이게 하는 맛깔스런 조미료에 해당한다. 주제별로 적절한 사례를 미리 준비하여 숙지하고 있어야 한다. 스마트폰 등에 저장하거나 따로 노트를 만들어 기록해 둘 가치가 충분하다.

5. PPT 자료를 준비하되 의존하지는 마라.

PPT 자료는 청중들의 시각적 효과를 유도하는 데 좋다. 각종 이미지나 관련 자료를 보여 줄 수 있어 설득력도 높다. PPT를 준비하는 것은 성의 표시로 보여 바람직하다. 그러나 여기에 전적으로 의존해서는 안 된다. 보조자료로 활용할 뿐, 연사가 몸을 돌려 PPT를 읽어서는 안 된다. 청중은 연사의 시선이 사라지면 집중력을 잃게 된다. 동영상 자료도 5분 이상 긴 것은 순기능보다 역기능이 더 클 수 있다. 풍부한 준비자료는 필요하지만 항상 연사가 그 중심에 있어야 한다.

6. 각종 저널이나 뉴스를 보고 메모하라.

메모의 힘은 위대하다. 굳이 강연이 아니라 친구와의 재미난 채팅을 위해서라도 필요한 뉴스나 통계수치는 따로 메모하는 습관이 필요하다. 강연에 필요한 다양한 사례, 통계수치, 명언 등은 각종 저널이나 뉴스에서 대부분 나온 것들이다. 별로 주목하지 않고 사라진 것을 연사들은 보석처럼 모아두고 필요할 때 적절히 활용한다. 귀찮은데 그런 것을 왜 하느냐고 할 수도 있다. 그러나 조직에서 위로 올라갈수록 전문분야보다 다른 분야의 다양한 정보와 뉴스를 해독할 수 있는 능력이 필요하다. 미리 준비하는 사람은 언젠가 빛을 보는 법이다.

7. 좋은 스피치 커뮤니케이션을 습득하기 위해서 연습하라.

처음부터 대중 앞에서 멋지게 말을 잘하는 사람은 없다. 뛰어난 연사로 소문난 사람들도 처음에는 이런저런 실수와 시행착오를 모두 겪었다. 이들은 실수를 극복하고 거듭된 연습과 노력으로 나름의 노하우를 쌓아 여기까지 온 것이다. 부러워하지 말고 자신을 연습 무대 위로 던져라.

성공, 실패가 준 선물

나는 국내외 여행을 함께 가서 가이드가 지치거나 다른 사람들이 장거리 이동에 힘들어하면 앞에 나가 마이크를 잡는다. 목적은 오직 하나, 장거리 여행에 지친 사람들을 즐겁게 해 주기 위해서다. 잘 안 되면 마이크를 놓고 내려오면 된다. 어차피 나는 팁을 요구하지도 않기 때문에 입장도 홀가분하다. 다행히 웃기는 데 성공하면 훌륭한 실전 연습을 한 셈이다.

나는 상대를 가리지 않는다. 초등학생, 유치원생, 할머니, 할아버지 등 다양한 대상을 두고 연습한다. 이들을 집중시키고 끌어갈 수 있는지 실전만큼 좋은 연습은 없다. 연습만이 나를 완벽하게 만들 수 있다. 스포츠 이야기가 아니라 스피치 이야기다. 스피치도 스포츠처럼 기회를 만들어 연습하고 즐겨라.

8. 쓰기를 중단하지 마라.

말의 힘은 글의 힘에서 나온다. 글이 되는 사람은 말이 되는 법이다. 말은 대충해도 되지만 글은 고도의 완성도를 요구한다. 따라서 글은 사람의 사고를 치밀하게 만들고 논리력을 키우는 바탕이다.

나는 돌아가신 어머니께 감사할 것이 있다. 군복무 시절 어머니께 보낸 편지가 휴가를 나와서 보니 너덜너덜해져 있었다. 이상하여 여쭤 보니 어머니는 웃으면서 "네가 보고 싶을 때 편지를 보고 또 보다 보니 그렇게 됐다"고 말씀하셨다. 그때 깨달은 것은, 내가 쓴 편지가 어머니에게 위안이 되었다는 것과 매번 같은 편지를 보셨다는 것이었다. 부대에 돌아온 나는 매주 수요일 정해 놓고 무조건 부모님께 편지를 썼다.

매주 쓰다 보니 나중에 할 말이 없어 테마를 정했다. 예를 들면 어머니를 울리기 위한 '눈물', '내일은 희망', '부모의 감사함' 등. 당시는 힘들었지만 시간이 지나고 보니 글쓰기가 내 인생에 큰 도움이 되었다.

9. 유머와 삽화를 적절히 활용하라.

청중을 한 시간 동안 집중시키기는 쉽지 않다. 나는 어떤 주제로 이야기하든 조는 사람 없이 끌고 가는 것이 목표다. 특히 공무원 교육원은 '교수들의 무덤'이라 할 정도로 이들을 집중시키기가 쉽지 않다. 교수 중에는 그런 곳을 아예 피하는 사람도 있지만 나는 더 즐기는 편이다. 이들 50명을 대상으로 한 시간 강의를 하기 위해서는 비상한 준비가 필요하다. 이때 준비하는 것은 10분 간격으로 유머나 재미있는 사례를 하나씩 터뜨리는 전략이다. 경험상 두세 명 정도는 내가 어떤 노력을 해도 '자고야 말겠다'는 의지를 관철시키는 사람이 있다. 이들은 예수도 석가모니도 구할 수 없기 때문에 괜히 주눅들 필요 없다. 남들이 웃을 때 웃지 않는 사람은 내 잘못이 아니고 그 사람 책임이다. 나는 최선을 다해 준비하고 결과와 평가는 그들에게 맡기면 된다.

10. 자기자랑보다는 실패담을 활용하라.

청중들은 남의 자랑보다 실패를 더 듣고 싶어한다. 잘난 사람이 잘난 척해도 보기 싫어한다. 더구나 못난 것이 잘난 척하면 더 싫어한다. 불가피하게 자랑을 하게 되면 반드시 사과하고 용서를 구해야 한다.

자기자랑은 남이 하도록 해야 효과가 있다. 내 스스로 입을 여는 순간, 자랑은 자만이 되고 자멸이 된다. 또한 청중을 어떤 식으로든 무시하거나 깔보는 말투, 오해는 금물이다. 강연 중에도 겸손함이 묻어 나와야 한다.

성공, 실패가 준 선물

자기통제력을 길러라

자기통제, 절제는 훈련 없이 이루어지지 않는다

자기통제력을 갖춰야 한다는 것은 알지만 이를 실행하기는 매우 어렵다. 인간은 항상 불완전하기 때문에 자기통제가 뜻대로 잘 되지 않는다. 나 역시 자기통제가 제대로 안 되어 얼마나 많은 실수와 좌절, 실패를 했던가.

자기통제를 못하면 어떤 상황이 전개될지 알 수 없다. 그리고 단순히 본인 한 사람의 잘못으로 끝나지 않고 상대나 집단 전체를 어려움에 빠트릴 수 있다. 국내 지하철 사상 최대사고로 기록된 대구지하철 참사도 한 개인이 화가 나 지하철 안에서 불을 내는 바람에 발생한 어처구니없는 사고였다.

분노로 자기통제가 되지 않으면 물불을 가리지 못한다. 그 다음 어떤 결과가 빚어질지 모른 채 어리석은 행동을 과감하게 하게 된다. 아직 후진국 수준을 벗어나지 못한 중국인들의 국제매너는 세계인들의 우환거리다. 오죽하면 중국 정부가 나서서 국제매너를 갖추자고 교육까지

시키겠는가. '어글리 코리언'은 과거보다 좋아졌지만 '어글리 차이니스'의 해외 토픽감은 끝도 없이 이어지고 있다. 이성을 잃고 1만 미터 상공 비행기 안에서 집단 난투극을 벌였다는 '세상에 이럴 수가' 형태의 뉴스가 보도됐다.

어글리 중국 승객들, 비행기서 집단 난투극

중국인 승객이 승무원에게 라면 국물을 들이붓는 난동으로 여객기가 회항하는 사건이 벌어진 데 이어 중국인들의 기내 난동이 또 발생했다.

홍콩 언론 싱다오르바오(星島日報)는 홍콩 경찰의 말을 인용해 중국 본토 승객 8명이 충칭(重慶)에서 홍콩으로 향하던 중국 국제항공 CA433편에서 난투극을 벌여 항공기 운항에 차질이 빚어졌다고 전했다.

중국 언론에 따르면 중국 여성 승객 두 사람이 "뒷자리에 앉은 아이가 너무 시끄럽게 군다"며 아이 부모에게 불평을 토로하자 부모는 "너희가 등받이를 너무 뒤로 젖혀 앉으니 아이가 불편해졌다"며 말다툼이 시작됐다.

말싸움은 이내 육탄전으로 이어졌다. 비좁은 이코노미 클래스 좌석에서 양측 4명이 공중으로 몸을 날리며 서로에게 이단 옆차기를 날렸다. 승무원들이 싸움을 말려 보려고 했지만 역부족이었다. 난투극 당시 비행기는 1만 미터 상공를 날고 있었다. (하략)

장원수 기자 jang7445@hankooki.com

성공, 실패가 준 선물

한두 사람의 자기통제 상실은 집단 전체를 위기로 몰아간다. 인간은 살아가면서 다투기도 하고 본의아니게 도발하기도 한다. 이런 중요한 위기상황에서 자칫 자기통제를 못하면 기회를 놓치거나 성공과는 멀어지게 된다.

한 대학생 커플이 있었다. 남자친구 A와 여자친구 B는 늘 함께 다녔다. 다정한 두 사람을 친구들은 부러운 눈으로 바라보았다. 그런데 느닷없이 전문직에 종사하는 C가 나타났다. 남자친구가 있는 B가 처음부터 C에게 관심을 보인 것은 아니었다. 친구들과 함께한 자리에서 우연히 C의 강력한 대시를 받은 것이다.

C는 '남자친구가 있다'는 B의 말에 개의치 않았다. 도서관에서 늦게 나오면 집에 데려다 주고, A가 소홀한 틈을 타 고급 레스토랑에 데려가는가 하면, 고가 선물공세까지 했다.

B는 흔들리기 시작했다. 처음 한두 번이 어려웠지 A 몰래 C와 만나다 보니 별로 죄스런 생각도 들지 않았다. 처음엔 마음만 변하지 않으면 된다고 생각했다. 그러나 인간은 자기 뜻대로 잘 되지 않는 법이다.

예전 같지 않은 B의 태도에 A가 화를 내는 일이 잦아져 말다툼으로 이어졌다. 이런 다툼은 B에게 오히려 C를 만나야 하는 정당한 구실로 작용했다. 차가 없는 A는 불편했고 고급 승용차까지 갖고 있는 C는 편했다. 직업이 없는 A는 가난했고 전문직에 종사하는 C는 항상 지갑이 두둑했다. 무엇보다 A는 자신을 그냥 편한 친구 정도로 생각하는데 C는 늘 공주처럼 대해 주는 것이 좋았다.

A와 C 사이에서 갈팡질팡하던 B는 점점 C에게 기울어져 갔다. A에게는 이런저런 핑계를 대면서 C와 만나는 횟수가 많아졌다. 그만큼

마음도 바뀌면서 새로운 위기가 다가오고 있었다. 상황이 되돌리기 어려운 지경에 이르러서야 A는 B에게 무슨 문제가 있다고 생각했다. 그러나 B는 사실을 이야기하지 않았다. 결국 A의 미행은 비극의 전초가 되었다.

긴 여름방학 동안 만나지 못했던 B가 9월 새학기에 나타나자 다시 만남을 시도했다. 그러나 B의 태도는 냉랭했다. 주변에서 B에게 새로운 남자가 있다는 소문이 들려왔다. 자신만 몰랐을 뿐 다른 친구들은 이미 알고 있었던 것이다. A는 이 소문을 확인하기 위해 B를 미행하기 시작했다.

B는 늦은 시각에 집으로 가지 않고 낯선 아파트로 들어갔다. 나오기를 기다렸으나 나오지 않았다. A는 온갖 상념 속에 '끝을 보겠다'는 심정으로 기다리기로 했다. 손에는 이미 '휘발유통'이 들려 있었다. B를 다시 본 것은 낯선 남자와 지하주차장으로 갈 때였다. 시간은 이미 새벽 4시를 지나고 있었다. 지하주차장 출구를 몸으로 막은 채 A는 분노에 떨고 있었다. 차의 헤드라이트가 아직 어둔 새벽을 밝히며 A를 비췄다. 요란한 브레이크 소리와 함께 차는 멈췄다.

"내 여자친구를 돌려줘. 안 돌려주면 여기서 죽어 버릴 거야."

A의 고함소리가 비명처럼 튀어나왔다.

"웬 미친놈이야?"

C의 한마디에 옆에 앉은 B가 작은 목소리로 말했다.

"내 전 남자친구야⋯."

이 짧은 순간 여자친구를 빼앗겼다고 생각한 A는 더 이상 살고 싶지 않았다. 패배감 속에 "죽어 버릴 거야"라고 다시 소리쳤다. 그러자 C는 차 안에서 라이터를 던지며 "그래, 용기 있으면 죽어 봐" 하고 소리쳤다.

이미 온몸에 휘발유를 부은 A는 C가 던진 라이트를 손에 잡고 10여 초 동안 아무 말도 하지 못한 채 B를 쳐다보며 몸을 떨었다. 그리고 그만 라이터를 켜고 말았다. 불은 삽시간에 온몸을 감쌌다. 경비원과 주변 사람들이 뛰어와 불을 끄고 A를 병원으로 옮겼다.

A는 온몸에 3도 화상을 입어 생명이 위태로웠다. 9월 어느 날 새벽의 다툼은 결국 그해 크리스마스이브에 A가 숨지는 비극으로 끝났다. 아직 죽기에는 너무 어린 나이였다. 여자 문제로 목숨까지 건 것에 대해 부모는 할 말을 잊었다. 유가족은 라이터를 던진 C를 상대로 형사소송을 제기했지만 원인 제공자 B에게는 아무것도 할 수 있는 게 없었다.

대학생뿐만 아니라 젊은 커플들 사이에 흔히 일어나는 불행한 유형의 실제 사례다. B의 이중적 태도로 A는 사망으로 C는 감방으로 가는 사건이었다. 이 사건은 A, B, C 모두 패배자로 만들었다. A는 귀한 생명을 잃었다. B는 사랑하던 두 사람을 동시에 잃어버렸다. C는 형사처벌 대상자로 전락해 직장마저 잃게 됐다.

큰 재앙에는 원래 여러 가지 이유가 복합적으로 얽히는 법이다. 나는 여기서 한 가지만 강조하고 싶다. 누구나 피가 거꾸로 솟는 듯한 격정의 상태에 빠지는 경험을 할 때가 있다. 이때를 통제할 수 있도록 훈련해야 한다. A의 입장에서 사랑하는 B의 배신을 경험할 때 아마 큰 분노에 휩싸였을 것이다. 이 순간 자신을 다스리지 못하고 스스로 절망의 구렁텅이로 빠트려 버렸다. 소중한 생명을 화풀이의 수단으로 삼다니, 정말 안타깝고 가슴아픈 일이다. 죽은 자를 붙잡고 성공도 실패도 논할 수는 없다.

자기통제력을 기르는 방법 10

1. 가장 먼저 호흡과 목소리를 잡는다.

화가 나면 먼저 몸의 변화가 나타난다. 호흡이 가빠지고 목소리부터 높아지는 공통점이 있다. 목소리가 높아지지 않도록 주의하면 어느 정도 화를 참을 수 있다.

2. 의도적으로 빨리 표정을 바꾼다.

자신도 모르게 일그러진 표정은 상대방에게 그대로 전달된다. 더 악화되기 전에 표정을 바꾸되 미소를 지을 수 있으면 더 좋다. 그런 상황에서 어떻게 미소를 지을 수 있느냐고 할 것이다. 억지로라도 미소를 지어 보고 안 되면 '헛웃음' '실웃음'이라도 터뜨려 보라. 반드시 효과가 있다.

3. 화를 내는 순간을 자각하여 '안 된다'는 강력한 신호를 보낸다.

일단 열을 받기 시작하면 짧은 순간에 폭발하는 수가 있다. 이 짧은 순간을 알아차리고 '안 된다'는 강력한 자기암시를 줘야 한다. 화는 사태의 본질을 망치고 나를 불리하게 만든다는 것을 자신에게 주입시켜야 한다.

4. 그럼에도 화가 났다면 그 순간에도 멈출 줄 알아야 한다.

이런저런 시도를 해 봤지만 제대로 안 되는 것이 인간의 감정이다. 마침내 큰소리를 치고 물건까지 집어든 상황이 되었다 해도 그 순간에 '멈출 수 있다.' 화를 내면 본인에게 큰 스트레스가 된다. 화는 빨리 멈출수록 좋다.

성공, 실패가 준 선물

5. '화를 냈다'는 것은 '나는 졌다'라는 것과 같다.

화를 내는 것은 습관이다. 단 한 번의 노력으로 나쁜 습관은 바뀌지 않는다. 어떤 상황에서든 나쁜 습관으로 상대를 굴복시키거나 설득할 수는 없는 법이다. '화＝실패'라는 인식을 스스로 의식하는 것이 좋다.

6. 화가 나는 상황에 놓이는 것을 예방한다.

개인마다 다르겠지만 화를 내는 사람은 화가 나는 비슷한 상황에서 자제심을 잃는다. 따라서 어떤 상황, 어떤 상대에게 쉽게 화가 나는지 먼저 분석하여 '맞춤형 대비책'을 만든다. 나의 경우, 상사의 부당한 지시에는 자제심을 유지하기 어렵다. 이것이 결국 나에게 손해, 패배로 돌아왔다. 이제는 정면대결은 피하고 화도 내지 않으려 노력하고 있다.

7. 강적을 만나면 '교육의 도구'로 활용한다.

나를 화나게 하는 적은 어디서든 만날 수 있다. 우리처럼 '빨리빨리' 문화, '예의 상실' 문화에서는 도처에 널려 있다. 나는 정기적으로 KTX를 타는데, 대부분 스마트폰을 갖고 시끄럽게 떠들어댄다. 과거에는 '좀 조용히 하자'고 했지만 그렇게 말하니 나도 불편하고 그런 말을 듣는 당사자도 표정이 좋지 않았다. 이제는 내 스스로 자세를 바꿨다. 이어폰을 끼고 노래를 듣든 독서를 하든 나를 연마하는 교육의 장으로 삼고 있다.

8. 가까운 가족부터 내 '연마의 도구'로 실험해 본다.

건강을 위해 아내에게 테니스를 권했다. 일정시간 레슨을 받고 난 뒤부터는 내가 직접 공을 던져 주며 훈련을 시켰다. 남에게 공을 던질 때는 상냥하던 내가 아내가 제대로 못 치면 짜증도 내고 화도 내곤 했다. 이래서는 안 되겠다 싶어 '아내는 나에게 진정한 교육자가 되기 위한 마지막 관문'이라 생각하고 화를 내면 나는 실패하는 거라고 여겼다. 7년째 공을 던지면서 아내의 실력이 향상되는 것과 함께 나의 자제력도 향상되는 것을 느껴 이 또한 감사하고 있다.

9. 성공이 절실하다면 자제력은 필수다.

함부로 화를 내고 짜증을 낸다는 것은 아직 성공이 절실하지 않기 때문이다. 자제력을 잃고 행동하는 사람은 성공을 했더라도 유지할 수 없다. 지도자의 필수덕목 중의 하나인 자제력 부재는 반드시 실패로 이어진다. 나를 반듯하게 세우고 좋은 이미지를 유지하는 것은 자제력이 필수다. '성공 = 자제력'이라는 등식을 과소평가하면 안 된다.

10. 자제력을 잃으면 한순간에 모든 성공이 날아갈 수 있다.

그동안 자신이 얼마나 노력하며 가꿔 온 작은 성공인가. 남들은 대단찮게 여길지 몰라도 여기까지 오는 데 본인의 헌신과 성실은 스스로 안다. 그러나 자제력을 잃게 되면 이 모든 것을 한꺼번에 날려 버릴 수 있다. 자제력은 무서운 힘이 있다. 어떤 상황에서도 모든 것을 지킬 수도 날려 버릴 수도 있다. 성공을 원한다면 자제력은 반드시 길러야 할 성공 근육임을 잊어서는 안 된다.

성공, 실패가 준 선물

화를 내고 난 뒤의 상황수습 방법 10

화를 내지 않으려 했지만 결국 화를 내고 말았다면 어떻게 해야 할까. '화를 낸 자신'에 대한 실망 혹은 상대방에 대한 분노 등 복잡한 감정이 정리되지 않은 채 남아 있을 수 있다. 시간은 이 모든 것을 잊게 하지만 한번 다친 감정은 오래도록 기억에 남아 서로의 관계는 물론 타인과의 관계에도 악영향을 미칠 수 있다. 화를 참지 못했다 하더라도 그 뒷수습은 또 다른 노력이 필요하다.

1. '화를 냈다'는 것은 자신의 패배로 받아들인다.

무슨 이유로 화를 냈는지, 그 화가 정당한지를 따지지 마라. 일단 스스로 통제하지 못했다는 것이 나의 패배를 의미한다고 받아들이자. 패배를 인정하면 그 다음 사과할 마음이 생긴다. 패배를 인정하지 않고 여전히 화가 나 있다면 사과라는 감정은 생기지 않는다. 마음에 없는 사과는 상황을 악화시킬 뿐이다.

2. 잘하고 잘못하고를 따지지 않고 사과한다.

모두 '나는 옳고 너는 잘못'이라는 논리구조를 갖고 있다. 공식적인 논쟁에서는 따지고 캐묻고 반박해야 한다. 그러나 사과하는 자리에서는 더 이상 잘잘못을 논해서는 안 된다. 상대가 다시 한 번 따져 보자고 목소리를 높여도 '나의 이해가 부족했던 것 같다' '내가 오해했다'는 식으로 분명하게, 예의를 갖춰 사과의 자세를 유지해야 한다.

3. 사과를 받아들이지 않더라도 사과해라.

상대방은 어쩌면 사과의 기회를 주지 않으려 할지도 모른다. 또 사과를 하더라도 무시할 수도 있다. 이런 상황에서라도 사과를 해야 할까? 해야 한다. 사과

를 하는 것은 나의 소관이요 받아들이는 것은 상대방의 권리다. 다시 욕을 듣

더라도 사과해라. 다시 보지 않을 사람이라 하더라도 사과하고 마무리해라. 사

과는 상대에게 하지만 결과는 자신을 위하는 것이다.

4. 사과의 타이밍은 중요하다.

사과는 타이밍에 따라 성패가 결정날 수 있다. 화를 낸 후 즉각 사과한다면

가장 좋다. 그러나 상대에 따라 감정적이고 즉흥적으로 받아들일 수도 있다.

특히 진정성이 없다고 판단되면 무용지물이 된다. 직장 상사라면 충신을 잃게

되고 소중한 친구라면 다시는 우정을 찾을 수 없을지도 모른다. 상대의 감정이

좀 누그러진 뒤 적절한 기회를 만들어 진심어린 사과를 하는 것이 좋다.

5. 명분을 만들어 사과하라.

인간은 명분에 굴복한다. 적절한 명분을 만들어 사과하면 효과가 높다. 무조

건 '미안하다, 그만 잊어버리자'는 식의 사과는 무성의해 보인다. 특히 상대에

대한 배려가 없어 보인다. 어떤 부분을 사과하는지 정당한 명분을 만들어 구체

적으로 사과하라. 이 명분을 돋보이게 하는 것이 물질이다. 작은 선물이라도

사과의 의미로 받아 달라고 하면 더욱 효과가 있다.

6. 사과하는 태도가 모든 것을 결정한다.

사과는 굴복이 아니다. 사과를 통해 굴욕감을 느끼고 자존감이 땅에 떨어지

는 듯한 기분이 든다면 사과는 실패로 끝난다. 사과는 스스로 통제력을 잃고

상대에게 무례하게 군 자신에 대한 반성이다. 인간은 반성하면서 성장한다. 따

라서 사과를 한다는 것은 나의 성장을 위한 투자다.

7. 상대의 사과 요구가 과다하다고 판단되면 일단 물러서라.

사과가 굴욕으로 느껴져서는 안 된다. 더구나 상대의 강요라면 '노'라고 할 수 있어야 한다. 사과를 빌미로 완전 굴복을 요구하거나 과도한 것을 강요한다면 일단 그 선에서 중단하고 물러서라.

8. 사과는 상대에게 하는 것이지만 궁극적으로 자신을 위한 것이다.

사과를 하고 나면 기분이 후련해야 한다. 상대가 받아 줘서라기보다는 내 마음속에 남아 있던 감정의 찌꺼기를 털어냈기 때문이다. 오히려 마음이 무거워지거나 분노가 생겨났다면 잘못된 것이다. 상대에 따라 사과 방식과 수위를 조절해야 한다.

9. 사과의 형식보다 진정성이 중요하다.

사과는 상대방을 만나서 하는 것이 가장 교과서적이다. 그러나 전화나 문자, 편지 등 상대와 사안에 따라 무엇이 가장 적절한지 고민해 볼 필요가 있다. 사과는 형식보다 진정성이 문제다. 어떤 방식이든 진정성을 잘 담을 수 있는 방식을 택해야 한다.

10. 시간과 정성을 쏟아라.

화는 함부로 낼 수 있지만 사과는 함부로 해서는 안 된다. 상대가 소중하다고 판단할수록 시간과 정성을 쏟아야 상대를 움직일 수 있다. 화를 내면 간단하게 상대를 적으로 만들 수 있다. 한번 돌아선 마음을 다시 내 편으로 되돌리는 사과나 화해의 제스처는 몇 배의 노력과 정성이 필요하다. 사과를 하려면 즉흥적인 생각이 아닌 사려 깊은 결심과 노력이 필요하다.

자기 강점을 찾아 그것으로 승부하라

타인과 비교하는 것은 자신에 대한 모독이다

젊은이들이여, 제발 직업에 관한 한 부모의 말을 듣지 마라. 물론 자식을 위한 조언이지만 직업에 관한 한 미안함이나 죄책감 같은 건 갖지 말아야 한다. 다행히 본인의 생각과 목표와 일치한다면 물론 환영할 일이다.

그런데 대부분 부모들은 자식이 고생하는 것을 보고 싶어 하지 않으며 남들에게 내세울 만한 직업, 안정적인 직업, 선망하는 직업을 권한다. 그런 세속적인 가치관에 따라 선택한 효자들은 끝내 직업을 바꾸거나 오랜 시행착오를 거친 후에 뒤늦게 자기 길을 찾아서 성공하는 경우, 혹은 실패하는 경우를 종종 보았다. 직업에 관한 한 부모의 권유를 뿌리치라는 이유를 세 가지로 설명해 보겠다.

첫째, 부모와 취업을 준비하는 20대 자녀와의 가치관이 크게 다르기 때문이다.
부모는 직업의 안정성과 명예, 월급액수 등을 최우선에 두기 때문에 의사, 판검사, 공무원 등을 선호한다. 이런 직업은 앞으로도 좋다고 볼 수 있다. 그러나 세속적 기준으로 권하는 것은 자칫 벤츠 검사, 부패공무원으로 만들 위험성도 내재되어 있다.

스스로 정한 인생 목표가 아닌 경우, 좋은 직업을 그만두는 사례도 많다. 공부를 잘한다는 이유로 의대에 갔지만 하루에도 수많은 환자를 만나는 것이 스트레스라는 이유로 의대의 길을 포기하는 것은 다른 사람의 기회를 빼앗는 것일 수도 있다.

둘째, 부모는 자식의 실패, 좌절, 눈물을 보고 싶지 않기 때문에 자식의 잠재적 능력을 키울 기회를 주지 않는다.

20대 때 취업 준비에만 매달리는 것도 불행이다. 다양한 여행도 하고 실패도 해 보는 등 자신을 위해 투자해야 할 시기다. 20대 때의 실패와 좌절의 경험은 인생의 값진 투자다. 20대에 벌써 출세가도를 달리는 것은 인생의 독으로 작용하게 된다는 것을 나이가 들면 안다.

부모를 만족시키기 위해 남들이 이야기하는 멋진 직장을 가질 필요는 없다. 그것이 결혼하는 데 좋은 조건이라 하더라도 그렇게 하지 않는 것이 좋다. 실패의 중요성, 그 가치를 과소평가하면 안 된다. 스스로 성장하고 싶다면 부모의 권유를 뿌리치고 일부러라도 실패해 보고 후진국에 가서 봉사도 해 볼 것을 권한다. 인생을 긴 승부로 보지 않고 조급하게 얻는 것이 과연 어떤 결과를 낳게 될지는 시간이 흘러봐야 깨닫게 된다.

셋째, 스스로 찾은 직업은 열정을 쏟고 헌신하게 만든다.

자신의 재능과 가치관에 맞는 직업을 선택하게 되면 놀라운 열정을 쏟게 된다. 좋아서 하는데 누가 당할 수 있을 것인가. 부모가 권유한 직업이 아닌 자유의지로 내 재능에 따라 택한 길은 행복하다. 내가 행복하니 주변도 행복하고 이것은 곧 성공을 의미한다.

피겨 선수로 이름을 남긴 김연아는 자신의 재능을 찾아 부모가 열성으로 키워 낸 대표적 성공 사례다. 싸이를 보라. 부모가 음악 공부하러 간다면 유학을 보내 주지 않으니까 거짓말을 하고 갔다. 그러나 자기가 좋아하는 음악을 선택해 세계적 스타가 되었다. 20대의 실패와 좌절은 그를 더욱 큰 스타로 만들었다. 대스타가 되기 어려운 불리한 조건을 가졌지만 모든 것을 극복할 만큼 열정이 있었다. 그 열정은 자신의 재능 위에서 꽃을 피웠다.

성공하는 사람들의 공통점은 아주 단순하다. 자신의 재능을 찾아내 그것을 갈고닦은 것뿐이다. 그런데 사람들은 남들의 화려한 모습에만 열광하고 그 이면의 노력과 내재된 재능 발굴은 주목하지 않는다.

영어에 이런 표현이 있다. "너 자신을 타인과 비교한다는 것은 자신에 대한 모독이다(Comparing yourself with others is insulting yourself)." 나는 이 말을 좋아한다. 자신은 자신만의 길이 있다. 자신의 재능에 따라 스스로 인생의 길을 찾아가는 것은 성공의 필수전제조건에 속한다.

나는 기자가 좋았기 때문에 이스라엘과 영국 등 먼 길을 돌아 오랜 시간이 걸린 뒤에 겨우 기자가 됐다. 똑같은 기자였지만 누가 만족감이 컸을지는 미루어 짐작할 수 있다. 자신의 재능을 바탕으로 원하던 직업을 가졌다고 성공의 필요충분조건을 채운 것은 아니다. 또 다른 복병은 항상 나타난다. 교수의 길로 바꿨지만 기자 시절 배운 글쓰기 훈련과 나의 작은 재능은 항상 나와 함께 한다고 믿는다. 주중, 주말 가리지 않고 필요하면 내 일에 몰두하는 것은 스스로 내 재능에 따라 직업을 선택했고 만족하기 때문이다. 설혹 만족하지 못하더라도 남을 탓할 수는 없다.

성공, 실패가 준 선물

부모는 자식을 교육시켜 주는 선에서 손을 떼야 한다. 전공이나 어학연수 등도 모두 스스로 결정하도록 해야 한다. 나는 이런 경험이 있다. 가급적 학생들을 해외에 많이 보내기 위해 이스라엘 하이파대학과도 자매결연을 맺었다. 유대인들은 한국의 대학교에는 별로 관심이 없어 관계 맺기가 쉽지 않았다. 다행히 수십 년 전 과거 태권도 제자들(현재는 전문직에 종사하는)의 도움으로 어렵사리 교환학생 프로그램을 만들수 있었다.

그런데 하이파대학에 가겠다는 지원자가 별로 없었다. 모든 경비가 무료인 좋은 조건이었는데도 '위험하다'는 이유로 지원하지 않았다. 심지어 어렵게 선발한 학생조차 '부모님이 반대한다'는 이유로 취소했다. 부모의 염려는 이해하지만 이렇게까지 자식을 과잉보호한다는 것은 자식의 미래를 망친다는 게 나의 생각이다.

자신의 재능을 찾지 못하면 갈팡질팡하게 된다. 이 직업을 보면 좋아보이고 또 저 직업을 보면 더 좋아 보이는 식이다. 여기다 부모의 권유직업은 또 다른 변수가 된다. 부모가 산 세대와 자식이 살아갈 세대는 엄청나게 다를 수밖에 없는데, 부모는 자신의 제한된 경험과 지식으로 자식의 미래를 가이드하려고 한다.

누구나 장점과 단점을 갖고 있다. 재능을 찾는 것이 첫 번째 일이다. 처음부터 타고난 재능을 발견할 수 있다면 다행이지만 대부분 그렇지 않다. 자신이 찾는 경우도 있고 타인의 눈에 띄어 재발견할 수도 있다. 어떻게 재능을 찾아 그것으로 승부수를 띄울 수 있을까. 나의 경험을 바탕으로 정리해 보겠다.

자신의 재능을 찾아 갈고닦는 방법 10

1. 내가 뭘 하면서 가장 즐거운지 관찰한다.

놀 때가 가장 좋다면 뭘 하고 놀 때가 가장 좋은지 살펴본다. 특히 휴일이나 시간 날 때 무엇에 흥미를 느끼는지 알아본다. 책읽기를 좋아하는 아들은 실패도 경험하고 시행착오도 있었지만 스스로 알아서 공부의 길로 가고 있다. 공부는 미워했지만 춤추고 노래하는 것을 좋아하던 딸은 베를린에서 패션모델과 음악 제작, DJ로 일하며 행복해하고 있다. 자기가 좋아하는 것을 하는 사람은 언젠가 두각을 나타낸다.

2. 교과목 중 어느 과목을 잘하는지 혹은 흥미가 있는지 관찰한다.

유독 외국어에 관심을 보이거나 숫자를 갖고 놀기를 좋아하는 아이가 있다. 그런 분야에 재능이 있다는 것을 부모는 빨리 눈치채야 한다. 나는 과목 중에 국어를 특히 좋아했다. 중학교 때 국어선생님에게 잘 보이기 위해 고등학교 국어 참고서를 공부하는 식이었다. 현진건과 김동인의 소설을 즐겨 읽었던 기억이 난다. 이런 경우 국어에 재능이 있다고 생각하면 된다.

3. 직업을 선택할 때 반드시 자신의 재능에 맞춰야 한다.

재능보다 직업적 안정성, 연봉, 연금 등을 따져보는 것도 물론 중요하다. 그러나 재능보다 후자가 우선시되면 열정을 쏟을 수 없다. 이직을 할 수도 있고 필요하면 해야 한다. 그런 경우에 재능을 발휘할 수 있는 곳으로 가야 미래와 보람을 동시에 기대할 수 있다.

성공, 실패가 준 선물

4. 비슷한 흥미를 가진 사람들과 사귄다.

친구들도 끼리끼리 모이는 법이다. 재능이나 취향이 비슷한 사람끼리 모이면 좀 더 쉽게 목표에 도달하게 된다. 나는 건국대학교 축산대에 다니면서 친구들과 함께 기자시험 준비를 했다. 결국 먼길을 돌아서 AP통신사 서울특파원으로 언론계에 뒤늦게 데뷔했다.

5. 공부 못한다고 재능마저 주눅들 필요는 없다.

우리 교육은 전 과목을 다 잘하는 만능선수를 원한다. 이는 소수 몇 명의 천재를 스타로 만들고 나머지는 바보로 만드는 교육방식이다. 공부 천재 때문에 내가 가진 재능이 초라해 보여도 주눅들어서는 안 된다. 공부 천재를 이기는 길은 내 재능을 지속적으로 연마하는 것이다. 인생은 장기승부라는 것을 잊지 마라.

6. 재능을 살리는 데는 한국보다 외국이 유리하다.

한국은 공부 잘하는 학생에게는 모든 것이 유리하다. 반대로 특출한 재능을 가졌지만 공부를 못하는 학생에게는 무덤이다. 교육 선진국은 재능을 가진 학생에게 많은 기회를 제공한다. 특정분야에 재능이 있으면 외국어 공부를 더욱 열심히 해야 한다.

7. 재능이 없다면 만들어라.

재능은 김연아처럼 어릴 때 나타나기도 하고 장미란처럼 사춘기에 엄청난 괴력으로 나타나기도 한다. 대학 졸업반이 되어도 뭘 해야 할지 모르겠다는 학생이 있다. 대학은 공부도 하지만 자신의 재능을 찾아야 할 마지막 과정이다.

8. 부족한 재능은 깡으로 돌파하라.

아무리 찾아보아도 재능이 없다면 어떻게 할까. 재능을 만들고 싶어도 잘 안 되면 어떻게 해야 할까. 그때는 스스로 재능을 무시하라. 내가 하는 것, 내가 해야만 하는 것을 재능삼아 깡으로 버텨라. 절박한 현실, 절박한 필요는 나의 잠재력을 현실로 나타나게 한다. 굳이 재능을 찾지 않더라도 내가 집중하는 것, 그것을 재능으로 만들면 된다.

9. 나의 재능에 대해 여러 사람에게 물어보고 정리해 둔다.

스스로 자기 재능을 잘 파악하지 못할 수도 있다. 친구나 친척 등 제3자가 말하는 공통점을 기록하여 비교해 보라. 그곳에 내 재능의 힌트가 숨어 있을 수도 있다. 재능은 소중한 것이다. 잘 가꾸면 보석이 되고 방치하면 그냥 사라진다. 남들이 인정하는 재능을 소중히 여기고 계발하는 의지가 필요하다.

10. 성격, 외모, 목소리 등도 재능이다.

재능을 공부나 스포츠에서만 찾아서는 안 된다. 성격과 외모 등 모든 분야에서 폭넓게 찾아야 한다. 여학생의 경우 미모도 재능에 속한다. 인제대 신방과 졸업생 김지현은 갸름한 얼굴과 아나운서가 되고 말겠다는 의지로 7전8기 끝에 KBS(목포) 9시 앵커로 활약중이다. 쟁쟁한 대학 출신들을 물리치고 최종 앵커로 선발된 그 순간의 감격을 전하던 그녀의 목소리를 잊지 못한다. 재능만으로 다 해결되는 것은 아니다. 재능이 부족하면 독기와 성실로 이를 극복해 내는 치열함이 있어야 한다.

성공, 실패가 준 선물

인격 수양을 하찮은 것으로 생각지 마라

인격이 인생을 한순간에 결정할 수 있다

성공에 무슨 인격? 인격을 갖추지 못한 사람이 성공한 경우도 많은데 성공을 위해 인격까지 갖추라는 것은 좀 무리한 요구 아닌가? 다양한 반론이 있을 수 있다.

인격이라고 표현하기가 좀 조심스럽다. 너무나 추상적이고 성공한 사람들이 모두 인격자라고도 말할 수 없기 때문이다. 그래서 여기서는 '인격 수양'을 거창하게 해석하지 않고 '예의를 중하게 여기는' 정도로 한정하고자 한다.

'예의를 중하게 여긴다'는 것도 추상적이고 제각각 해석이 다를 수 있음을 인정한다. 그래서 좀 더 좁히면 '일상의 생활 에티켓을 지키며 타인을 배려하는 정도'로 정의하겠다. 더 좋은 더 적절한 표현을 찾을 수 있으면 좋겠지만 일단은 '인간의 품격'을 나타내는 '인격'이라는 단어를 사용한다.

먼저 인격 부족에 따른 나의 어리석은 실수담을 소개하겠다.

나는 한국에서 교수를 임용하는 데 그렇게 많은 로비와 압력이 있을 줄은 미처 몰랐다. 나 스스로 어렵게 임용되었기 때문에 최대한 공정하고 투명하게 하고자 했다. 그러나 주변 상황은 만만치 않았다. 서울의 유명 대학교 신문방송학과 교수가 인제대학교 신문방송학과 교수를 임용하는데 내게 전화를 했다.

"이번에 지원한 사람 중에 내 제자가 있는데, 아주 우수해서 김 교수에게 추천 좀 하려고 전화했습니다."

말은 정중했지만 타 대학교 인사에 개입하는 것 같아 기분이 좋지 않았다. 적당히 하고 물러났다면 그 정도로 끝났는데, 그는 집요했다. 내가 이력서 등을 잘 보고 판단하겠다고 대답했지만 그는 물러나지 않았다.

"이력서에 나타나지 않은 훌륭한 점을 얘기해 줄 테니 한번 들어 보세요."

나는 이미 열을 받기 시작했다. 대학교수 임용에 이런 식의 로비가 보편화되어 있는 것인지 정말 몰랐다. 나는 몹시 불쾌했다.

"우리 인제대학교 인사규정이 있으니 그것을 기준으로 판단할 겁니다. 이 정도로 하시지요."

그러나 그는 계속 말을 이어갔고 자제력을 잃어버린 나는 끝내 해서는 안 될 말을 했다.

"참 부럽기도 하고 부끄럽기도 합니다."

그는 "그게 무슨 말이냐?"고 되물었다. 나는 기본 예의를 잊고 하고 싶은 말을 그대로 쏟아냈다.

"부럽다고 한 것은 이렇게 남의 대학에 지원하는 데 은사가 나서서 전화까지 하도록 하는 지원자가 부럽고, 부끄럽기는 학술단체 회장이라는 분이 남의 인사에 로비성 전화를 한다는 것이 부끄럽다는 것입니다.

그렇게 훌륭한 제자라면 왜 회장님 학교에서 뽑아가지 않고 지방까지 내려보내는지요. 오늘 제가 확실히 말씀드릴 수 있는 것은 제가 최선을 다해 떨어뜨려드리겠다는 것입니다."

이런 대화의 결과는 나의 패배였다. 옳고 그름을 떠나서 기본 예의를 갖추지 않고 상대에게 비수 같은 말을 퍼부은 것은 예의를 상실한 것이다. 나는 그 대가를 두고두고 치러야 했다. 어리석은 자들이 기본 예의를 지키지 않으며 이는 실패로 가는 첩경임을 깨달았다.

기본 예의, 인격을 갖추지 않은 전문가는 반드시 불행해진다. 이를 깨닫고 빨리 자신을 수정하면 된다. 그러나 전문가들은 스스로 엘리트 의식에 빠져 자신을 고치려 하지 않는다. 나의 경우는 그래도 약과다. 다음은 의대 교수가 기본 예의를 상실한 결과 지방 언론에 보도된 내용이다.

대학병원 전문의, 간호사에 폭언 · 폭행 물의

경남의 한 대학병원 전문의가 간호사들에게 상습적으로 폭언 · 폭행을 한 것으로 드러나 노조와 피해자들이 반발하고 있다.

보건의료노조 부산본부는 양산 부산대학교병원 정문 앞에서 기자회견을 열고 "흉부외과 전문의 A교수가 수년간 간호사들에게 폭언과 폭행을 일삼았다"며 이번 사태를 '제2의 땅콩 회항사건'에 비유했다. 노조 측은 피해자들이 부당한 대우를 받았는데도 직장에서의 불이익 등을 우려해 A교수의 '횡포'를 참을 수밖에 없었다며 병원이 해당 교수를 중징계하라고 요구했다.

기자회견에는 A교수로부터 폭언을 듣거나 폭행을 당했다는 현직 간호사 2명이 증언에 나섰다. 올해 3년차 간호사인 김모 씨는 오전 관상동맥우회술을 하러 들어갔다가 실수를 했다는 이유로 A교수가 본인의 다리를 걷어찼다고 밝혔다.

김씨는 현재 우울증 진단을 받고 병원 측에 병가를 요청한 상태다. A교수와 몇 개월간 함께 일한 적이 있다는 다른 간호사 조모 씨는 "교수님의 눈빛과 윽박지르는 목소리는 극심한 스트레스와 공포심을 느끼게 했고, 화가 나면 아무도 말릴 수가 없었다"고 토로했다.

A교수는 실제 5년 전 수술실에서 간호사의 가슴팍을 때려 보직해임을 당했고, 2년 전에도 병원 관계자를 상대로 폭언해 징계를 받은 적이 있는 것으로 드러났다. 노조는 최근 이 사건과 관련해 A교수를 폭행 혐의로 울산지검에 고발했다.

의사가 자신을 돕는 간호사에게 폭언·폭행을 한다는 것은 전문의의 치명적인 기본 소양 부족이다. 인격적 결함은 언행에서 두드러지게 나타난다. 이미 한 번의 실수가 있었는데도 교훈을 얻지 못하고 또다시 폭행까지 한다는 것은 의사 이전에 한 성인으로 인격적 결함을 갖고 있다고 봐도 무리가 없다. 그는 치료의 대상인 환자이지 의사가 될 수 없다.

인격을 갖추지 못해 성공했지만 실패의 나락으로 떨어지는 사람은 하루에도 수없이 언론에 보도되고 있다. 이번에는 '수학 천재'로 알려진 서울대학교 수학과 교수 사례다. 그는 서울대 수학과를 나오고 미국

예일대에서 박사학위를 받아 수학과 교수로 재직해 왔으며 서울에서 열린 세계수학자대회 초청 강연자 중 한 명으로 선정된 석학이었다. 정부가 주는 한국과학상, 대한민국 최고과학기술인상을 받기도 했다. 세계적인 수학자로 유명세를 타던 그가 나락으로 떨어진 것은 수학과 전혀 상관 없는 인격적 결함 때문이다. 그는 제자 상습 성추행범으로 끝내 구속되는 신세가 됐다.

'제자 상습 성추행' 서울대 교수 구속기소

여제자들을 상습 성추행한 혐의를 받고 있는 서울대 수리과학부 교수가 재판에 넘겨졌다.

그는 지도학생 등 서울대 여제자 8명을 11회에 걸쳐 상습 성추행하고, 세계수학자대회 도중 20대 여성 1명도 성추행한 혐의를 받고 있다. 그는 피해 학생들을 외부 식사 자리나 연구실로 불러내 껴안거나 신체를 만지는 등 성추행한 것으로 드러났다.

이 사건이 보도되자 서울대 학내 인터넷 사이트 등에는 익명의 또 다른 피해 제보가 잇따랐다. 검찰은 익명의 글 게시자와 수리과학부 졸업생, 또 그가 지도교수를 맡았던 동아리 회원 등을 상대로 수사를 벌여 피해 사실을 더 확인했다.

그 교수는 수학 천재일 뿐 기본적인 예의조차 갖추지 못해 학생들에게 피해를 주었고 자신을 망쳤다. 학교의 이미지를 실추시켰고 전체 교수사회를 부끄럽게 만들었다. 소위 일류코스만 밟아 엘리트 의식이 강한 부류의 인간들이 쉽게 오류에 빠지는 것은 바로 상대에 대한 배려의 부족이다. 자기만 잘났고 자기는 어떤 일도 정당화시킬 수 있다는 착각에 빠진 경우를 종종 본다. 아무리 수학 천재라 하더라도 50대 나이에 상습 성추행범으로 실형을 선고받았으니 재기하기 어려울 것이다.

사회 곳곳에서 기본 인격 결함 때문에 성공의 위치에서 굴러떨어지는 경우를 쉽게 목격한다. 이번에는 서울시향 P대표에 대한 논란의 경우다. 언론에서 진위 여부를 두고 많은 주장이 있었고 본인은 부인했지만 기본적인 문제점은 언행을 통해 확인됐다.

서울시향 대표 폭언·성희롱 사실로 확인

막말 파문의 장본인인 서울시립교향악단 P대표가 실제로 직원들에게 상습적인 폭언과 성희롱을 일삼은 것으로 확인됐다.

서울시 시민인권보호관은 P대표 막말 논란에 대한 진상 조사 결과를 발표하고 박원순 시장에게 징계와 함께 피해 당사자들에 대한 피해 회복 조치를 취하라고 권고했다.

시민인권보호관에 따르면 서울시향 사무국 일부 직원들이 P대표가 폭언과 성추행 등을 일삼았다며 언론 등에 공개한 내용은 대부분 사실에 부합했다.

조사 결과 P대표는 지난해 취임한 이후 직원들에게 사무실과 행사장 등에서 남녀 직원을 가리지 않고 언어적 성희롱 등을 했고, 폭언과 욕설 등도 지속적으로 했다.

P대표는 직원을 포함한 9명의 직원에게 평소 사무실에서 모멸감을 주는 폭언을 수시로 해 온 것으로 확인됐다.

P대표는 지난해 하반기 서울시의회에 자신을 문제삼은 투서가 전달된 사실을 놓고, 투서한 직원을 색출해 낸다며 직원들을 겁박하기도 했다.

시민인권보호관은 직장상사가 직위를 이용해 업무 등과 관련해 성적 굴욕감과 혐오감을 느끼게 한 것은 명백히 성희롱에 해당하고, 저질스런 욕설과 모욕적인 발언으로 언어폭력을 행사한 것도 전형적인 직장 내 괴롭힘 행위에 해당한다며 대한민국 헌법이 보장하고 있는 인격권을 침해한 것이라고 판단했다.

[출처] 조선닷컴

어떤 전문직에 종사하더라도 기본 인격을 갖추지 않으면 때로는 극적으로 이 사례처럼 나타나기도 하고 때로는 전혀 외부에 드러나지 않으면서 학생들을 힘들게 하기도 한다. 능력이나 학벌만 중시하는 사회는 그래서 위험하다. 인격적 결함 여부는 교수 임용과정에서는 보지 않고 (보기도 힘들고) 오직 학위와 논문, 학벌 등이 잣대가 되다 보니 이런 일이 종종 발생하는 것이다.

그러나 인격을 갖춘 사람은 위기에서 뜻밖의 구세주가 나타나기도 한다. 대한항공 땅콩 회항사건의 희생자로 주목받은 박창진 사무장의 이야기는 많은 사람들의 격려를 받았다. 용기있게 진실을 증언했지만 대한항공 임직원들에게 '미운털이 박힌' 박 사무장의 거취는 함부로 할 수 없게 만드는 일화였다.

"박창진 사무장 쫓겨난 기사 보고 너무 속상해"

아이와 함께 대한항공 탔던 승객의 글 화제

일명 '땅콩 회항 사건'으로 비행기에서 내려야 했던 박창진 대한항공 사무장의 평소 고객서비스가 훌륭했다는 증언이 나왔다. 박 사무장은 항공기에 탑승한 조현아 대한항공 부사장으로부터 '승무원 서비스 관리가 미흡하다'는 이유로 이륙 직전 하기 조치됐으며, 현재 '병가' 상태다.

박민영(오스트레일리아 멜버른) 씨는 '땅콩 사무장님과의 인연'이라는 제목의 글을 다음 아고라에 올렸다. 지난해 말 갓 돌을 지난 아들과 시드니발 인천행 대한항공 여객기를 타고 돌아오던 길, 투정을 부리는 아기를 박 사무장이 손수 안고 비행기를 구경시켜 주며 돌봐주었다는 내용이었다. 이 이야기는 트위터와 페이스북 등 SNS에서 다시금 널리 회자되며 많은 공감을 얻었다.

박씨는 "(박 사무장이 서비스 미흡을 질책받아 항공기에서 쫓겨났다는) 기사를 보고 너무 속상했다. 호주 여성들이 활동하는 (온라인) 카페에도 글을 올렸는데, 같은 경험을 했다는 댓글이 달렸다. 항상 승객들에게 최선의 서비스를 제공해 주시는 분이 확실한 것 같다"며 "이런 좋은 분께 안 좋은 일이 생겨 제가 마음이 다 아프고 너무나 속이 상했다"고 했다. (하략)

정유경 기자 edge@hani.co.kr

　　　　　　　　　　　　　　　　　성공, 실패가 준 선물

인격 없는 성공은 성공이 아니다. 직위가 높다고 부자라고 성공으로 부르지 않은 이유이기도 하다. 나는 전문성으로 성공만 하면 되지 무슨 인격 타령이냐고 생각한 적이 있다. 그러나 성공실패학을 연구하면서 생각이 바뀌었다. 인격 없이 예의 없이 성공할 수는 있지만 유지하기는 힘들다는 것을 다양한 사례를 통해 배웠다. 연예인에게도 이 법칙은 적용된다.

대중스타가 가장 강력한 대중매체인 텔레비전 출연을 금지당한다는 것은 사형선고나 마찬가지다. 국민의 인기를 한몸에 받고 CF 등에도 출연하는 등 오랫동안 국민의 사랑을 받아 온 대형가수 송대관의 말년인생이 실패로 가고 있다.

그는 부동산 투자 명목으로 거액을 받아 챙긴 혐의로 징역 1년2월에 집행유예 2년을 선고받았다. 사기 등에 연루돼 형을 선고받았다는 것은 어떤 이유로든 팬들을 납득시키기 어렵다. 더구나 부인은 구속돼 실형을 살고 있는 상황이다. 텔레비전 출연 금지가 본인에게는 억울할지 모르지만 팬들에 대한 존중, 인격의 중요성을 새삼 설명하고 있는 대목이다.

인격은 사회생활 속에서 갖춰야 할 최소한의 규범양식이며 타인에 대한 배려와 상식적인 행동을 의미한다. 법적으로 이미 사기행각 등은 파렴치 행위로 사회적 규탄의 대상이 된다. 그가 누구든 인격을 바탕으로 하지 않은 재능과 성공은 헛된 것이다.

인격을 갖추기 위한 방법 10

1. 인격이 성공에 필수라는 의식을 갖는다.

인격 없는 성공은 유지하기 어렵고 앞으로 더 어려워질 것이다. 인격이 결국 인생의 행불행을 결정짓는 주요 요소다.

2. 인격의 핵심은 상대에 대한 작은 배려다. 배려하고 또 배려하라.

누굴 배려한다는 것은 말처럼 쉽지 않다. 그러나 상대방을 배려하면 말과 행동에 여유가 생기고 많은 변화를 경험한다. 배려만이 상대방을 움직일 수 있다.

3. 인격도 습관에서 나온다. 좋은 습관을 기르도록 한다.

나로 인해 타인을 괴롭히고 곤경에 빠트리는 행위를 줄이도록 한다. 대신 나로 인해 상대가 좋아하는 선행을 찾아서 하도록 한다. 선행은 선행을 낳고 이것이 습관이 되면 이를 인격이라 부른다.

4. 인격은 말과 몸에서 나온다. 언행을 다스리는 노력을 한다.

꽃마다 다른 향기를 내뿜듯 모든 사람은 각자의 향기를 풍기는 법이다. 말과 인품에서 나오는 향기를 인격이라 한다. 난폭하거나 무례한 행동은 향기의 적이다.

5. 봉사는 인격 함양에 좋은 훈련이다.

봉사는 매우 포괄적이다. 돈을 기부하는 것도 재능 기부도 봉사다. 봉사를 조금 해 보고 다 아는 것처럼 이야기할 수는 없지만 부족한 인격 함양에 봉사가 주는 반대급부는 상상 이상이다. 봉사는 부족한 인격을 키우는 좋은 교과서다.

성공, 실패가 준 선물

6. 종교를 갖는 것도 좋다.

종교는 인간을 겸손하게 만들고 부족함을 인식시켜 주는 힘이 있어 인격 수양에 도움이 된다. 또한 주변을 생각하고 봉사도 열심히 하므로 인격을 함양하는 데 좋다.

7. 따스한 가슴을 갖도록 한다.

열정과 집념을 가지고 노력하는 마음 한편에 인간에 대한 따스한 마음도 간직해야 한다. 가슴이 따뜻한 사람은 표정에서 금방 나타난다. 약자에게 연민을 갖는 것은 따스한 가슴에서 나온다.

8. 특별한 일이 없어도 미소를 짓도록 노력한다.

웃는 얼굴은 상대의 마음을 열게 한다. 이를 위해 미소 짓는 것을 습관화해야 한다. 혼자 있을 때도 좋은 생각을 하며 실실 웃는다. 남들이 좀 이상하다고 생각해도 괜찮다.

9. 10, 20대 출세는 인격 함양에 적이다.

일찍 출세를 하면 인격 함양의 기회를 놓치게 된다. 오만은 인격 함양의 최대 적이므로 초년 출세는 과감히 포기하고 스스로 좌절과 실패의 기회를 찾아라.

10. 인간관계를 소중히 여긴다.

모든 사람과 친하게 지내야 한다는 뜻은 아니다. 인간관계는 한 인간의 인격 위에 형성된다. 기본적인 소양을 갖춘 인격은 대인관계도 좋은 편이다.

'노' 해야 할 때 '노' 라고 말하라

'노' 라고 말하지 못해 쪽박 찬 사람이 많다

　한국 사회에서 특히 젊은이들 사이에 '노' 라고 하지 못해 인생 전체를 망치는 경우를 많이 봤다. 마음이 약한 사람들, 타인을 잘 배려하는 사람들이 차마 '노' 라고 말하지 못해 치명적 실수나 범법을 저지르는 사례가 흔하다.

　한국 사람처럼 정이 많은 민족이 없다. 특히 친구간에는 웬만하면 '노' 라고 하지 못한다. 친구가 "2차는 내가 살게, 가자" 하거나 "니가 없으면 안 된다"며 포장마차로 끌고가거나 '딱 한 번만…' 등 '노' 를 무장해제시키는 방법은 수없이 많다.

　젊은 시절에 좌절과 실패의 기회를 강조하는 것은 그것을 극복할 수 있을 때라고 한정한다. 치명적인 실수와 유혹은 인생 전체를 한순간에 망칠 수 있다. 정에 이끌려 마지못해 끌려갈 것인지 아니면 이 순간은 '노' 라고 말해야 할 것인지 냉정해야 할 때는 냉정해야 한다.

　먼저 나의 경험을 이야기해 보자. 오래전, 겨우 작은 아파트를 마련

　　　　　　　　　　　　　　　성공, 실패가 준 선물

하고 한 살짜리 아이가 있을 때의 일이다. 아주 가까운 사람이 모처럼 찾아와서 취업 때문에 그러니 아파트를 담보로 신원보증을 서 달라는 것이었다. '신원보증' 이니 아무 문제 없다며 나를 안심시키려 했다. 너무 가까운 사람, 나에게는 또한 어려운 사람이라 '노' 하기가 무척 어려웠다.

그러나 나는 혼자가 아니고 아내와 자식이 있었다. 또한 작은 아파트이기는 하지만 내 소유가 아니라 반은 아내의 것이었다. 무엇보다 그를 신임할 수 없었다. 내 대답은 '노' 였다. 그는 마침내 화가 나 폭력적인 언사를 내뱉으며 위협까지 했다. 나는 '치고 싶으면 치되 보증은 안 된다' 고 버텼다. 그는 욕을 하며 사라졌다.

늘 칭찬을 듣고 살기는 어렵다. 나는 '노' 라고 말하는 대신 엄청난 욕과 폭행의 위협에 시달렸지만 끝까지 버텼다. 폭풍의 순간은 잠시였다. 집에 들어오니 아내와 어린 자식은 방금 무슨 일이 있었는지도 모른 채 웃고 있었다. 가장이 된다는 것, 책임을 진다는 것은 부당한 일에 대해 '노' 라고 말하는 것이라고 체험했다.

'노' 는 어떤 형태로든 대가를 요구한다. 나는 인제대학교 대외교류처장을 두 번 했다. 처음엔 단 6개월 만에 끝나 버렸다. 여러 가지 이유가 있겠지만 결정적 사건이 있었다. 당시 총장이 미국 출장을 간다면서 서류에 '대외교류처장' 의 사인을 빨리 하라는 것이었다. 총장이 해외출장 가는데 감히 대외교류처장이 '노' 하며 사인을 하지 않자 총장은 화가 난 상태였다.

내가 사인을 하지 않은 데는 적어도 5가지 이유가 있었다. 총장의 출장 중에 '대학종합평가' 라는 가장 중요한 일이 있기 때문에 시기적으로 안 되다는 것, 더구나 교수를 5명이나 대동하고 가야 하는 이유가 설득력이 없다는 것, 그리고 사안에 비해 너무 많은 출장비를 요청했기 때문이다. 여기다 대외교류처장은 총장이 한다고 해서 무조건 '예스맨'은 아니라고 생각했다. 참모는 리더가 잘하도록 돕고 조언하고 억제하는 역할도 포괄하고 있다고 믿었다. 마지막으로 처장이라는 보직은 봉사직으로 생각했고 미련없이 언제든 교수직으로 돌아갈 수 있는 마음의 준비를 하고 있어 부당한 지시는 '노'하겠다는 태도를 유지했기 때문이다.

총장은 화를 냈고 재촉했지만 나는 고민했다. 내 사인에 책임을 져야 하기 때문에. 더 이상 버틸 수 없고 다른 방도도 없다고 판단한 나는 재단이사장을 찾아뵙고 도움을 요청했다. 그는 '서류를 두고 가라'고 말했다. 그 후 어떻게 됐을까?

한국 같은 조직에서 윗사람과 다퉈서 참모가 이기는 경우는 없다. 나도 처장을 그만두었고 그도 총장 임기를 채우지 못하고 물러났다. 나는 지금도 그때 '노'한 것은 학교와 학생들을 위한 부득이한 결단이었다고 생각한다.

'노'라고 말하기가 쉽지 않다. '노'는 사람을 난처하게 만들기 때문이다. 특히 가깝거나 윗사람이 부탁할 때 웬만한 강심장이 아니면 '노'라고 말하기 어렵다.

'노'라고 못하는 데는 어리석음, 나약함, 욕심, 허영심, 자존심, 순진함, 무지 등이 복합적으로 내재돼 있다. '대책없이 사람 착하다'는 말은 위험하다. 굳이 '착하다 신드롬'의 희생양이 될 필요는 없다.

'노'라고 말하는 훈련은 어려서부터 해야 한다. 개인의 노력을 집단

성공, 실패가 준 선물

의 힘으로 깔아뭉개는 경우도 종종 있다. 특히 한국 같은 음주문화에서 '노'라고 말하는 것은 큰 고통에 가깝다.

나의 씁쓸한 음주 경험을 소개한다. 나는 대학시험에 떨어지면서 스스로 '술과 담배를 금지'하는 것으로 응징했다. 삼수생이 되고 원하던 대학에는 끝내 들어가지 못한 채 입대한 나는 고참이 주는 술을 마셔야 할 차례가 됐다.

나와 함께 간 6명의 '울릉도 장정' 이등병들은 차례로 술을 받아마셨다. 내 차례가 되자 잠시 망설였지만 '술담배를 안한다는 원칙'을 바꿔야 할 현실적 이유가 없다고 생각하고 이렇게 답했다.

"저는 술을 못 마십니다."

그러자 내무반에 있던 장병들은 하나같이 웃음을 터뜨렸다. "하느님과 동창생인 육군 병장께서 주시는 술을 거절해?"하며 병장은 얼굴에 미소를 흘리며 이렇게 물었다.

"맞고 마실래, 안 맞고 마실래?"

나는 비장한 각오를 하며 "못 마십니다"라고만 말했다. 그 이후 나는 한나절 동안 맞다가 결국 의무대에 실려간 기억이 있다.

'노'라고 말하는 것은 항상 고통스럽다. 내 기억에 '노'는 매우 힘든 일이지만 그 순간을 벗어나면 그 다음이 좋아진다고 믿는다. 비록 엄청 맞기는 했지만 그 다음부터 군에서 회식자리에 가면 고참들이 알아서 열외를 시켜 준 것은 그나마 다행 아닌가.

대학생들의 음주문화는 무서울 정도다. 남학생 여학생 가리지 않고 '물을 마시듯' 그냥 마신다. 또한 술을 잘 마시고 주량이 센 것을 무슨 자랑으로 여기는 풍토까지 있다. 개인적인 이유로 안 마시겠다면 주위에서 박수까지 치며 사실상 강압적으로 마시게 만든다. 개인의 의지를 조직의 문화로 굴복시키는 셈이다.

한 가녀린 여자 대학생은 신입생 환영회에서 처음 마셔보는 술을 '노' 하지 못하고 마셨다가 며칠 뒤 자취방에서 주검으로 발견됐다. 물리치료학과에 들어가 남을 치료해 주겠다던 꿈이 대학 생활을 시작도 하기 전에 술 때문에 수포로 돌아갔다.

희생은 개인의 몫이고 아무도 동반 책임을 져주지 않는다. 불행을 미리 막을 수 있다면 막아야 하지 않겠는가. '노'라고 말해 왕따를 당하더라도 목숨을 바치는 것보다야 낫지 않겠는가.

성공, 실패가 준 선물

'노' 하는 능력을 기르는 방법 10

1. 자신만의 원칙을 정한다.

자신만의 원칙을 정해 놓고 지키도록 노력한다. 나의 경우 술과 담배는 하지 않는다는 원칙을 정해 두었다. 스스로 통제할 수 없는 상황에 나를 빠트리지 말고 나만의 원칙을 주변에 알리고 양해를 미리 구하는 것이 좋다.

2. 초기 진화에 주력한다.

상황은 일단 전개되면 멈추기 어렵다. 초기 진압이 훨씬 효과적이다. 동창회나 모임을 가더라도 1차로 끝낸다. 할 수 있는 것과 할 수 없는 것에 대한 경계를 분명히 해 두는 것이 좋다. 어렵지만 그래도 초기 진화가 낫다.

3. '노'라고 말하는 데 두려움을 갖지 않는다.

'노'를 잘 하면 인생이 편해진다. 마음이 약한 사람은 '노'라고 말하면 '친구를 잃을까 봐' '내 마음이 아플까 봐' 뻔히 힘들어질 것을 알면서도 차마 '노' 대신 '예스' 하는 경우가 있다. 순간의 미안함을 참고 두려움도 갖지 말고 '노'라고 말하라.

4. '노'라고 말해 왕따당하는 상황이 오면 그냥 받아들여라.

세상은 내 의지대로 살도록 버려두지 않는다. '노'라고 말하면 그 집단은 보복이나 불이익, 왕따 등을 준비해 놓고 있는지도 모른다. 이런 두려움이 '노'를 말하는 데 주저하도록 만든다. 나는 내가 '노'라고 말해 세상 모두가 왕따를 시킨다면 나도 세상을 왕따시키겠다고 마음먹은 적이 있다.

5. '노'라고 하지 못해 당하는 유무형의 피해를 기록해 두고 기억한다.

나처럼 '노'를 연습한 사람도 '노'라고 하지 못해 막대한 손실을 지불하기도 한다. 인생에서 마주치는 어려운 상황은 나의 의지, 지식, 지혜와 무관하게 나를 시험에 빠트리고 곤경에 처하도록 만든다. 이때 절대로 좌절하면 안 된다. 그 손실이 엄청날수록 뼈저린 교훈으로 여기고 반드시 기록으로 남겨 잊지 않는다.

6. '노'라고 말하기 어렵지만 장기적으로 나에게 성공을 갖고 온다.

사람을 움직이는 것은 이득이다. 나에게 손해가 온다고 하면 누구나 자신있게 '노'라고 말한다. 그러나 달콤한 속삭임, 노를 못하게 하는 강력한 유혹은 시간이 지나봐야 그 진실을 알게 된다. '노'가 장기적으로 본인에게 이득이 된다고 판단하면 '노'하게 된다. 노와 예스의 경계선에서 당장의 유혹을 경계할 수 있어야 한다.

7. '노'라고 답하기 어렵다면 다른 이유를 들어 시간을 끌어라.

덜컥 답을 해 놓고 후회하는 사람이 많다. 당장 '노'나 '예스'를 독촉하더라도 본인이 판단하기 힘들다면 시간을 달라고 요청하라. 상대가 시간을 못 주겠다면 무조건 '노'하고 본다. 황금의 기회를 놓친다 하더라도 '노'라고 답하는 것이 유리하다. 중요한 결정은 절대 혼자 하면 안 된다. 집에 불이 난 것이 아니라면 숨넘어 갈 정도로 화급한 사안은 없다. 시간은 '노'를 좀 더 쉽게 할 수 있는 여유를 준다.

성공, 실패가 준 선물

8. '돈, 권위, 미모'에 흔들려 '노'하지 못하면 그 대가를 치르게 된다.

사람은 권위 앞에 굴복하고 돈 앞에 약해지는 법이다. 내용이 부실할수록 포장은 화려하다. 어리석은 사람은 내용 파악은 어렵고 포장의 화려함에는 쉽게 '예스'하는 경향이 있다. '돈, 권위, 미모'는 '노'를 막는 장애물로 생각하라. 부자도 권력자 미녀도 나와 똑같은 사람일 뿐이며 이들이 다가와서 나에게 이윤을 챙겨 줄 일은 없다. 착각해서는 안 된다. 웃으며 '노'하라. 알고 보면 그들도 불쌍한 꼭두각시일 뿐이다.

9. '노'를 미소로 포장하라.

단호한 '노'는 자칫 반감이나 역작용을 가져온다. '노'라고 말하기가 어려워 표정이 안 좋아지는 경우가 대부분이다. 그러면 안 된다. 일단 '노'라고 마음을 정하면 상대의 감정과 자존심을 최대한 존중하면서 겸손하게 미소로 밀어내야 한다. '노'라고 말하라는 것이지 상대와 원수가 되라는 주문은 아니다. 상대가 누구든 내 의지만 관철시키면 되지 상대를 도발하거나 자존심을 건드려 상황을 악화시키는 것은 곤란하다.

10. '노'하기 어려울 때 타인을 끌여들이라.

나는 '그렇게 하고 싶지만 부모님 때문에 혹은 아내 때문에…' 등 내가 함부로 하지 못할 상대를 내세워 일단 저항한다. 혼자서 모든 일을 해결할 필요는 없다. '노'하라고 해서 상대에게 불쾌감을 주거나 무례해도 된다는 것은 아니다. '예스'하기는 쉬워도 '노'하기는 그만큼 어렵다. '노'를 적절히 정중하게 잘해야 인생이 고달프지 않다.

성실하라

천재를 이길 수 있는 무기는 성실뿐이다

너무나 당연한 말을 또 한다는 것이 부담스러워 가장 고민을 많이 한 부분이다. 천재를 이길 수 있는 둔재의 무기는 오직 '성실함' 뿐이다. 모두 '성실은 성공의 DNA' 라고 말하면서도 매사 성실하기가 쉽지 않다.

나는 여기서 성실을 이렇게 좁게 해석한다. 일상생활 전체의 성실을 의미하는 것이 아니고 자신의 전문분야, 흥미분야에서만큼은 부지런해야 한다는 뜻이다. 잠도 적게 자고 노는 시간도 줄이고 이것저것 모두 부지런해야 한다는 뜻이 아니라는 것이다.

성공한 사람들의 공통점은 '부지런하다' 는 것이다. 이들은 학벌도 능력도 머리도 오직 부지런함으로 극복하고 자신을 입증했다. 적어도 자신의 전공분야에서만큼은 누구도 따라올 수 없는 근면함으로 두각을 나타냈다. 나처럼 머리가 뛰어나지 않은 사람은 미리 '성실함' 으로 승부를 보겠다고 작정해야 한다. 머리가 뛰어난 사람은 의외로 그렇게 부지런한 것 같지 않은데도 성과를 내는 경우를 종종 봤다. 부러울 뿐이다.

성공, 실패가 준 선물

성실로 성공을 이룬다는 것은 새로운 이야기가 아니다. 인용한 글은 성실의 성공 케이스로 가장 흔하게 접하는 뉴스의 하나다.

'가난 극복·남다른 노력'으로 일군
고졸 취업 감동 성공기 인정받아

오늘도 현장에서 구슬땀을 흘리고 있는 대우조선해양 해양의장 4그룹 최진열 사원(만 19세)은 중학교 때까지만 해도 선생님의 특별한 관심을 받지 못한 평범한 학생이었다.

하지만 특성화 고등학교 입학과 함께 그는 '성공'이라는 가슴 벅찬 도전을 시작했다. 스스로를 조금씩 변화시켜 누구보다 성실한 학생이 됐고 결국 대기업에 입사해 프로젝트 공정 관리자로서 중요한 업무를 맡고 있다.

최진열 사원은 교육부가 주최하고 한국직업능력개발원에서 주관하는 '제3회 고졸 취업 성공수기 공모전'에서 황우여 부총리겸 교육부장관상을 수상하는 영예를 안았다.

최 사원은 '중학교 때 찌질이가 조선업의 미래를 이끌어 나갈 주역으로!'라는 도전적인 제목으로 수기에 공모했다. 끊임없이 도전하며 부족한 자신을 조금씩 채워 나간 취업 준비과정과 합격 성공기를 고스란히 담았다.

가난을 짊어져야 했던 최 사원은 "꼭 성공해 부모님의 여생을 아름답게 꾸며 드리겠다"는 다짐 속에 특성화 고등학교에 진학했고 좋은 내신을 받기 위해 학업에 열중했다. 2학년이 된 후에는 남다른 경쟁력을 갖추기 위해 8개 이상의 다양한 자격증도 취득했다.

성적이 좋아 4년제 대학에 진학할 수도 있었지만 평소 한국 산업을 일으킨 대우조선해양에 대한 동경 때문에 고교 졸업 후 바로 이 회사 중공업사관학교에 문을 두드렸다.

대우조선해양 중공업사관학교는 고졸 인재를 채용해 글로벌 중공업 전문가 양성을 목표로 설립된 사내 교육기관이다. 교육프로그램에는 인문, 사회과학, 교양, 어학, 예체능과 같은 기본 소양과목 및 설계, 공학, 생산관리, 경영지원 등 실무과정이 모두 포함돼 있다.(하략)

가난하고 공부도 별로였던 스스로 찌질이로 부른 평범한 중학생이 직업고등학교에 가서 열심히 노력해 대기업 취업에 성공했다는 이야기다. 이미 8개 이상의 자격증도 취득했다고 하니 얼마나 열심히 살고 있는지 짐작이 간다.

성실이나 게으름은 일종의 습관이다. 성실의 가장 큰 적은 부모가 모든 것을 자식에게 필요할 때마다 부족함 없이 척척 해 주는 것이다. 얼핏 완벽한 부모로 보이지만 교육적 차원에서는 완벽하게 자식을 망치는 유형이다. 넉넉한 가정이라 하더라도 자식은 부족하게 키워야 하고, 가난이 무엇인지 결핍이 어떤 고통을 가져오는 것인지 체험하도록 하는 것이 가장 좋다.

나의 경우, 내가 원하는 학교에 한번에 합격하고 필요한 돈은 부모님이 언제든지 넉넉하게 주셨다면 내가 과연 악착같이 열심히 살 필요가 있었을까 하고 생각한 적이 있다. 한때는 가난한 부모가 원망스러웠지만 철들면서 그것은 나에게 축복이었다고 생각을 바꾸었다. 어려운 환경이 나를 부지런하게 움직이도록 만들었다.

고교시절 나의 친구 K는 지방에서도 부유한 집에서 자랐다. 그는 공부도 잘하고 당시 비싼 자전거를 타고다니며 친구들의 부러움을 샀다. 그런데 고3이 되자 나에게 자기 집에서 함께 생활하자고 제의했다. 당시 객지생활을 하던 나에게 부잣집을 경험해 본 드문 기회였다.

그런데 나중에 알고 보니 내가 선택받은 가장 중요한 이유가 물론 친하다는 것도 있었지만 '부지런하다'는 것이었다. 나의 가장 중요한 일과는 아침에 잘 일어나지 못하는 친구를 깨우는 것이었다. 매일 아침 그는 자명종 소리를 함께 듣고도 못 일어났다. 내가 몇 번씩 깨우곤 했지만 허사였다. 결국 한 달치 부족한 하숙비를 내고 스스로 물러났다. 당시 나는 친구가 그냥 잠이 많다는 정도로 생각했다.

그러나 지금 생각해 보면 그 친구는 나처럼 빨리 일어나야 할 절박한 이유가 없었다. 또한 차로 모셔가고 모셔오는 식이니 마지막 5분도 눈을 감고 있을 정도였다. 고교시절에는 누구나 잠이 부족하다. 그러나 절박한 사람들, 의지가 굳은 사람들, 가난한 학생들은 보편적으로 늦잠을 즐길 수 없다.

나는 고향 울릉도에서 초등학교 다니기 전부터 심부름을 해야 했다. 아침 일찍 아버지를 따라 부둣가에 나가는 것이 나의 일과의 시작이었다. 혹시라도 좀 늦었다 싶으면 '벌떡' 일어났다. 어쩌면 오징어잡이 배가 이미 들어와 있을지도 모른다는 생각 때문이었다. 나의 주요 일과는 아침 일찍 오징어를 얼마나 많이 잡아왔는가를 아버지가 눈대중으로 계산하여 100축 하면 그 소리를 듣고 집으로 달려가 '이까대(오징어를 끼우는 대나

무) 100개'라고 전하는 것이었다.

내가 계속 자고 있으면 그 말을 전달하는 데 문제가 생기고 그러면 아버지는 화를 냈다. 아버지의 노여움은 어머니의 불안으로, 집안 전체의 불화로 확산되기 때문에 나의 일은 매우 중요했다. 지금도 나는 아침에 벌떡 일어난다. 아내는 휴일에 침대에서 뒹구는 것을 좋아하지만 나는 그렇게 하고 싶어도 할 수가 없다. 일이 있든 없든 일단 '벌떡' 일어나고 본다. 다시 누워 잠을 청해도 잠이 오지 않는다. 습관이 무서운 것이다.

나는 부모님과 환경 덕분에 성공에 필요한 '성실'을 조기 교육받은 셈이다. 당시는 어린 마음에 좀 고통스러웠고 그런 심부름을 그만하고 싶었지만 훗날 이렇게 인생에 약이 될 줄은 몰랐다.

그런 성실함은 나의 부족한 머리를 보충하는 데 큰 도움이 됐다. 대학 3년을 아침 5시에 기상하여 밤 11시 30분(당시는 12시 통금이 있었다)까지 도서관에서 공부할 수 있었던 것은 순전히 성실함 때문이었다. 그럼에도 끝내 언론사 시험에 떨어진 것은 나의 부족한 머리탓이다. 그 후 이스라엘과 영국을 거쳐 3년여 뒤에 그렇게 꿈꾸던 기자가 될 수 있었던 것은 머리가 아니라 나의 성실함 때문이라고 믿는다.

머리도 좋고 부지런하면 금상첨화다. 대적할 자가 없다. 그런데 머리도 별로면서 노력도 별로 안 하는 사람에게 이 세상은 그렇게 너그럽지 않다. 세상 어디에도 게으른 자가 가져갈 것은 별로 없다. 성실은 반드시 행운을 가져오고 좋은 사람을 만나게 하는 힘이 있다. 나의 스승 류태영 교수님이 꼬박꼬박 보내 주시는 인터넷 글 중 '두 머슴 이야기'를 소개한다.

성공, 실패가 준 선물

두 머슴 이야기

한국 머슴 이야기

평안북도 정주에서 머슴살이를 하던 청년이 있었습니다.

눈에는 총기가 있고, 동작이 빠르고 총명한 청년이었습니다.

아침이면 일찍 일어나 마당을 쓸고, 일을 스스로 찾아서 했습니다.

그는 아침이면 주인의 요강을 깨끗이 씻어서

햇볕에 말려 다시 안방에 들여놓았습니다.

주인은 이 청년을 머슴으로 두기에는 너무 아깝다고 생각하고

그 청년을 평양 숭실대학에 입학시켜 주었습니다.

공부를 마친 청년은 고향으로 내려와 오산학교 선생님이 되었습니다.

요강을 씻어 숭실대학에 간 그가 바로 민족 독립운동가 조만식 선생님

이십니다.

후에 사람들이 물었습니다.

머슴이 어떻게 대학에 가고 선생님이 되고 독립운동가가 되었냐고.

"주인의 요강을 정성들여 씻는 성의를 보여라."

그렇게 대답하셨습니다.

남의 요강을 닦는 겸손과 자기를 낮출 줄 아는 아량,

그게 조만식 선생님을 낳게 했습니다.

미국 머슴 이야기

미국 남북전쟁이 터지기 몇 해 전의 일입니다.

오하이오 주의 대농 부호인 테일러 씨 농장에

한 거지 소년이 굴러들었습니다. 열일곱 살 소년 짐이었습니다.

일손이 많이 필요한 이 집에서는 그를 머슴으로 고용했습니다.

그러나 3년 뒤, 자기 외동딸과 짐이 서로 사랑한다는 것을 알게 된

테일러 씨는 몹시 노하여 짐을 빈손으로 내쫓았습니다.

그 후 35년이 지나 낡은 창고를 헐다가 짐의 보따리를 발견했는데

한 권의 책 속에서 그의 본명을 찾았습니다.

– James A. Garfield

현직(그 당시) 미국 대통령이었습니다.

그 동안 짐은 히람대학을 수석으로 졸업했고 육군 소장을 거쳐 하원의
원에 여덟 번 당선된 후 백악관의 주인이 되었습니다.

두 머슴의 성실함을 보면, 성실하고 부지런한 것이 얼마나 중요한가를
알 수 있습니다.

모두 성실해야 한다는 것을 알지만 잘 되지 않는다. 그만큼 체득하기
가 쉽지 않다는 것이다. 그러나 모든 성현군자가 '성실'을 강조했으니
이걸 갖추지 않는다는 것은 가르침을 따르지 않는 것이다. 예수님은
'게으른 자는 먹지도 말라' 했다. 이제 성실성을 기르는 구체적 방법론
으로 들어가 보자.

성공, 실패가 준 선물

성실성을 기르는 방법 10

1. 수면시간부터 줄인다.

개인마다 다르겠지만 휴일에도 하루 8시간을 넘지 않도록 한다. 특히 한참 일하고 배워야 할 20, 30대는 하루 6시간 이상 자지 않도록 한다. 인생의 3분의 1을 잔다고 하는데 인생을 알차게 살고 싶다면 수면시간을 조금 줄여라. 나는 하루 24시간을 25시간으로 정해 한 시간 더 노력한다는 목표를 세운 적도 있다.

2. 낮잠을 활용한다.

낮잠 10~30분은 꿀맛 같다. 부족한 밤잠을 보충하는 데 이만한 것이 없다. 그러나 시도때도없이 낮잠을 자는 것은 안 된다. 나는 잠이 오면 무조건 자려고 한다. 습관이 돼 낮잠을 자도 금방 깬다. 얼마나 상쾌한지 모른다.

3. 침대에서 일어날 때는 '벌떡' 일어난다.

잠이 깬 상태에서 이리 뒤척 저리 뒤척 하다 보면 잠이 길어진다. 잠은 잠을 부른다. 의사들은 벌떡 일어나는 것이 안 좋다고 하는데 그것은 노인에 해당하는 것이다. 젊은이들은 벌떡 일어나기를 권한다. 그리고 바로 세수부터 한다. 잠을 완전히 쫓아내지 않으면 다시 잠에 빨려들어간다.

4. 일어나서 '반드시 해야 할 일'을 만들어 둔다.

학창시절에는 누구나 일찍 일어나야 하지만 대학생이 되면 학교에 늦게 오는 경우가 많다. 시험이 있든 없든 아침 일찍 도서관에 가는 것을 생활화하는 것이 좋다.

5. 전념할 수 있는 흥밋거리, 전공을 찾는다.

모든 생활에서 부지런하라는 주문이 아니다. 인생을 걸고 준비하는 전공분야에 관한 한 열정을 보여야 한다. 그래서 자신의 흥미, 재능이 있는 전공분야를 찾는 것은 중요하다. 열정은 성실을 부른다. 열정적인 꿈을 꾸는 자는 성실해진다. 남이 하니까 따라하는 공무원 시험 준비에는 열정을 쏟기 어렵다. 성실은 나의 흥미분야, 전공과 함께 간다.

6. 틈만 나면 읽고 쓰자.

스마트폰이든 수첩이든 메모하고 읽는 습관은 성실을 바탕으로 한다. 게으른 사람은 강의실에 들어와서조차 잠이 덜 깬 표정으로 멍하니 앉아 있다. 대학에 와서는 안 될 사람이 온 셈이다. 대학 때 배우고 쓰지 않으면 기회가 없다. 스스로 게으르지 않도록 친구를 기다리면서도 메모한 것을 다시 읽어 보자. 전공과 성실은 함께 성장한다.

7. 게으른 친구를 멀리하고 성실한 친구를 가까이 하라.

내가 친구를 선택하듯 친구도 나를 선택한다. 부지런한 친구에겐 배울 것이 많다. 게으른 친구가 무조건 나쁘다는 것은 아니다. 게으른 친구는 나를 더 부지런하게 만들고 인내심을 기르게 하는 데 도움이 되기도 한다. 가까운 친구에게도 항상 배워라.

8. 성실도 연습이다. 가까이 기회가 있을 때마다 연습하라.

내 흥미 분야에서 성실함을 인정받았다면 이제 범위를 넓혀 보자. 아내의 친구 중에 잘나가는 이선익이라는 사장이 있다. 그는 어떤 모임에서든 솔선수범

성공, 실패가 준 선물

하는 모습을 보인다. 생활 속에서 성실함을 실천하는 그는 성공의 표본이다. 사적인 모임에서도 CEO 티를 내지 않지만 그의 성실함은 성공적인 회사경영에서도 나타난다.

9. 스포츠를 하나 선택한다.

어떤 운동도 성실함이 필요하다. 자신이 좋아하는 스포츠는 때를 가리지 않고 노력하게 된다. 이스라엘에서 아이들이 좋아하는 태권도를 다시 할 때 정말 좋았다. 아이들을 가르치는 순간도 좋았고 밤늦은 시각에 홀로 잔디밭에 나와 연습할 때도 신났다. 주말에 하이파 시내 도장에서 상급반을 가르치기 위해서는 부지런하지 않으면 불가능했다. 스포츠는 인성을 기르는 데도 도움이 되지만 성실성을 연마하는 데 탁월하다.

10. 휴일과 자투리 시간을 적극적으로 활용한다.

휴일에 일이나 공부를 하라는 뜻이 아니다. 쉴 때도 빈둥거리며 시간을 죽이는 것은 곤란하다는 뜻이다. 놀 때도 열심히 계획하고 뭔가를 하라는 것이다. 자투리 시간을 활용하려면 부지런해야 한다. 인생에 무의미하게 허비하는 시간이 얼마나 많은가. 주어진 시간을 내가 주인이 되어 활용하려면 휴일과 자투리 시간을 최대한 활용한다. 나의 성실성은 이런 시간들을 통해 더욱 빛날 것이다. 이 말을 명심하라. "오늘 나의 불행은 언젠가 내가 잘못 보낸 시간의 보복이다."

성공법칙, 당장 실천하라

사람들은 묻는다. "당신이 생각하는 성공의 정의는 무엇이냐"고. 성공의 개념은 사람마다 다르고 오늘의 성공과 내일의 성공 개념이 같을 수도 없다. 어떤 사람은 "돈과 명예보다 얼마나 많은 사람에게 감동을 선사했느냐가 성공의 기준이 된다'고도 말한다.

모두 옳은 말이고 나름의 성공 기준이 있다고 믿는다. 그런 각자의 성공 기준을 존중하듯 나도 막연하게 성공 개념을 늘어놓기보다좀 더 구체적으로 만들어 보았다.

우선 기억하기 쉽도록 '3H RPM'으로 정리했다.

3H는 건강(Health), 행복(Happiness), 따뜻한 가슴(Heart)을 의미한다. R은 관계(Relationship), P는 직업(Profession), M은 돈(Money)등을 성공의 주요 요소로 꼽았다. 이를 조금 더 설명해 보면 이렇다.

건강(H)은 모든 사람이 동의하는 성공 요소다. "건강을 잃으면 모든 것을 잃는 것"이라는 말처럼 건강관리에 성공하는 사람, 자기관리를 잘하는 사람이 성공을 논할 기본 자격을 갖춘 셈이다.

행복(H)은 누구나 추구하는 것이다. 고관대작도 행복하지 않은 인생을 성공이라고 표현할 수 없다. 서울대 법대를 나오고 사법고시에 합격하고 국회의장을 지낸 화려한 경력의 소유자라도 인생 70대에 캐디 성희롱 사건에 휘말려 법정을 드나들면 그는 행복할 수 없다.

따뜻한 마음(H)을 성공 기준으로 삼는 데 대해 이의를 제기할 수도 있다. 그러나 나는 '따뜻한 마음'이야말로 성공의 핵심요소라고 믿는다. 따뜻한 마음이라는 막연한 표현은 상대에 대한 배려 혹은 상생정신 등으로 다른 말로 환치시킬 수 있다. 성공은 함께 나눌 수 있을 때 확인된다. 혼자 잘난 성공은 성공이 아니다. 권력이나 부를 내세워 한 인간에게 모멸감을 주는 일부 재벌 2, 3세의 오만한 삶은 성공이 아니고 실패한 인생이다. 많이 가져도 나눌 줄 모르는 사람을 나는 성공했다고 보지 않는다.

인간관계(R)는 성공을 재는 눈에 보이는 척도다. 사회적 동물인 인간은 집단생활에서 수없이 많은 관계를 형성한다. 가족관계, 직장동료관계, 이웃관계 등 관계 맺기, 관계 형성에 실패한 사람이 조직사회에서 성공하기는 하늘의 별따기다. '낙하산'이 어느 날 조직의 장으로 내려와서 조화와 화합을 주장해도 공허하게 들리는 이유는 관계 맺기에 실패하고 있기 때문이다.

어떤 형태로든 관계를 맺어야 하는 인간의 숙명적인 삶에서 좋은 이미지를 만들 수 있다면 관계맺기에 '성공' 이다. 좋은 관계는 때로 기회 제공을 의미한다. 굳이 그런 것이 아니더라도 인생에서 단 한 사람이라도 원수를 만들지 않기 위해서라도 인간관계는 중요하다. 하찮게 생각한 상대가 나를 실패의 나락으로 밀어 버릴 수도 있다.

직업(P)은 그 사람을 평가하는 직접적 판단기준이다. 어떤 직업에 종사하느냐, 연봉과 안정성 등 모두 중요하지만 여기서 말하는 직업은 '당신이 원하는 직업' 을 의미한다. 내가 진정으로 원해서 가진 직업이라면 열정을 느낄 수 있고 자부심을 확인할 수 있다.

시간이 걸리더라도 진정으로 원하는 직업, 내가 행복할 수 있는 직업, 나의 재능을 살릴 수 있는 직업을 찾아야 한다. 그것이 가장 중요하다. 공무원이 연금 많고 안정된 직업이라고 뛰어드는 젊은이들을 나는 솔직히 '희망 없는 것들' 이라고 생각한다. 공무원 직업이 좋지 않다는 것이 아니라 그런 부수적인 것에 끌려 도전하게 되면 '한심한 공무원' 이 될 확률이 높다. 자신의 열정과 재능을 바칠 직업을 찾는 사람은 시간이 걸릴지 모르지만 행복감과 만족감을 느끼게 된다. 내가 행복한 것이 중요하다. 남들의 평가는 개의치 마라.

돈(M)은 성공의 기준이 '아니라' 고 말할 수 있지만 나는 다르게 생각한다. 자본주의사회에서 돈이 부족하거나 없다면 모든 것이 고달파진다. 돈은 "최고의 종이요 최악의 주인이다"라는 말이 있을 정도로 돈이 있으면 '멋진 성공의 조력자' 를 둔 것이나 다름없다. 그래서 나는 돈 없이 성공을 논하는 것에 동의하지 않는다.

다만 어느 정도를 성공의 기준으로 삼느냐에 대해서 나는 이렇게 대답한다. '자신이 갖고 싶은 만큼'이 아닌 '자신이 생각할 때 필요한 만큼 가졌다'면 성공했다고 자평해도 된다. 이 세상을 살아가는 데 그렇게 큰 돈은 필요하지 않다. 과욕, 탐욕, 부질없는 비교가 사람을 때로 초라하게 하는 법이다.

어떤 성공의 기준을 제시하든 모두 타당한 이유가 있다. 그런 것을 쟁취하는 데 가장 필요한 것이 좌절, 실패, 고난의 경험이다. 이것은 말로 설명되지 않고 오직 경험을 통해서만 체득할 수 있다.

나에게도 아들과 딸이 있다. 이들에게 내가 가장 경계한 것은 그들이 '초년 출세'를 하는 것이었다. 그리고 체험하도록 독려한 것은 바로 '좌절, 실패, 고난의 체험'이었다. 아들 김병준은 대학 입시에 실패한 뒤 말레이시아 '헬프(Help)대학'에 가서 자신이 원하는 '보험계리학(Actuary Science)'을 전공하며 2년간 힘든 시간을 보내고 미국 일리노이대학에 편입하여 수학까지 복수 전공했다. 자신이 원하던 전공, 좋아하는 대학에서 공부하며 수석 졸업의 영예를 안았다. 다시 코이카에서 실시하는 군대체복무로 개발도상국 탄자니아에 가서 수학 선생으로 3년여 세월을 보냈다. 척박한 환경에서 어려운 학생들과 함께 가르치고 공부하는 생활이 생각보다 참으로 고달팠지만 잘 견뎌냈다.

인간을 배우고 좌절과 실패를 경험한 값진 시간이었음은 세월이 흘러야 확인된다. 아들은 2015년 현재 케임브리지 대학원에서 계량경제학을 공부하고 있다. 앞으로 그의 인생이 어떻게 전개될지 모르지만 말레이시아와 탄자니아에서의 경험은 미국 일리노이대학, 영국 케임브리지대학 생활 그 이상의 가치를 빛낼 것으로 믿는다.

공부를 미워했던 딸 김민지는 이름도 페기 구(Peggy Gou)로 바꿔 열정적인 삶을 살고 있다. 공부보다 음악, 춤, 패션 디자인에 재능을 보였던 아이지만 한국에선 공부도 잘하기를 원했다. 나는 수능의 희생양으로 만들고 싶지 않아 중3 때 영국으로 보냈다. 그러나 철없이 오만해지는 딸의 장래를 염려해 고3 때 한국으로 다시 불렀다. 그리고 아빠가 있는 인제대학교 야간학부에 입학시켰다. 배움의 기회를 놓친 40, 50대 사람들과 함께 야간에 공부해야 했던 19세 딸의 좌절감과 낭패감이 컸으리라 짐작한다. 인생을 돌아보면 2~3년 늦어지는 것은 아무것도 아니라고 생각한다.

스스로 자신의 앞길을 개척하지 않으면 다시는 영국에 보내지 않겠다고 선언했다. 2년간 인제대학교 야간부를 다닌 딸은 마침내 영국 LCF(London College of Fashion)에 입학, 졸업했다. 그리고 2015년 베를린에 정착하여 유럽을 무대로 DJ 이름은 페기구, 모델은 페기굴드(Peggy Gould)로 활동하고 있다.

혹시라도 자식 자랑으로 들렸다면 너그러운 이해를 구한다. 자식

자랑은 위험하기 때문에 그럴 의도는 추호도 없다. 내가 진정으로 강조하고 싶은 것은 스카이 대학에 가지 못한 자식도 얼마든지 세계를 무대로 성공적인 삶을 만들어 갈 수 있다는 것이다. 한때 한국의 중학교에서 전교 424명 중 242등 하던 아이가 글로벌 스타로 활약한다는 것이 쉽게 납득되지 않는다는 사람들도 있다. 세상은 한국처럼 공부만을 원하지 않는다.

이들의 삶이 앞으로 어떻게 될지는 나도 모르지만 '실패의 중요성'을 아는 사람은 쉽게 좌절하지 않고 쉽게 상대를 무시하지 않는 법이다. 부모는 자식을 도와줄 뿐 지나친 간섭, 강요는 그들의 인생을 실패로 만든다.

한 번뿐인 소중한 삶을 유명 대학에 가지 못했다고 좌절하고 주눅드는 것은 어리석은 짓이다. 자신의 잠재력을 과소평가하지 마라. 이제 겨우 경쟁이 시작됐을 뿐이다. 제대로 힘 한번 사용하지 않고 포기하는 것은 자신에 대한 부정이고 어리석기 짝이 없는 못난 짓이다.

이제부터 본격적으로 내 삶의 역전 드라마를 쓸 준비조건을 갖춘 셈이다. 지금의 눈물을 헛되이 하지 마라. 성공의 법칙은 인생 레이스에서 뒤처진 당신을 정상궤도로 올려놓는 괴력을 발휘할 것이다. 일단 실천하고, 지금 당장 실천하라.

2015년 6월
'성공실패학'을 연구하는 김창룡 쓰다.